权威·前沿·原创

皮书系列为
"十二五""十三五""十四五"时期国家重点出版物出版专项规划项目

BLUE BOOK

智 库 成 果 出 版 与 传 播 平 台

河北蓝皮书
BLUE BOOK OF HEBEI

河北社会发展报告（2023）

ANNUAL REPORT ON SOCIAL DEVELOPMENT OF HEBEI (2023)

推进共享发展　促进共同富裕

主　　编／康振海
执行主编／樊雅丽
副 主 编／侯建华

社会科学文献出版社
SOCIAL SCIENCES ACADEMIC PRESS (CHINA)

图书在版编目（CIP）数据

河北社会发展报告 . 2023：推进共享发展　促进共
同富裕 / 康振海主编 . -- 北京：社会科学文献出版社，
2023.5
　（河北蓝皮书）
　ISBN 978-7-5228-1615-9

　Ⅰ . ①河…　Ⅱ . ①康…　Ⅲ . ①社会发展-研究报告-
河北-2023　Ⅳ . ①D672.2

中国国家版本馆 CIP 数据核字（2023）第 053370 号

河北蓝皮书
河北社会发展报告（2023）
——推进共享发展　促进共同富裕

主　　编 / 康振海
执行主编 / 樊雅丽
副 主 编 / 侯建华

出 版 人 / 王利民
组稿编辑 / 高振华
责任编辑 / 徐崇阳
文稿编辑 / 李惠惠
责任印制 / 王京美

出　　版 / 社会科学文献出版社 · 城市和绿色发展分社（010）59367143
　　　　　地址：北京市北三环中路甲 29 号院华龙大厦　邮编：100029
　　　　　网址：www.ssap.com.cn
发　　行 / 社会科学文献出版社（010）59367028
印　　装 / 天津千鹤文化传播有限公司

规　　格 / 开本：787mm×1092mm　1/16
　　　　　印张：17　字数：250 千字
版　　次 / 2023 年 5 月第 1 版　2023 年 5 月第 1 次印刷
书　　号 / ISBN 978-7-5228-1615-9
定　　价 / 138.00 元

读者服务电话：4008918866

河北蓝皮书（2023）
编辑委员会

主编简介

康振海　中共党员，1982年毕业于河北大学哲学系，获哲学学士学位；1987年9月至1990年7月在中共中央党校理论部中国现代哲学专业学习，获哲学硕士学位。

三十多年来，康振海同志长期工作在思想理论战线。曾任河北省委宣传部副部长；2016年3月至2017年6月任河北省作家协会党组书记、副主席；2017年6月至今任河北省社会科学院党组书记、院长，河北省社科联第一副主席。

康振海同志著述较多，在《人民日报》《光明日报》《经济日报》《中国社会科学报》《河北日报》《河北学刊》等重要报刊和社会科学文献出版社、河北人民出版社等发表、出版论著多篇（部），主持完成多项国家级、省部级课题。主要代表作有：《中国共产党思想政治工作九十年》《雄安新区经济社会发展报告》《让历史昭示未来——河北改革开放四十年》等著作；发表了《始终把人民放在心中最高位置》《马克思主义中国化新的飞跃》《坚定历史自信　走好新的赶考之路》《从百年党史中汲取奋进新征程的强大力量》《殷切期望指方向　燕赵大地结硕果》《传承中华优秀传统文化　推进文化强国建设》《以优势互补、区域协同促进高质量脱贫》《在推进高质量发展中育新机开新局》《构建京津冀协同发展新机制》《认识中国发展进入新阶段的历史和现实依据》《准确把握推进国家治理体系和治理能力现代化的目标任务》《奋力开启全面建设社会主义现代化国家新征程》等多篇理论调研文章；主持"新时代生态文明和党的建设阶段性特征及其发展规律研究""《宣传干部行为规范》可行性研究和草案初拟研究"等多项国家级、省部级课题。

摘　要

本书是河北省社会发展的年度报告，是河北省社会科学院主持编撰的河北蓝皮书之一，由河北省社会科学院社会发展研究所组织院内专家、高校学者及相关部门研究人员撰写。

本书分析了 2022 年河北省社会发展基本形势和社会关注热点。2022 年，河北省坚持稳中求进工作总基调，立足新发展阶段，完整准确全面贯彻新发展理念，积极服务和融入新发展格局，统筹疫情防控和经济社会发展，持续改善民生，就业形势总体稳定，城乡居民收入稳中有升，社会保障兜底功能不断强化，基层治理能力得到有效提升，社会发展大局保持稳定。但社会发展也存在很多新的风险和挑战，发展不平衡、不充分的问题仍然突出，人民对美好生活的需要不断增长，"一老一小"服务、教育、青年就业等社会民生领域短板仍然存在，京津冀公共服务差距仍然没有明显缩小。2023 年，要全面贯彻落实党的二十大精神，加快推动民生事业共享发展，提高民生工程建设水平，提高民生发展现代化水平，完善民生质量评价体系，构建更高水平社会治理共同体，努力构建中国式现代化的河北场景。

本书由三大板块构成，对 2022 年河北省社会发展总体运行状况进行全面、系统研究，对养老、就业、医疗、生态、文化、社会治理、新型城镇化等共享发展和共同富裕的重要着力点进行专题研究。第一板块为总报告，分析了 2022 年河北省社会发展的主要成就、存在的短板、社会热点及提高社会发展质量的对策建议。第二板块为综合发展篇，由 4 篇研究报告组成，比较全面地分析了 2022 年河北省城乡社会治理、新型城镇化和城乡融合、生

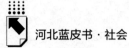
态环境、老龄事业等领域的总体形势和问题，并提出了对策建议。第三板块为民生建设篇，由 13 篇研究报告组成，分别研究了河北省共享发展实践制度体系构建、基层社会治理新格局建设、城市更新政策与行动路径、社会资本驱动农村公共文化供给创新路径、数字技术支撑的智慧健康养老新模式、老年社会救助高质量发展、乡村共同意识重塑、生态共享发展机制构建、促进大学生就业、新时代社会主义核心价值观引领当代家风建设、城市青年民生发展状况、数据要素赋能乡村数字治理现代化、科技创新与乡村振兴融合发展等问题。

关键词： 共享发展　民生建设　社会治理　养老服务

Abstract

This book is an annual report on the social development of Hebei Province, one of the Hebei Blue Books presided over by the Hebei Academy of Social Sciences. Experts write it within university scholars and researchers from relevant departments. The Hebei Academy of Social Sciences Institute of Social Development organises the Blue Books.

This book analyses the basic social development situation in Hebei Province and the hot spots of social concern in 2022. In 2022, Hebei Province adhered to the general principle of seeking progress. While maintaining stability, Hebei Province is based on the new development stage. Thoroughly, accurately and comprehensively implemented the new development concept. Actively served and integrated into the new development pattern, coordinated the epidemic prevention and control and economic and social development. Continued to improve people's livelihood, stabilised the employment situation, and maintained the growth of urban and rural residents' income, including strengthening social security. Community-level governance capacity was effectively improved, and overall social development remained stable. However, there are still many new risks and challenges in social development. Unbalanced and inadequate development is still a severe problem. The people's demand for a better life is getting higher and higher. In 2023, it is necessary to implement the 20th CPC National Congress spirits fully. To accomplish that, the strive to create a scene of Chinses-style modernisation in Hebei needs to accelerate the shared development of people's livelihood projects and promote the level of people's livelihood projects. They also need to Improve the modernisation of people's livelihood development and improve the quality evaluation system of people's livelihood. Containing builds a community of higher-level social governance.

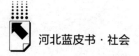

This book consists of three sections. It conducts a comprehensive and systematic study on the overall operation of Hebei's social development in 2022 and unique research on the essential points of shared growth and common prosperity, such as elderly care, employment, medical care, ecology, culture, social governance and new urbanisation. The first section is general report, which analyses the main achievements, shortcomings, social hot spots and suggestions for improving the quality of social development in Hebei Province in 2022. The second section is comprehensive development, which consists of four research reports. It comprehensively analyses the overall situation and problems of Hebei Province in 2022. In shared development practice, system construction, urban and rural social governance, new urbanisation and urban-rural integrated development, ecological environment, and ageing cause. Including putting forward countermeasures and suggestions. The third section is about construction of people's livelihood, which consists of 13 research reports. This section studied the construction of a new pattern of shared development of grassroots social governance, policy innovation and action path of urban renewal, innovation path of social capital driving rural public cultural supply, a new model of competent health care supported by digital technology, reshaping of rural community consciousness, construction of ecological sharing development mechanism, promotion of college students' employment, elderly social assistance high-quality development, youth livelihood development, modernisation of rural digital governance empowered by data elements, construction of contemporary family traditions led by socialist core values, and integrated development of scientific and technological innovation and rural revitalisation.

Keywords: Shared Development; People's Livelihood Construction; Social Governance; Elderly Care Service

目 录 ↰

Ⅰ 总报告

Ⅱ 综合发展篇

Ⅲ 民生建设篇

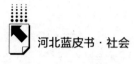
皮书数据库阅读**使用指南**

CONTENTS ⌐⦆

I General Report

II Comprehensive Development

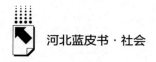
Ⅲ Construction of People's Livelihood

总 报 告

General Report

B.1

2022~2023年河北省社会发展报告

王文录　樊雅丽　郑萍　侯建华　张丽*

摘　要：　2022年是迈上全面建设社会主义现代化国家新征程、向第二个百年奋斗目标进军的重要一年，是党的二十大召开之年，也是"十四五"规划关键之年。一年来，全省坚持稳中求进工作总基调，立足新发展阶段，完整准确全面贯彻新发展理念，服务和融入新发展格局，推动高质量发展，坚持以供给侧结构性改革为主线，统筹疫情防控和经济社会发展，持续改善民生，就业形势总体稳定，城乡居民收入稳中有升，社会保障兜底功能不断强化，基层治理能力得到有效提升，社会大局保持稳定。但社会发展也存在很多新的风险和挑战，发展不平衡、不充分的问题仍然突出，人民对美好生活的需要不断增长，"一老一小"服务、教

---

* 王文录，河北省社会科学院社会发展研究所研究员，主要研究方向为人口城镇化；樊雅丽，河北省社会科学院社会发展研究所所长、研究员，主要研究方向为社会治理；郑萍，河北省社会科学院社会发展研究所研究员，主要研究方向为社会治理与生育政策；侯建华，河北省社会科学院社会发展研究所副研究员，主要研究方向为人口城镇化与社会政策；张丽，河北省社会科学院社会发展研究所副研究员，主要研究方向为老年社会学、青年社会学。

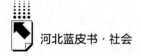
育、青年就业等社会民生领域短板仍然存在，京津冀公共服务差距仍然没有明显缩小。2023 年，河北社会发展将紧紧围绕民生，推进共享发展，着力建设现代化经济强省、美丽河北。

关键词： 民生保障　公共服务　共享发展　社会治理

2022 年是迈上全面建设社会主义现代化国家新征程、向第二个百年奋斗目标进军的重要一年，是党的二十大召开之年，也是"十四五"规划关键之年。一年来，全省坚持稳中求进工作总基调，立足新发展阶段，完整准确全面贯彻新发展理念，服务和融入新发展格局，推动高质量发展，坚持以供给侧结构性改革为主线，统筹疫情防控和经济社会发展，持续改善民生，就业形势保持总体稳定，城乡居民收入稳中有升，社会保障兜底功能不断强化，基层治理能力不断提升，社会大局持续稳定。

一　2022年河北省社会发展基本形势

（一）财政支出向民生领域倾斜

2022 年 1~9 月，河北省一般公共预算收入 3313.0 亿元，同口径增幅7.1%。一般公共预算支出 6949.5 亿元，比上年同期增长 2.8%。财政支出进一步向民生领域倾斜，截至 2022 年 9 月，民生支出 5619.6 亿元，占一般公共预算支出的 80.9%。各项民生支出中，超过千亿元的支出项目为教育、社会保障和就业。其中，社会保障和就业支出仍然最多，为1355.4 亿元，占一般公共预算支出的 19.5%，比上年同期支出占比增加1.3 个百分点；其次为教育支出 1317.4 亿元，占一般公共预算支出的19.0%，比上年同期支出占比增加 1.3 个百分点。随着社会治理重心的不断下沉，城乡基层社区在河北省民生公共服务中承担着越来越重要的责任，城乡社区支出增幅最大，达到17.1%，增幅位居第二的支出项目为科学技术，达到13.4%（见表1）。

表1 2022年1~9月河北省财政支出明细

单位：亿元，%

财政支出	金额	同比增长	占一般公共预算支出的比重
一般公共预算支出	6949.5	2.8	
一般公共服务	681.7	6.9	9.8
公共安全	312.1	4.7	4.5
教育	1317.4	9.7	19.0
科学技术	74.2	13.4	1.1
文化体育与传媒	94.6	8.9	1.4
社会保障和就业	1355.4	10.0	19.5
卫生健康	715.6	0.4	10.3
节能环保	240.7	-6.7	3.5
城乡社区	732.0	17.1	10.5
农林水	574.5	-5.6	8.3
交通运输	203.1	-44.3	2.9

数据来源：2022年《河北统计月报9》（上）。

（二）城乡居民收入稳中有升

2022年1~9月，河北省全体居民人均可支配收入22783元，同比增长5.3%；城镇居民人均可支配收入30455元，同比增长4.0%；农村居民人均可支配收入14605元，比上年同期增长6.5%，收入增长幅度高出城镇2.5个百分点（见表2）。推动省属12所高校实行年薪制、协议工资，公立医院薪酬制度改革全面完成。针对疫情影响，河北省委、省政府积极采取多种措施稳定居民收入增长。出台《河北省工程建设领域农民工工资保证金实施办法》，建成省级集中的农民工工资支付监控预警系统，依法保障农民工工资支付。

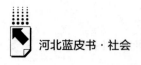

表2 河北省居民人均可支配收入变化情况

单位：元，%

收入类别	2020 年 1~9 月		2021 年 1~9 月		2022 年 1~9 月	
	数额	同比增长	数额	同比增长	数额	同比增长
全体居民人均可支配收入	19797	4.9	21643	9.3	22783	5.3
城镇居民人均可支配收入	27203	3.8	29274	7.6	30455	4.0
农村居民人均可支配收入	12286	5.5	13716	11.6	14605	6.5

数据来源：《河北统计月报》。

（三）社会保障兜底功能不断强化

社会保险扩面提质成效显著。截至2022年9月，全省企业职工基本养老保险参保人数达到1522.59万人，同比增长1.4%；失业保险参保人数达到771.95万人，同比增长11.1%；基本养老保险和医疗保险参保率分别达到93%以上和96.86%。社会保障待遇水平稳步提高。城乡居民养老保险基础养老金最低标准由每人每月113元提高至123元，同步调整企业和机关事业单位退休人员基本养老金，总体增幅为3.95%。社会保障兜底保障作用进一步凸显。实施阶段性降低失业保险费率，为企业减负约34.6亿元，惠及职工705万人，同时发放失业保险稳岗返还资金18.3亿元，惠及职工533.3万人。社会保险统筹层次进一步提升，企业养老保险全国统筹稳步实施，工伤保险省级统筹进一步推进。

（四）健康河北建设成效显著

坚持以人民健康为中心，健康河北建设取得新进展。针对当前高龄产妇较多的情况，河北多举措提高优生优育技术服务水平，在全国率先开设"三孩"优生优育指导门诊，将孕妇产前基因免费筛查纳入民生工程，截至2022年5月，已开展无创产前基因免费筛查15.3万余例，开展孕妇耳聋基因免费筛查14.7万余例，进一步提升了生育质量。基层医疗卫生服务能力不断加强。2021年，全省基层医疗卫生机构85030个（见图1），社区卫生服务中心（站）1543个，群众就医的便捷性得到提高，进一步缓解群众看病难的问题。尤其是作为医疗卫生服务体系的网底，基层医疗卫生机构在新冠病毒感染疫情社区防控和关口前移中发挥了重要的作用。河北依托紧密型县域医共体建设，有效提升县域卫生健康服务能力，截至2022年7月，重点建设的51个县（市、区）组建了78个紧密型县域医共体，紧密高效的县域医疗卫生协同机制和组织架构基本建立。

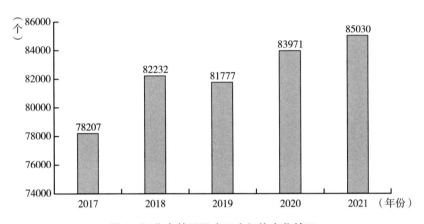

图1 河北省基层医疗卫生机构变化情况

数据来源：《河北统计年鉴》及相关公开数据。

（五）就业形势保持总体稳定

2022年1~9月，全省城镇新增就业80.02万人，完成全年目标任务的93%。累计发放就业补助资金20.15亿元，惠及25.76万人次。持续优化就业服务，突出抓好重点群体就业，开展"春风行动"，有序引导农民工转移就业，组织线上线下招聘会5213场，发布岗位215.48万个，促进1281.64万名农民工和90.89万名脱贫劳动力外出务工和就地就近就业。针对疫情影响，创新招聘模式，广泛开展"直播带岗"招聘活动，为企业和高校毕业生等重点群体搭建直连互通"云端桥"。创业带动效应进一步增强，发放创业担保贷款4318笔，累计14.88亿元，发放额度比上年同期增长17.7%；

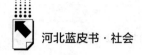

直接扶持 4471 人自主创业，带动 1.39 万人实现就业；"人社惠农贷"支持创业效应明显，累计投放 6.82 万笔、106.48 亿元，有力促进了 6.75 万名农村居民和 240 家小微企业创业。

（六）基层社会治理体系不断完善

城乡基层治理能力不断加强，以党建为引领，城市社区党组织、居民委员会、业主委员会、物业服务企业、楼门长、综合服务站"六位一体"和农村党支部、村民委员会、村务监督委员会、综合服务站、经济合作社"五位一体"的城乡社区组织体系不断完善。依托"红色物业"激活社区微治理，拓展物业服务空间，推进政府向物业购买社区公共服务，让物业管理与社区治理融为一体，全省出现一批社区"红管家""红色物业"等特色示范社区。积极开展社区助餐服务，省会石家庄已开展 20 个县（市、区）共计 21 个养老助餐示范点建设，进一步打通群众消费"最后一公里"。加强社区网格建设，推动公共服务资源下沉，全省划分网格 9.7 万余个，配备网格员 12.3 万余名，社区的惠民服务、矛盾纠纷化解均可在网格中实现。积极引导社会组织参与基层治理，截至 2021 年，全省依法登记社会组织 37883 个，涉及经济、教育、卫生、科技、环保、体育、法律服务等领域。社会组织孵化体系初步形成，建成社会组织孵化基地 113 个，覆盖 13 个地市和 67.2% 的县，为初创期的社会组织提供能力建设、资源对接等服务，有效提升了社会组织参与基层社会治理的专业水平。

二 社会民生领域的主要短板

（一）区域民生建设不平衡

河北省内各地受自然条件、资源禀赋、交通区位、经济基础等因素影响，区域民生发展差距较大，不平衡、不协调的问题仍然比较突出。2022 年 1~9 月，全省 11 个设区市中，经济体量最大的唐山市地区生产总值达到

6349.4 亿元，石家庄次之，达到 5252.9 亿元，两市地区生产总值占全省的 37.9%，承德、张家口等 5 市地区生产总值在 2000 亿元以下；石家庄一般公共预算收入最高，达到 561.8 亿元，唐山为 446.4 亿元，最低的承德仅为 101.2 亿元（见表 3）。省内各市综合经济实力差距较大，地方财力差异导致的社会民生投入差距在一定程度上造成各地基础设施、公共服务供给的不平衡。农村基础设施、社会事业历史欠账较多，公共资源城乡配置失衡问题仍然存在，从公共供水普及率、燃气普及率、生活垃圾处理率等基础设施供给指标来看，农村与城市和县城的差距仍然十分明显。2021 年，全省村庄供水普及率、燃气普及率分别为 93.64%、70.47%，比城市分别低 6.36 个、29.32 个百分点。从城乡居民收入差距来看，尽管城乡居民年收入比近年来呈下降趋势，2021 年为 2.19，2022 年 1~9 月下降到 2.09，但城乡居民收入绝对差距在不断扩大，从 2011 年的 11173 元扩大到 2021 年的 21612 元，这也反映出城乡协调发展水平还不高。

表 3　2022 年 1~9 月河北省 11 个设区市发展情况

单位：亿元

地区	地区生产总值	一般公共预算收入
石家庄	5252.9	561.8
承　德	1223.9	101.2
张家口	1253.9	130.9
秦皇岛	1404.0	138.3
唐　山	6349.4	446.4
廊　坊	2472.4	293.8
保　定	2923.0	244.3
沧　州	3216.1	273.2
衡　水	1252.0	113.0
邢　台	1770.1	167.5
邯　郸	3207.7	312.8
全　省	30591.1	3313.0

数据来源：根据各市公开数据整理。

（二）"一老一小"服务供给仍显不足

对标新时代人口发展的新形势和新需求，河北省"一老一小"服务供给压力依然很大。养老托育服务需求总量大、供给缺口明显。截至 2022 年第一季度，河北省养老服务床位总数为 45.4 万张，其中，提供住宿的养老机构床位数为 23.8 万张、社区养老床位数为 21.6 万张，而全省失能半失能老年人超过 140 万人，加上空巢、高龄等需要照护的老年人数量也在增多，按照 2025 年养老服务床位总量达到 50 万张的标准，养老服务床位的供给总量缺口仍较大。河北省已备案托育机构 1273 家，拥有 3 岁以下婴幼儿托位数 13.8 万余个，每千人口托位数达 1.85 个，按照 2025 年每千人口拥有 3 岁以下婴幼儿托位数 4.5 个的标准，河北省托位规模尚难以满足多孩家庭对托育服务的迫切需求。养老托育服务供给结构不优、能力不足。河北省大规模、品牌化、连锁化养老托育服务机构较少，普惠型养老托育机构数量不足，专业化、规范化养老托育服务向居家社区延展度和深入融合度不够，现有养老托育服务水平参差不齐，无法充分满足居民"家门口"享受养老托育服务需求。

（三）青年就业形势依然较为严峻

就业是青年民生之本，河北省一直将促进青年就业放在政策优先位置，但全球经济转型、新一轮数字技术创新与产业变革、新冠病毒感染疫情冲击以及新技能和工作类型的需求在不断变化等诸多因素，导致河北青年就业形势仍面临较大压力。高校毕业生就业总量压力不减，高学历未就业毕业生规模持续积累。2021 年，河北省高校毕业生 42.7 万人。其中，本专科生毕业生 40.9 万人，比 2012 年增加 9.3 万人，增长 29.4%，研究生毕业生 1.8 万人，比 2012 年增加 0.8 万人，增长 80.0%，无论是增量还是增幅均创历史新高。加之高校继续扩大规模和生源、毕业生择业迷茫或期望值过高等因素，高校毕业生的就业难问题比较突出，并会成为未来一段时期内河北省青年就业的重点和难点。青年就业劳动力市场存在结构性错配，"就业难"与

"招工难"现象并存。随着去产能和战略性新兴产业升级，劳动力市场对高层次研发人员、高技能工人和创新型复合型人才需求增加，青年受到的教育培养和技能培训难以满足这种实际需求，青年结构性失业问题凸显。受新冠病毒感染疫情影响，河北省各行业用人需求有限、岗位供给能力不足，劳动力市场创造就业空间的动力和能力呈现下降态势，现有各行业企业招工计划有减无增或与往年持平，新替代性行业的就业岗位供给尚不充分，青年就业难度仍然较大。

（四）教育服务能力有待提升

河北省教育事业发展成效显著，但从总体上说，基础教育优质资源仍然不足，城乡、区域、校际差距较大，"择校热"尚未完全解决，义务教育优质均衡发展与群众的期待还存在一定距离。"双减""民转公"是义务教育阶段的两个年度热点。当前中考普职分流、高考"地狱模式"的招生考试形势下，部分家长、学生、教师的减负动力不足，而且"双减"对学校的课后服务质量、学生的自主学习能力、家长的家庭教育能力都提出了更高的要求，不规范的校外辅导机构被大量取缔，家长、学生的中考、高考焦虑有增无减。义务教育"公参民"学校转公办，不符合"六独立"要求的民办学校停办等政策执行过程中涉及教师队伍的稳定、新老学生教学管理、招生模式的转变、总体招生数量稳定、平稳过渡等一系列问题。职业教育校企合作层次不高，产教融合发展深度不够，人才培养模式比较滞后，与现代产业体系和县域产业集群发展的人才需求存在脱节现象。优质高等教育资源相对不足，缺乏一流大学和一流学科引擎，重点学科数量少且分布零散，难以形成集群优势，高等院校创新与服务潜力尚未充分释放，与经济社会发展的协同效应尚未形成。

（五）京津冀公共服务差距缩小不明显

京津冀协同发展战略实施以来，虽然河北省在基本公共服务协同发展方面做出了一些积极探索，但受人口、财力及体制机制等因素影响，河北与京津公共服务水平仍存在较大差距，教育、医疗卫生、社会保障等方面的公共服务标准和供给差距并未明显缩小，部分领域反而有继续拉大的趋势。医疗卫生领域，2015~2020年，河北只有每千人口医疗机构床位数指标赶超京津，在每千人口执业（助理）医师数量方面，河北与北京的差距从1.70人扩大到1.71人，与天津的差距从0.10人扩大到0.34人。在每千人口注册护士数量方面，河北与北京的差距从2.60人扩大到2.69人（见表4）。基础教育领域，河北小学、初中、高中三级学校生师比与天津差距逐步缩小，小学、高中生师比与北京差距稍有缩小，初中生师比与北京差距稍有扩大，但从总体上说，河北基础教育生师比均高于京津两地，反映出河北基础教育资源与京津还存在较大差距。社会保障领域，2015~2022年，北京市城乡居民养老保险基础养老金从每人每月470元上调至每人每月887元，天津市从235元上调至307元，河北省从75元上调至123元，北京调整幅度最大，河北、天津两地与北京差距不断扩大。公共服务水平的差距，在一定程度上影响高端产业和高端人才向河北的转移。

表4　京津冀卫生、教育事业指标比较

项目指标	年份	北京	天津	河北
每千人口医疗机构床位数（张）	2015	5.14	4.12	4.61
	2020	5.80	4.92	5.92
每千人口执业（助理）医师（人）	2015	3.90	2.30	2.20
	2020	4.92	3.55	3.21
每千人口注册护士（人）	2015	4.40	2.20	1.80
	2020	5.39	3.08	2.70
普通小学生师比（教师人数＝1）	2015	14.35	14.98	17.59
	2020	14.01	15.38	17.07
初中生师比（教师人数＝1）	2015	8.62	9.92	13.58
	2020	8.68	11.02	13.72
普通高中生师比（教师人数＝1）	2015	7.95	10.24	13.57
	2020	7.62	10.04	13.18

数据来源：《中国统计年鉴2021》。

三 社会热点问题分析

（一）雄安率先探索共享发展

习近平总书记提出的新发展理念，为全面建成社会主义现代化强国指明了前进方向。共享发展的理论与实践正处于探索之中，全国还没有成熟的可借鉴可利用的典型经验，雄安新区作为推进高质量发展全国样板，应积极承担历史使命，努力成为"妙不可言、心向往之"的社会主义现代化国家的共享发展样板城市。

坚持社会主义方向，承担集中体现中国特色社会主义制度优越性的历史使命。雄安新区共享发展首先应该是社会主义原则的集中体现，代表我国共享发展的社会主义方向，坚持以公有制为基础，解放和发展生产力，努力实现共同富裕。坚持人人参与、人人享有，承担共建共享、不断增强人民获得感的历史使命。雄安新区的共享发展必须坚持以人民为中心，代表最广大人民群众的根本利益，践行发展依靠人民、发展为了人民、发展成果由人民共享。坚持先富带后富，承担探索实现共同富裕奋斗目标经验和路径的历史责任。雄安新区的共享发展必须牢牢把握实现共同富裕的总目标，在建设共同富裕理想社会的框架下安排共享发展实践路径，先富带后富，最大限度地缩小贫富差距，最终实现共同富裕。坚持高水平共享，承担推进新时代中国特色社会主义现代化建设的历史使命。雄安新区的共享发展是能够实现自身造血的共享发展，是能够不断增强创造能力的共享发展，必须在坚持顶层设计、政府主导的同时，遵循市场规律，激发内生活力，推进雄安新区全面高质量发展，为实现全民共享奠定物质基础。

雄安新区推进共享发展的基本目标应包含五个方面。一是缩小贫富差距，以中等收入群体为主体的橄榄型社会结构率先基本形成。体现社会公平的收入分配机制、公共服务优质共享机制基本建立，中等收入群体规模不断扩大，低收入群体增收能力明显提升，城乡发展差距、居民收入差距和生活水平差距显著缩小。二是培育共享新机制，共享发展的体制机制和政策框架率先基本建立。共享发展体制机制创新取得突破，共建共享高质量发展的物质基础全面夯实，先富带后富、推动共同富裕的共享发展路径更加明晰，促进共建共享、共同富裕的财税、社保、转移支付、金融、土地等政策制度不断完善。三是实现美美与共，体现品质生活的全生命周期共享公共服务体系基本形成。率先实现基本公共服务均等化，义务教育校际差异系数持续缩小，优质医疗资源供给更加充分、布局更加均衡，人民主要健康指标全面达到高收入国家水平，社会保障和养老服务体系更加完善，未来社区、乡村新社区全域推进，分层分类、城乡统筹的新时代社会救助体系全面建立，优质共享的公共服务体系基本形成。四是实现安居乐业，和睦团结向上、精神富足的共享生态体系全面形成。党建统领的共享治理体系基本建成，全面从严治党成效进一步彰显，社会主义民主法治更加健全，社会公平正义充分彰显，社会治理现代化实现全覆盖，国民素质和社会文明程度达到新高度，生态环境综合状况稳居全国前列，群众获得感、幸福感、安全感全国领先。五是建设共享发展新格局，体现所有权、发展权和共享权的共享发展新局面基本形成。共有、共建、共享的制度体系基本建立，体现社会主义制度优越性的公有制经济主体地位得到保障，人尽其才的发展机会充分彰显，一次、二次、三次分配制度更加合理有效，全民共享、全面共享、共建共享、渐进共享基本特征在雄安新区得到全面体现。

　　探索构建"共享雄安"制度体系，推动雄安新区走在全国共享发展实践前列。积极培育共享经济。雄安新区坚持马克思主义基本方向必须紧紧抓住公有制经济这个根本，探索建立新时代全民共享、全面共享经济发展新形式。夯实共享设施基础。基础设施水平是衡量社会生产力发展程度的重要尺度，与广大人民群众的生产生活息息相关，雄安新区共享发展应把基础设施体系建设作为一项共享制度布局安排，形成公用型、网络化、开放式共享基础设施新格局。提升公共服务共享水平。雄安新区应高度重视公共服务体系建设，率先实现基本公共服务均等化，大力支持普惠性非基本公共服务发展，扩大多层次多样化生活服务供给，形成优质高效、保障多元、城乡一体、开放共享的公共服务体系。保障人人享有发展机会。坚持公平正义，推进社会资源公平享有，保障社会自由流动，防止社会阶层固化，切实保障人民平等参与、平等发展的权利，创造更加民主与文明、更加公平与正义、更加具有创造活力的和谐社会。推进发展成果全面共享。以保障最广大人民的切身利益为根本，立足发展成果由人民共享，建立健全具有雄安特色的收入分配制度，努力缩小收入分配差距，拓宽政治参与渠道，切实保障公民政治权利，营造和谐社会新风尚，共享社会文明成果，增强人民群众获得感、幸福感。

（二）共享发展理念引领民生新境界

民为邦本，本固邦宁。民生是和谐之本，是人类发展的一项基本内容。与民生息息相关的各项权利是人生存和发展最基本的权利，关乎人的幸福感、获得感、安全感。由于民生在人的发展过程中具有基础性和必要性，民生问题不仅关系着每个人的生活质量，也关系着国家安全及社会的和谐稳定。共享发展理念实质上就是坚持以人民为中心的发展思想，鉴于此，2022年省委、省政府在党中央的坚强领导下，坚持以人民为中心，以推进共同富裕为目标，不断完善统筹城乡的民生保障制度，加快"十四五"规划落地落实。河北省在民生建设特别是就业、教育、社会保障、医药卫生、"一老一小"、住房保障等与人民群众的切身利益息息相关的民生保障方面做出了一系列成绩，充分体现了做好民生建设是践行共享发展理念、持续增进人民福祉这一根本要求。

习近平总书记强调，人民群众共享改革发展成果是社会主义的本质要求，是我们党坚持全心全意为人民服务根本宗旨的重要体现。共享发展理念早在党的十八届五中全会上第一次被提出，这一理念是对经济社会发展理念的创新发展，是新时代推进经济社会发展的根本遵循，坚持共享发展，必须坚持发展为了人民、发展依靠人民、发展成果由人民共享。要时刻坚持人民的主体地位，不断满足人民群众对美好生活的追求和向往，实现好、维护好、发展好广大人民群众的根本利益。共享发展理念引领民生新境界，践行共享发展理念，要从根本上倡导按照人人参与、人人尽责、人人享有的要求，为人民群众创造公平普惠的条件，充分体现社会主义本质和党的宗旨，科学谋划人民福祉和国家长治久安，强调机会公平，保障基本民生，使最广大人民群众在共建共享中拥有更多的获得感、幸福感和安全感。

完善社会治理要将以人民为中心的理念进一步深化到具体的实践当中。坚持人民利益至上的原则，就是面向广大人民群众，代表他们的权益，反映他们的诉求。进入新时代，要关心人民群众的疾苦，关心民生问题，这也是社会文明程度提升和社会稳定和谐的根本要求。社会发展的根本目的是提高人民生活水平，这也是党的初心使命。在迈向社会主义现代化强国的新征程上，要始终坚持一切为了人民、一切依靠人民。要锚定目标、立足职责，一以贯之地坚持习近平新时代中国特色社会主义思想，胸怀"国之大者"，要始终想人民之所想、行人民之所嘱，全面加强民生建设、社会建设，使人民群众的获得感、幸福感、安全感更加充实、更有保障、更可持续，不断把人民对美好生活的向往变为现实。

（三）智慧民生服务成为新发展方向

智慧民生服务是增进民生福祉、推进数字社会建设的重要领域。随着信息技术和数字社会的快速发展，人民群众对智慧美好生活有了更多新需求和新期待，河北应将以人民为中心的发展理念作为引领，坚持数字赋能，不断推进物联网、大数据、云计算等新一代信息科技在民生服务领域的平台建设和场景应用，大力发展智慧教育、智慧医疗、智慧养老、智慧文化等群众期盼度较高的智慧民生应用，探索推进"多信息平台合一""多码合一""多卡合一"等服务，构建起智慧便民生活新服务体系。

目前，河北省在推进智慧民生服务的基础设施和应用方面仍有诸多不足，缺乏从全局角度出发的规划，缺少管理部门统筹协调，民生领域各主管部门在信息化建设上存在"信息孤岛"现象，医疗卫生、养老育幼等信息平台和服务平台的建设仍显滞后，数据集成度和应用程度较低，已有各类智慧民生服务平台的便捷度和普及性仍显不足，这些短板对智慧民生服务提出新挑战。

积极推进民生重点领域智慧化数字底座建设。一是推动智慧教育发展，完善河北"教育云"功能，推动"百千万"教育资源开放共享，汇聚终身教育领域资源。加快数字校园、智慧教室建设，推进省—市—县三级优质教育资源网络互联共享。二是迭代升级智慧健康医疗服务，以互联网医院、社区智慧医生为抓手，加快基层医疗卫生机构综合业务信息建设，开展预约挂号、电子健康档案、互联网健康咨询和管理、网上预约分诊、健康随访跟踪、疾病预防控制等"互联网+健康医疗"服务，逐步实现区域医疗信息共享。三是构建智慧健康养老服务体系，以省、市智慧健康养老服务平台为依托，建立老年健康养老动态监测机制。建设智慧健康养老社区，开展社区居家智慧健康养老示范项目，为老年人提供紧急救护、家政预约、网络点餐等多元智慧健康养老服务。四是推进数字文化惠民工程，拓展文化数字化应用，推动数字图书馆、数字文化馆、数字博物馆等多元数字文化设施运行管理平台建设，增加公共文化的基层数字化服务效能。五是大力推动社区智慧民生服务平台建设，以河北省智慧社区建设为依托，逐步拓展各类民生服务与智慧社区建设衔接融合，支持社会力量建设线下社区智慧民生服务站，推动就业、医疗卫生、养老、救助、社保、文体等高频民生事项就近就便在社区平台一站式办理或网络平台自助办理。

（四）社群成为基层服务重要力量

社会治理的根基在基层，基层社会治理无疑是推进社会治理现代化的重中之重。社会资源逐步向基层下沉，基层社会治理体系日益完善，作为四大主要治理要素的党组织、民主自治、社会组织和民众，发挥了治理体系中互为联动的主体作用。其中，体现民众参与程度和水平的社群组织的作用潜力巨大。

社群是基于一定的统一价值观的人聚集形成的群体或组织，是由具有共同追求、共同理想、共同目标、共同兴趣的人聚集而成的群体。社群的种类繁多，几乎涉及经济、社会、文化、生活等各个领域。近些年，各类网络社群大量出现，其影响力更加强大。一是以购物为特征的消费类社群。随着网络特别是微信群的广泛运用，以购物为主要目的的消费类社群得到了快速发展，"团购"已经成为最普遍的网络用语之一。疫情防控常态化的时期，外出和购物较为受限，团购在城乡社区如雨后春笋般发展起来。二是以文化娱乐为特征的大众文化类社群。作为城市中较早出现的各类文化娱乐组织，如广场舞队、吹拉弹唱队以及书法、绘画书社等，随着一些专业人士的参与和活动环境的改善，这类社群组织能力和专业水平逐步提高，已经成为社区群众生活中的重要组织。三是以帮扶救助为特征的社会服务类社群。大批帮扶救助类社群的产生是最近几年基层社会服务呈现的一个新特点，养老服务救助、残疾人服务帮扶、儿童照看、教育资助以及应对疫情形成的各种志愿者服务组织等，都属于社会服务类社群性质，这类社群的成员分布广泛，机关、学校、企业以及各种大型研究机构都有志愿者积极参与，在城乡社区特别是城市社区中逐步发展壮大。

社群是群众自发组织，一般缺少长远发展规划，政府对于社群的引导也缺少刚性措施，致使社群在发展中存在很多问题。一是自我约束能力较差。社群成员入群门槛较低，成分复杂多样，运行规则不严密，缺少强制性措施，绝大多数社群普遍缺少自我约束能力，社群成员各行其是，甚至对违规行为也很少有硬性约束措施，社群统一意志实现难度较大。二是政府引导措施不足。社群属于"草根"组织，除了依托各个行业的法规以外，对于社群组织的直接规范和引导缺少强有力的措施，目前各类社群基本处于自由发展阶段。三是享有社会资源较少。近年来，社区在发展过程中，各种服务设施不断健全与完善，但社群认可度不高，不能有效地享受各种服务设施，导致社群在发展过程中资源贫乏、场所缺失，争夺有限资源的事件时有发生。

社群已经成为基层治理的重要力量，其影响力在民众和社区管理中越来越大，政府应该因势利导、精准施策、规划运行，保障社群健康发展，为基层社会治理奠定强大的群众基础。支持社群服务群众生活，积极评价社群作为新生事物的存在价值，出台社群发展的专门社会政策，强化政府组织与社群的无缝政策衔接，保障社群能够享有社区内各种服务型资源，让社群与社会组织共同参与基层社会治理。一是筑牢社群发展文化基础。社区文化是社群发展的基础，每个社区都应该强化自身文化塑造，打造社区文化特色，增强社区发展文化底蕴，为培育适合本社区发展的社群组织提供文化支撑。二是完善社群发展网络平台。互联网是社群发展的催化剂，也是增强社群交流信息和减少社群运行成本的重要条件，社区应依托政府网络平台，开辟社群发展管理中枢，建立本区社群发展数据库，为各类社群提供有效的网络技术服务。三是规范社群运行内部行为。在严格遵守相关法规的基础上，帮助社群制定内部规章，特别是对于网络微信群、驴友郊游群等应有比较严格的语言、行为规范，保障既不出现政治杂音，也不损害社会环境，能够通过群内沟通、协调机制，解决各个成员之间出现的矛盾和冲突。

四　以党的二十大精神引领社会发展新高度

（一）加快推进民生事业共享发展

党的二十大报告中明确提出："必须坚持在发展中保障和改善民生，鼓励共同奋斗创造美好生活，不断实现人民对美好生活的向往。"当前河北省民生保障工作还存在很多不足，因此要着力解决人民群众"急难愁盼"问题，着力解决人民群众生活与发展的问题，把民生问题的解决和共享发展紧密联系起来，在全面建设社会主义现代化国家的新征程中，加快推进民生事业共享发展，实现基本公共服务均等化，更高水平推进幼有所育、学有所教、劳有所得、病有所医、老有所养、住有所居、弱有所扶。高校毕业生就业面临复杂严峻的形势，要不断完善重点群体的就业支持体系，加强困难群体就业兜底帮扶工作。在增加人民群众收入方面，要通过不断完善分配制度增加低收入者收入，扩大中等收入群体。在满足人民群众医疗卫生需求方面，要使优质医疗资源供给更加充分、布局更加均衡。在加强养老保障及社会保障方面，要使养老服务体系更加完善，推进老有所乐、老有所为，实现法定人员社保全覆盖。加快推进民生事业共享发展，提高就业质量、提高居民收入、提高教育质量、推进社保扩面提质、提高住房保障水平、提高养老育幼水平等，突出补齐民生短板的精准性、民生保障的有效性以及公共服务的普惠性，推进民生事业实现高质量共享发展，增强人民群众的获得感、幸福感和安全感，从而实现社会和谐有序又充满活力。

（二）加快推进民生工程建设上水平

党的二十大报告中提出要增进民生福祉，提高人民生活品质。在奋进全面建设社会主义现代化国家新征程中，要优质高效地推进民生工程建设上水平，以高质量发展为人民高品质生活拓展美好空间。聚焦人民群众最直接最关心的利益问题，河北省连续5年围绕城乡建设、教育、卫生健康、养老、文化体育、环境整治等方面滚动实施20项民生工程，逐年以更大力度、更加务实的举措保障和改善民生。在实施民生工程的过程中使制度和机制逐步得到完善，形成建议提案分类办理清单制度，用快速办理机制处理"着急事"，实行集中办理、现场推进"烦心事"，分级领办、提级办理"疑难事"，使各类问题得到解决落实。面对经济下行压力增大的严峻形势，在民生保障方面河北省要继续以人民为中心，高质高效推进系列民生工程和民生实事项目，不断提升人民群众的获得感、幸福感和安全感，充分彰显党和政府为人民群众办实事的坚强决心。创新民生工程投融资体制机制改革，发挥财政资金引导作用，吸引社会资本参与，凝聚政府、社会各方力量参与民生工程建设和运营维护。健全民生工程民意征集及评估机制，着力挖掘群众最关心最直接最现实的利益问题，从人民群众反映强烈的痛点、难点、焦点问题入手，做好基础性、兜底性、普惠性民生建设，更好满足群众多样化民生需求，提升民生工程的精准性。建立绩效评价机制，对托育、养老、教育、卫生等民生工程项目开展绩效评价，推动评价结果与政策完善、预算投资挂钩，提升项目实施效果。健全民生工程建设的长效机制，统筹好当前和长远的关系，既要满足好当前群众最迫切的需求，集中财力、物力实施一批见效快的民生工程，又要放眼长远，对社会经济发展规律和趋势进行认真研究，对未来民生工作的重点与难点进行科学预判，制定民生工程长远规划，加强项目统筹，避免无序建设、大拆大建和损失浪费，推动民生工程和民生事业可持续发展。建立健全监督机制，建立人大代表、政协委员、相关机构、群众代表广泛参加的监督队伍，全方位全过程参与民生工程监督与评价评议，共同推动民生工程高质量实施。

（三）加快提高民生发展现代化水平

民生发展现代化水平是体现政府执政能力现代化水平的主要内容，信息科技又是促进民生发展现代化水平的关键动力和重要支撑，应坚持把增进民生福祉、提高人民生活品质作为科技惠民的落脚点，通过科技创新推动实现人民对美好生活的向往。提升民生发展现代化水平，需顺应民生需求和科技发展趋势，找准科技赋能民生领域的关键点，强化数字平台建设支撑，线上和线下民生服务并行推进，注重数字民生实践应用，构建起高效协同、便捷多元、应用广泛的现代民生发展体制机制，逐步打造多元互动、多端互联、多域共建、全龄共享的智慧民生基层服务平台，可重点从三个层面着手。一是注重高效平台建设，着力聚合政府、市场、社会多方科技力量，搭建民生服务信息数据管理和数据共享平台，建立数据交换机制，建设民生信息数据库，发挥民生大数据资源多元化、多样性、规模大的优势，以民之所需为根本出发点，精确评估、精准施策、高效监管，提升科技服务民生的智慧水平。二是注重"线上+线下"并行发展，充分融合线上和线下各类民生资源，聚焦收入、教育、就业、社保、健康、医疗、养老、育幼等人民群众最关心、最期盼、最具获得感的民生领域，构建省—市—县（区）三级智慧民生综合服务体系，通过配置智能终端、开展在线医疗和网络服务等方式，实现民生事项"冀时办""指尖办""随时办"，促进"智慧+"民生服务模式创新和服务水平提档升级。三是注重民生实践应用建设，进一步谋划推进中国式现代化在河北民生领域落地的实践场景开发，推动公共卫生健康、养老育幼、文化体育等各类生活场景数字化，进一步加强适用于老幼残等群体的信息交流无障碍建设，进行个性化民生信息推送和专业化民生服务。通过数字科技赋能，民生领域发展的新业态、新模式、新技术将不断出现，描绘出智慧赋能、多元协同、人人共享的科技创造美好生活的河北民生新画卷。

（四）加快完善民生质量评价体系

当前，民生问题已经成为人民群众最关心、最直接、最现实的利益问题，在我国迈上全面建设社会主义现代化国家新征程、向第二个百年奋斗目标进军的新发展阶段，必须深入践行以人民为中心的发展思想，把落脚点放在造福全省人民上，坚持保障和改善民生与促进共同富裕相结合、高质量发展和创造人民高品质生活相结合，不断增强人民群众的获得感、幸福感、安全感。在这样的背景下，亟须建立一套科学、合理的民生质量评价体系，综合经济发展、收入分配、生活质量、劳动就业、公共服务、公共安全等多个民生相关领域指标，构建指标体系和测算体系，从横向与纵向、静态和动态等多个层面对民生发展质量进行测度，衡量全省及各市、县民生发展水平，反映民生改善进度和社会事业发展状况。运用评价成果，定期发布年度民生发展报告，反映基本状况、判断基本趋势、查找薄弱环节，引导政府精准施策，将民生投入和公共资源向薄弱领域倾斜，加快补短板、强弱项，推动民生事业高质量发展。

（五）加快构建更高水平社会治理共同体

党的二十大报告提出，健全共建共治共享的社会治理制度，提升社会治理效能，建设人人有责、人人尽责、人人享有的社会治理共同体，让社会治理成果更好更公平惠及人民群众。社会治理的根本目的是为人民群众的全面、自由、充分发展创造条件，从而更好地服务于人民群众，不断满足人民群众对美好生活的需要。人民群众是社会治理的最终落脚点，加快构建更高水平社会治理共同体，必须坚定以人民为中心的发展思想，将各类主体、资源进行有机整合，把广大人民群众的积极性、主动性和创造性调动起来，凝聚起人民群众的力量，加快建成现代社会治理格局，使社会充满活力又和谐有序。加快构建更高水平社会治理共同体是实现社会治理现代化的重要举措，这是中国式现代化的内在要求。社会治理共同体是实现中国式现代化的重要载体，要把建设好社会治理共同体作为社会发展的重要目标和任务，在一定程度上而言，实现人民生活幸福和实现中华民族伟大复兴是一致的。坚持和完善共建共治共享的社会治理制度，开创人人有责、人人尽责和人人享有的社会治理格局，进一步实现社会治理理念的科学化、方式的精细化、结构的合理化、过程的民主化，以社会治理现代化助推国家治理体系和治理能力现代化。

综合发展篇
Comprehensive Development

B.2
河北省城乡社会治理发展报告

王凤丽*

摘　要： 2022年，河北省高度重视城乡社会治理工作，并取得了显著成绩：全省城乡社会治理方向正确、目标清晰、措施得力，开展一系列卓有成效的行动，大力整治社会治安问题，打击以网络诈骗为代表的新型违法犯罪，营造健康安全的社会环境。针对个别突出案例，认真反思、坚决整改，持续提升社会治理效能。但也要客观理性地认识到，全省社会治理工作还有继续提升的空间。2023年，要认真学习贯彻党的二十大精神，全面提升市域社会治理水平和工作实效，力争全省城乡社会治理工作再上一个新台阶。

关键词： 城乡　社会治理　河北省

---

* 王凤丽，社会学博士，河北省社会科学院社会发展研究所副研究员，主要研究方向为文化社会学。

2022 年是党和国家历史上极为重要的一年，也是河北省发展史上极为重要的一年。年初，张家口市与北京市成功举办第 24 届冬奥会、第 13 届冬残奥会；10 月，党的二十大在北京胜利召开，描绘了全面建设社会主义现代化国家的宏伟蓝图，也为河北省今后全面提升城乡社会治理工作指明了方向。作为首都政治"护城河"，河北省统筹疫情防控和经济社会发展，统筹发展和安全，砥砺前行，以重大活动安全保障与公共服务为引擎，全面提升社会治理工作方法和实际效果，7400 多万人民群众的生活得到有效保障，保持了经济社会大局稳定。

一　2022年社会治理基本形势与主要成绩

（一）全省社会治理工作的目标明确、措施得力、成绩突出

2022 年，全省坚决贯彻落实《中华人民共和国国民经济和社会发展第十四个五年规划和 2035 年远景目标纲要》，推动社会治理重心向基层下移，向基层放权赋能，加强城乡社区治理和服务体系建设，城乡社区服务发展前景更加广阔。3 月，《河北省国民经济和社会发展第十四个五年规划和二〇三五年远景目标纲要》明确了全省社会治理工作的发展规划与远景目标："十四五"时期，河北省发展处于历史性窗口期和战略性机遇期，我国全面推进治理体系和治理能力现代化，完善共建共治共享的社会治理制度，为全省提升治理效能、当好首都政治"护城河"提供了坚强的制度保障。到 2035 年，全省将与伟大祖国同步基本实现社会主义现代化，全面建成新时代经济强省、美丽河北。各方面制度更加完善，基本实现治理体系和治理能力现代化，建成更高水平法治河北、平安河北。社会治理效能得到新提升，依法治省迈出坚实步伐，社会公平正义进一步彰显，共建共治共享的社会治理体系更加健全，基层基础更加稳固，重大突发公共事件应急能力和防灾减灾抗灾救灾能力明显增强，防范化解重大风险和安全发展体制机制不断完善，拱卫首都安全的钢铁长城更加牢固可靠。

截至 2022 年，全省已基本确立市级统筹协调解决重大难题、县（市、区）组织实施解决突出问题、镇（街）强基固本解决具体问题、社区（网格）落实落细解决服务管理问题的权责架构，市域社会治理效能不断增强，风险预测预警预防能力显著提升，市域日益成为防范化解重大矛盾风险的"终点站"。城乡社区治理信息化建设稳步推进，推动了"互联网+城乡社区服务"深度融合，运用网上办事大厅和移动客户端、微博、微信等新媒体，构架网格化社区服务新模式。推动"雪亮工程"向社区延伸，实现对治安重点人员实时掌握，有效降低了社区可控性案件发案率，为居民生命财产安全提供了有力保障。全省所有村和社区普遍建立健全农村"五位一体"和社区"六位一体"协调联动治理结构。深入推进"互联网+政务服务"建设，省市县乡村五级政务服务部门全部入驻统一门户，848 项省级事项实现全流程网办，2336 项便民应用接入"冀时办"移动端，103 个高频事项实现跨省通办。完善了基层便民服务体系，全部乡镇和街道设立行政综合服务中心，村（社区）设立综合服务站，实现全覆盖、"一站通办"。全省已实现网格化服务管理覆盖。广泛构建网状治理模式，坚持政府搭台、市场运作、公众参与，健全省、市、县三级社会组织孵化体系，大力培育公益性、服务性、互助性社会组织；以"专业社工+志愿服务"为引领，完善社区、社工专业人才、社区社会组织、社区志愿者、社区慈善资源联动机制，调动各方面力量参与社区治理，目前全省实名注册社会志愿者已超1200 万人。

（二）以党建引领城乡社会治理，把党的领导优势转化为社会治理和社区服务效能

2022 年，全省持续加强系统治理、依法治理、综合治理、源头治理，不断提高社会治理社会化、法治化、智能化、专业化水平，持续健全市、区、街道、社区四级联动责任体系，党领导基层治理机制更加健全。

一是党领导社会治理工作机制持续向基层延伸。3 月，印发《关于强化党建引领基层治理的意见》等文件，健全市、区、街道、社区四级联动责

任体系，党领导基层治理机制更加健全。确保基层党组织政治功能和组织力，坚持政治引领，以党建统领基层治理创新、破解基层治理难题，健全基层党组织领导的基层群众自治机制，确保基层治理过程人民参与、成效人民评判、成果人民共享。以石家庄、唐山、邢台等市为代表的各地市，均积极推进物业管理与社区治理融合发展，推动构建社区党组织、居民委员会、业主委员会、物业服务企业、楼门长、综合服务站等"六位一体"统筹协调机制，形成了基层党组织领导下的社区治理新格局。

二是将社区服务列入基层社会治理重要工作内容。全省各地坚持社会治理重心下移、力量下沉，注重社区工作者队伍建设，加强网格力量配备，建立健全党员干部下派工作机制，强化基层社会治理力量，进一步提升基层综合治理与服务能力。加快推进城乡社区综合服务设施建设，全省城市社区综合服务设施实现全覆盖，农村社区综合服务设施覆盖率达到65%。在2020年印发《加强城市社区管理服务规定（试行）》的基础上，至2022年底，进一步完善相关配套制度，从党建引领、居民自治、民生服务、物业管理、智慧社区等方面加强城市社区管理服务。组建医疗保健、护理康复、法律援助等各类专业化志愿服务队伍，推进家庭医生签约服务。

三是加强公众参与机制建设，引导广大群众参与社会治理。坚持政治引领，确保社会治理始终在党的领导下进行；强化依法治理，完善社会治理地方立法；健全以党组织为领导、以村（居）委会为主导、以人民群众为主体的新型基层社会治理框架，推进在业主委员会中建立党组织，不断探索引导广大群众参与社会治理；强化智能支撑，全省"雪亮工程"项目建设全部完成，全面实现"纵向贯通、横向互联、共享共用、安全可靠"和"全域覆盖、全网共享、全时可用、全程可控"目标。

（三）进一步完善城乡社会治理体系，市域社会治理成绩明显

加快推动市域社会治理现代化，是持续推动全省经济社会高质量发展的关键一招，也是新时代"平安河北"建设的重要内容。省委、省政府高度重视市域社会治理工作，把推进市域社会治理现代化作为全省当前和今后一

个时期的重要工作任务，纳入经济社会发展规划，全面系统谋划部署加强河北省市域社会治理现代化及试点工作。自 2020 年河北被确定为全国市域社会治理现代化试点地区以来，省委、省政府把市域社会治理现代化试点工作作为重大政治任务列入全省经济社会发展全局，将全国第一期试点城市之外的设区市作为省级试点城市，按照全国一期工作标准同步推进。至 2022 年底，河北省 11 个设区市和雄安新区因地制宜、积极探索，形成了一批可复制、可推广的创新模式。

石家庄市 262 个乡镇（街道）全部成立社会治理专门机构，2022 年全市"十件民生实事"圆满或超额完成。2022 年全市要办好的十件民生实事包括创建 30 所普惠性民办幼儿园、改善农村生活条件、老旧小区改造、提升街旁游园、建设 200 个球类运动场地和 70 公里健身步道、打通 36 条城区规划路、新建改建 15 家便民市场和 5 家社区便民服务中心、创建 100 条精品街道、推进 1975 年以前危旧住房更新试点建设工程、为全市 14 周岁女孩免费接种 HPV 疫苗项目。其中，为有效改善城乡人居环境和提升通行能力，裕华区 967 个老旧小区已改造完工；鹿泉、井陉、无极等 17 个县（市、区）完成了 542.5 公里农村公路建设改造，占年度任务的 177%，累计完成投资共计 14.1 亿元；制定了《2022 年石家庄市农村生活污水治理工作专项推进方案》，完成了鹿泉区南龙贵村等 238 个村庄生活污水治理任务等。

张家口市打造红色网格、全科网格、全域网格、闭环网格，实现"管理无缝隙、服务零距离"。把完善市域社会治理体系、提升市域社会治理能力作为根本遵循，不断推进社会治理工作布局、治理体制、治理方式现代化，全力推进试点工作走深走实，全面提升社会治理效能，突出风险防范，社会治理工作布局不断完善。

秦皇岛市域社会治理现代化试点工作整体推进、重点突破、特色鲜明、成效明显。至 2022 年底，该市已颁布实施多部地方性法规，为市域社会治理提供了有力法治保障。实现智慧消防、智慧水务、智慧国土、智慧城管、智慧环保、智慧防疫六大功能一体化作业，及时发现问题、解决问题。紧扣城市运行"一网统管"的目标方向，在信息采集、数据汇集、系统集成、共享开放上进行更多探索，加快建设城市运行信息平台系统，让城市治理更加精准、高效、有序。

沧州坚持把"智治"能力建设作为提升治理效能、推进治理能力现代化的突破口和着力点，大力推进"四大智慧"工程建设，助推社会治理提档升级、提速增效。该市坚持把大数据作为推动社会治理现代化的新引擎，高起点规划、高标准建设大数据社会服务管理中心。同时将"天网"视频监控、河道水位监控、疫情防控监控、秸秆焚烧监控、"雪亮工程"等视频监控资源，全部接入视频图像信息应用平台，实现了数据资源的归集共享和分析应用，为决策指挥、治安防控、应急处置、抢险救援提供了坚实支撑。

保定市是全国7个国家数据资产评估试点城市中唯一的地级市，积极构建智治支撑社会治理格局，建设全国数字化转型标杆城市，主动把现代科技与政法工作深度融合，构建智治支撑社会治理的发展战略格局，一批智慧政法项目走在了全省前列。坚持和发展新时代"枫桥经验"，将各类社会组织作为创新市域社会治理的重要力量和有效补充，多维度、多渠道、多手段破解市域治理的"痛点""堵点"，把"人民至上"贯穿市域社会治理全过程，依托各类社会组织，用一项项接地气的服务来解决群众"急难愁盼"问题，畅通服务群众的基层神经末梢。

承德地处首都"北大门"，是"京津冀水源涵养功能区"和塞罕坝精神的发源地。该市坚持问题导向，严厉打击生态环境领域违法犯罪，常态化开展扫黑除恶，重点打击电信网络诈骗和黄赌毒、食药环等违法犯罪，严厉打击非法囤积、垄断土地资源和非法采矿、采砂等违法犯罪，牢牢守住了生态、平安、土地"三条安全底线"，为全市生态优先绿色发展提供了强有力的法治保障。将社会治理触角延伸到家庭，有效激活每个社会细胞，培植社会治理持久动力。

衡水市推进实体、网络、热线三大服务平台同步建设，将市县乡三级公共法律服务中心建"实"，智慧公共法律服务微信平台建"活"，"12348"公共法律服务热线平台建"热"，着力为群众提供"找得到""信得过"的公共法律服务，促进了群众安全感、满意度持续提升。同时，衡水市通过远程公证全覆盖、设立乡镇（街道）法律援助工作站、诉讼服务实行"码上通"等，着力夯实基层基础，延伸服务触角，让公共法律服务触手可及，惠及更多辖区百姓，在省内率先实行公证机构远程视频服务全覆盖，实现了办理公证业务"零跑腿、零接触"。

邢台市充分调动基层群众、社会主体的主动性、能动性、创造性，推动基层社会治理由"一元管理"向"多元治理"、"为民做主"向"由民做主"、"做群众工作"向"由群众做工作"转变，有效夯实了市域社会治理的基层基础。设立贯通市县乡村四级的8500余个"百姓议事厅"微信群，随时随地收集群众身边需求，并组织有关部门和志愿者24小时在线，为群众排忧解难，做到小事不出小区、大事不出社区、问题就地化解。对在"百姓议事厅"微信群中反映的问题，邢台市推行了基层社会治理共商议事机制，特别是群众关心的村居环境整治、拆迁改造、道德评议等重大事项，事前征询群众意见建议、事中主动接受群众监督、事后客观听取群众评价，形成了群众积极参与、大事一起干、小事商量办的基层社会治理氛围。

作为党中央深入推进京津冀协同发展的重大战略选择，雄安新区一经设立，就被赋予"千年大计、国家大事"的重大使命。试点工作开始后，雄安新区筑法治之基、行法治之力、聚法治之势，在推进依法治理上"掌稳舵"，在提升服务水平上"扬起帆"，在优化发展环境上"护好航"，全力打造新时代依法治理"雄安样板"，为新时代高质量发展的"雄安名片"保驾护航。《河北雄安新区条例》自2021年9月1日起实施，为雄安新区和京津冀协同发展奠定了法治基础。至2022年底，持续完善法治决策机制，所有重大项目均实施合法性审查和稳定风险评估前置程序，做到应审尽审、应评尽评；成立白洋淀环境资源法庭和检察室，有效保障白洋淀生态环境治理。容东数字道路是雄安新区"数字智能城市"的重要组成部分，是全球首个城市区域级数字化道路项目，也是国内规模最大的开放式智能网联道路和车路协同试验区。

其他各市在市域社会治理现代化试点工作中，也都充分发挥法治固根本、稳预期、利长远的重要作用，积极破解市域社会治理难题，全方位、深层次、多渠道推进社会治理体系和治理能力现代化建设，确保社会安定有序、充满生机活力。

二 2022年较突出的社会治理典型案例及应对措施

（一）重拳打击突出违法犯罪，大力整治社会治安问题

6月发生在唐山市的一起恶性打人案件，引起社会各界对全市、全省乃至全国社会治安工作的高度关注。案件发生后，社会各界对作恶者明目张胆的嚣张气焰感到十分震惊，成为网络舆情持续多日爆热的话题。有关部门要求在全国范围内迅速形成高压震慑态势。河北省针对相关问题认真反思、严肃查处、坚决整改，铲除黑恶势力死灰复燃的滋生土壤，为当地经济社会健康发展奠定坚实基础。这起打人案件不仅正在促进当地社会治理的改善，也已成为有关部门实施定向治理的"标靶"，并以此推动构建全时空巡控社会治安模式。公平正义是人民对美好生活向往的重要内容，重拳打击突出违法犯罪，大力整治社会治安问题，用硬的拳头保护妇女、儿童、老年人、残疾人不受侵害，就是对人民群众心声的最好回应。河北全省公安机关共打击现行违法犯罪307起，抓获犯罪嫌疑人558名、网上在逃人员135名。打掉涉黑组织2个、涉恶组织39个，抓获犯罪嫌疑人415名，破获违法犯罪案件364起。侦破拐卖妇女儿童案件22起，找回失踪被拐妇女儿童17名，抓获涉拐犯罪嫌疑人62名。侦破多发性侵财案件2541起，抓获犯罪嫌疑人4426名。破获养老诈骗案件303起，抓获犯罪嫌疑人919名，打掉犯罪团伙37个，追赃挽损2.6亿元。

（二）开展"百日行动"，打击违法犯罪，营造健康安全的社会环境

唐山恶性打人案件发生后，公安部部署开展夏季治安打击整治"百日

行动"，河北省迅速就深入开展夏季治安打击整治"百日行动"等进行全面部署，全力攻坚克难，针对各类突出刑事犯罪持续保持严打高压态势，取得阶段性成效。全省公安机关共破获刑事案件2.7万起，抓获各类违法犯罪嫌疑人2.76万名，在全省范围内迅速形成了高压震慑态势。其中，按照公安部统一部署，组织对人民群众反映强烈、社会影响恶劣的黑恶痞、盗抢骗案件发起集群战役，共打掉犯罪团伙838个，抓获涉案人员1.6万名，收缴毒品3.67公斤，查冻结涉案资金逾8.76亿元。省市县三级公安机关挂牌整治411个案件高发或问题突出的治安乱点，挂账督办322起重点刑事案件。全省公安系统以打击整治枪爆违法犯罪专项行动为牵引，强化危险物品动态管控，坚决堵塞管理漏洞，着力消除安全隐患，共收缴各类枪支361支、爆炸物品120.5公斤。加强交通秩序整治，严查道路交通违法行为，累计查处酒驾醉驾、疲劳驾驶、超员超载、违法载人等易肇事肇祸违法行为18.2万起。

河北多地公安机关组织开展以加强街面巡逻、摸排安全隐患、强化法治宣传等为主要内容的治安整治专项行动，防范和打击各类危害社会治安秩序的违法犯罪行为，创造和谐安宁的社会环境，提升人民群众的安全感和满意度。石家庄市公安机关"金看风暴·铲垢"专项行动开展以来，全过程、重部署，以最高站位强力推进，全警力、控风险，以主动姿态抓安全，全火力、严整治，以雷霆之势稳治安，全覆盖、提素质，以严明纪律整饬队伍，紧盯"枪车酒赌毒密网"等关键环节，民辅警纪律意识、规矩意识进一步提升。唐山市在夏季社会治安整治"雷霆风暴"专项行动基础上，以"百日行动"为载体，依法严厉打击整治各类违法犯罪。秦皇岛市组织开展"夏夜安宁"守护专项行动，防范和打击各类危害社会治安秩序的违法犯罪行为。张家口市全力开展夜间巡查防控，加大对夏季易发各类违法犯罪的打击力度。保定市开展"夏季夜巡专项行动"，深入推进"铸盾2022"专项行动，严厉打击电信网络新型违法犯罪，深入开展重点地区、重点领域、重点行业集中整治，全面廓清首都外部环境。石家庄市、邯郸市、承德市等其他各市也都积极构建全方位、立体化防控体系，不断强化社会治安形势预警研判，动态调整警力部署，最大限度把警力摆上街面，最大限度加大巡控力度、提升反应速度，做到第一时间发现、第一时间处置。全省全面整治社会治安领域突出问题，进一步净化社会治安环境，全力保障人民生命财产安全。

（三）持续打击以网络诈骗为代表的新型违法犯罪，培养全民反诈意识

信息网络快速发展，电信网络诈骗等新型违法犯罪成为社会治理领域的痼疾之一。2022年，全省多措并举，在打击新型犯罪上取得明显实效。

一方面，为维护人民群众财产安全和合法权益，全省公安机关依法严打电信网络诈骗犯罪，深入开展"云剑""断卡""断流""拔钉"等专项行动，构建了党委政府牵头、部门力量合成、纵向贯通一体、集群攻坚作战的打击治理格局。紧盯重特大案件，全面整合公安机关刑侦、网安、技侦、科信等警种部门资源力量，定向打击清除。突出打击黑灰产犯罪，全量研判涉案"两卡"线索，对涉诈工具开发和洗钱、跑分等团伙窝点主动发起集群打击，持续保持严打高压震慑态势。省公安厅会同中国人民银行石家庄中心支行、省通信管理局持续加大对非法出租、出借、出售、购买"两卡"人员的惩戒力度，共惩戒涉"两卡"人员16.4万名，抓获行业内部人员802名，清理手机卡160.9万张，止付、冻结涉案银行卡73.1万次。2022年，省公安厅全力推动分级分类精准预警劝阻工作，全省共成功劝阻潜在被害人55万人次，完善涉诈域名封堵运行模式，累计拦截涉诈电话1601万次，封堵涉诈域名网址91.5万个，发送预警短信51.8万条，有效减少案件发生。

另一方面，全社会参与反诈局面初步形成。省打击治理电信网络新型违法犯罪厅际联席会议成员单位深入开展丰富多样的反诈宣传活动，形成了全民反诈、全社会反诈的强大声势。组织公安机关针对易受骗人群开展精准宣传，积极推广"国家反诈中心"App，后续将持续开展大案攻坚、集群战役，重点打击诈骗集团金主和骨干，有力打击犯罪分子嚣张气焰。强力推进

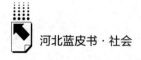
源头治理，加强重点人员源头稳控和教育劝返。全力强化预警防范，加强技术反制，最大限度减少发案、挽回损失。

三　2023年城乡社会治理展望与工作重点

面对"十四五"时期经济社会发展新形势、人民群众新期待、基层治理新任务，河北省城乡社区服务现状与实现基层治理体系和治理能力现代化的要求相比还有不小的差距，需要以更高的站位、更大的决心、更实的举措，补短板、强弱项，进一步深化城乡社区服务体系建设。

（一）认真学习贯彻党的二十大关于社会治理的相关要求

党的二十大是在全党全国各族人民迈上全面建设社会主义现代化国家新征程、向第二个百年奋斗目标进军的关键时刻召开的一次十分重要的大会。党的二十大报告提出，坚持人民城市人民建、人民城市为人民，提高城市规划、建设、治理水平，加快转变超大特大城市发展方式，实施城市更新行动，加强城市基础设施建设，打造宜居、韧性、智慧城市。

2023年，全省城乡社区服务体系建设要持续积极推进，为提升国家治理体系和治理能力现代化奠定坚实的基础。全省各级干部要坚持将学习宣传贯彻党的二十大精神作为首要政治任务，认真学习贯彻党的二十大报告关于社会治理的重要论述，加强党对社会治理的领导，推进社会治理体系和治理能力现代化，落实好"疫情要防住、经济要稳住、发展要安全"重要要求，着力保持平稳健康的经济环境、国泰民安的社会环境、风清气正的政治环境，以实际行动和实际成效贯彻落实党的二十大精神。要认真贯彻习近平总书记重要指示和党中央部署要求，坚持全面学习、全面把握、全面落实，精心组织推进，持续兴起热潮，在全省营造浓厚的政治氛围、社会氛围和舆论氛围。通过学习，全省广大干部群众思想更加统一、政治更加坚定，进一步加深对"两个确立"决定性意义的认识，强化增强"四个意识"、坚定"四个自信"、做到"两个维护"的自觉性。要牢牢把握中国式现代化的中国特色和本质要求，紧密联系社会治理工作现代化的河北场景，坚定不移推动党中央决策部署落地落实，认真落实中央和省委关于加快推进市域社会治理现代化的决策部署，把试点工作与一体推进平安河北、法治河北建设结合起来，不断完善具有鲜明时代特色、彰显市域个性的社会治理新模式。

（二）加快推进市域社会治理现代化，全面提升治理效能

市域在推进国家治理体系和治理能力现代化中发挥着承上启下的重要作用，既事关顶层设计落地落实，又关乎市域辖区的和谐稳定。全省各地市在推进全国市域社会治理现代化试点工作中积极创新实践，积累了不少有益经验，但仍存在体制不够健全、统筹不够有力、推进不够有效等问题。2023年，全省市域社会治理现代化将迈上新的台阶，治理效能将持续提升。

一是明确推进市域社会治理现代化是贯彻落实党的二十大精神的重要举措。各地各部门要全面准确把握党的二十大关于市域社会治理现代化的新要求新部署，增强责任感紧迫感，强化全周期动态治理、全方位依法治理、全要素智慧治理，不断提高社会治理社会化、法治化、智能化、专业化水平，确保市域成为重大风险终结地，以一市一地的安全稳定夯实长治久安的坚实基础。要加强对市域社会治理现代化规律认识和特点把握，认真总结试点工作经验，坚定信心、久久为功，持续在建机制、防风险、抓特色、强基础上下功夫，积极探索具有本地特色、时代特征、市域特点的社会治理新模式。

二是开展防范化解质效提升行动，将重大风险防范化解在市域。发挥政治引领作用、法治保障作用、德治教化作用、自治强基作用、智治支撑作用，切实增强市域社会治理驱动力。要组织实施市域社会治理体制现代化水平提升行动，强化党委领导、突出政府负责、重视群团助推、加强社会协同、发动群众参与，建设人人有责、人人尽责、人人享有的社会治理共同体。

三是压实各地、各职能部门的社会治理工作的属地属事责任。地方党委、政府必须担起"促一方发展、保一方平安"的属地责任，职能部门要履行好属事责任，进一步强化责任意识，做到心中有数、眼里有活，主动发

现风险隐患，着力解决具体问题。要把高科技和"笨办法"紧密结合起来，既要提高社会治理的智能感知、信息共享、精准处置能力，更要发挥好基层工作者主观能动性，让"人""技"相得益彰。要提高应急处置能力，进一步提升突发公共事件快速响应能力，完善应急预案，加强应急演练，强化物资储备，提升保障能力。加强网络舆情引导，强化正面发声，营造良好舆论环境。

（三）全面提升城乡社会治理工作水平，切实服务于全省经济与社会发展

在刚刚过去的 2022 年，随着河北省城乡融合发展和基本公共服务均等化进程的不断推进，社会治理的重心下移到基层，城乡社区维护和促进基层社会和谐稳定的作用更加突出，城乡居民多样化、个性化服务需求更加迫切，城乡社区服务体系建设面临新的机遇和挑战。

一是坚定不移加强"平安河北"建设，持续整治社会治安问题。坚决筑牢拱卫首都安全的钢铁防线。河北地处京畿要地，公安机关是平安建设、法治建设的重要力量，必须以"时时放心不下"的责任感和"眼睛瞪得大大的"警惕性，全力筑牢拱卫首都安全的钢铁防线。紧紧围绕推进国家安全体系和能力现代化，健全"高效协同的指挥体系、灵敏精准的预警体系、层圈过滤的查控体系、整体联动的防控体系"，坚决捍卫政治安全，全力维护社会安定，切实保障人民安宁，建设更高水平的平安河北。各地各部门要持续以典型案件为标靶，不断提升执法办案水平和执法公信力，切实回应广大人民群众对平安稳定和公平正义的期待，切实让人民群众感受到安全触手可及、保障就在身边。

二是结合乡村振兴战略，深化法治乡村建设，健全"五位一体"村级组织体系。创建省级民主法治示范村（社区）300 个。深化乡村建设行动，持续推进农村人居环境整治提升，新建改建农村户厕 70 万座，完善城乡一体化生活垃圾收集处理体系，实现农村生活污水无害化处理全覆盖。完成700 万农村居民生活水源江水置换。抓好"四好农村路"示范县创建，建设

改造农村公路 7000 公里以上。保护传统村落和乡村特色风貌,新建美丽乡村 2000 个,打造省级乡村振兴示范区 15 个。

三是创新城乡社会治理工作机制,不断提高判断力、领悟力和执行力。把用创新思维、创新办法破除各种障碍束缚作为根本性任务,找准切入点,开创社会治理工作新局面。推进形成以社区党员为骨干,以社区工作者、楼门长、网格员等多元群体为支撑的共建共治共享的基层社区治理格局;创新完善服务平台载体,统筹整合社会工作的专业优势、社会组织的资源优势、社区志愿力量的服务优势、社会慈善资源的资金优势,形成为民服务合力;创新完善公共服务内容,优化基层社会服务格局,推动社区基层公共服务精准化、精细化、专业化;创新完善项目运作机制,打造品牌社区服务项目,丰富社区服务资源;创新完善人才建设机制,用专业理念和方法指导为民服务工作,提升为民服务水平;创新完善供需对接机制,打造零距离、多渠道、精准化的社区服务供需对接机制。

四是最大限度将矛盾吸附在市域、化解在萌芽、解决在基层。按照"综治中心+网格化"管理模式,全省依托智慧化网格平台,拓展网格化服务管理,实现社情民意在网格中掌握、惠民服务在网格中开展、矛盾纠纷在网格中化解,构筑起社会治理新格局。充分发挥工青妇等群团组织"哨点""纽带"作用,精准发现问题、主动链接资源,多渠道解决群众矛盾纠纷、"急难愁盼"问题。同时,充分调动广大社会组织、社会工作者、志愿者等社会力量,引导其将服务重心不断向基层下移,持续提升社会治理的精度和温度。实践中,坚定依靠群众、深入发动群众,广泛凝聚群众智慧和力量携手创建幸福和谐家园。各地结合自身工作实际,探索推出一系列多元解纷举措。明者防祸于未萌。推动矛盾纠纷源头化解,注重发挥网格员"人熟、地熟、信息源多"的优势,及时排查基层矛盾纠纷。同时,建立健全矛盾纠纷多元化解机制,加快构建以人民调解为基础,人民调解、行政调解、司法调解优势互补、有机衔接、协调联动的大调解工作格局。

2023 年是全面贯彻落实党的二十大精神的开局之年。全省要精准把握二十大精神,勇于创新,敢担当、善作为,以新气象新作为推动全省社会治理工作取得新成效。全省各地要牢牢把握特殊区位、特殊责任，以推进城乡社会治理尤其是市域社会治理现代化试点工作为载体，积极探索防范化解社会矛盾风险新机制，优化联防联控、群防群治新途径，完善共建、共治、共享新格局，努力建设更高水平的平安河北、法治河北，坚决当好首都政治"护城河"排头兵。今后要更加紧密地团结在以习近平同志为核心的党中央周围，增强"四个意识"，坚定"四个自信"，做到"两个维护"，全面贯彻习近平新时代中国特色社会主义思想，在省委的坚强领导下，解放思想、开拓创新、埋头苦干、锐意进取，奋力开创建设现代化经济强省、美丽河北新局面，以优异成绩做好全省城乡社会治理工作。

参考文献

《2022 年 1 至 4 月，河北公安机关破获电信网络诈骗案件 3227 起》，《河北日报》2022 年 5 月 18 日。

《不断完善具有鲜明时代特色彰显市域个性的社会治理新模式》，"中国长安网"百家号，2022 年 12 月 7 日，https：//baijiahao. baidu. com/s？id＝1751521492589832195&wfr＝spider&for＝pc。

《中央经济工作会议在北京举行　习近平李克强李强作重要讲话》，新华网，2022 年 12 月 16 日，http：//www. news. cn/politics/leaders/2022-12/16/c_ 1129214446. htm。

《石家庄警方聚焦关键精准发力　"打、防、管、治"整体攻坚》，《燕赵晚报》2022 年 12 月 13 日。

《全省市域社会治理现代化试点创新研讨会召开》，《福建日报》2022 年 12 月 1 日。

《完善社会治理体系　推进河北社会组织、慈善事业高质量发展》，《河北日报》2022 年 1 月 6 日。

《法治守护山情海韵　建设平安品质港城　秦皇岛深入推进市域社会治理现代化试点》，《法制日报》2022 年 9 月 26 日。

《河北公安"百日行动"期间抓获各类违法犯罪嫌疑人 2.76 万名　打掉犯罪团伙838 个》，《北京青年报》2022 年 9 月 1 日。

《河北公安开展夏季夜巡治安整治》，《法制日报》2022 年 6 月 14 日。

《碰撞"三治"融合智慧火花　绘就平安河北辉煌画卷——全省第四次市域社会治理现代化试点工作创新交流会综述》，《河北法制报》2022 年 9 月 24 日。

《数字赋能社会治理精准高效——加快发展数字经济建设数字河北（中）》，《河北日报》2022年11月19日。

《河北黄骅：全力打造县域社会智慧治理特色品牌》，《民法与法制报》2022年12月7日。

王正谱：《在省十三届人大五次会议上的政府工作报告》，2022年1月17日。

王东峰：《凝心聚力拼搏奋进新征程　以优异成绩迎接党的二十大胜利召开——在省十三届人大五次会议闭幕会上的讲话》，2022年1月20日。

《夯实"两个先行"基础底座　筑牢基层安全稳定防线》，《浙江日报》2022年12月14日。

沈冠松：《河北：全力推进试点工作　全面提升社会治理效能》，"河北共产党员"微信公众号，2022年7月25日。

倪岳峰：《深入学习宣传贯彻党的二十大精神开创加快建设经济强省美丽河北新局面》，《学习时报》2022年12月16日。

董晓宇：《学思用贯通　知信行统一　坚决筑牢拱卫首都安全的"护城河"》，《人民公安报》2022年11月29日。

樊大彧：《以典型案件为标靶，全时空守护社会治安》，《北京青年报》2022年8月30日。

《高举中国特色社会主义伟大旗帜　为全面建设社会主义现代化国家而团结奋斗——在中国共产党第二十次全国代表大会上的报告》，2022年10月16日。

《河北省人民政府办公厅〈关于印发河北省城乡社区服务体系建设"十四五"规划的通知〉》，2022年3月8日。

B.3
河北省新型城镇化和城乡融合发展报告

侯建华*

摘　要： 河北省以人的城镇化为核心，加快推进农业转移人口市民化、优化城镇化布局和形态、提升城市功能品质、推进城乡融合发展，城镇化质量和水平得到全面提升，为促进全省高质量发展提供了坚实支撑。同时，河北省新型城镇化建设还面临区域中心城市辐射带动能力不强、中小城市和小城市集聚能力欠佳、市民化质量不高等问题，迫切需要建设石家庄现代化都市圈、促进县城和小城镇发展、提升城市功能品质、完善城市群协同发展机制、促进城乡融合发展等方面，进一步推进新型城镇化发展。

关键词： 新型城镇化　城乡融合　都市圈　市民化

　　近年来，河北省积极实施新型城镇化战略，围绕京津冀世界级城市群建设，以人的城镇化为核心，以城乡融合发展为方向，推动城镇化高质量发展，取得了明显成效。农业转移人口市民化步伐进一步加快，城镇布局形态不断优化，城市功能品质持续提升，城乡融合发展逐步深化，城镇化水平和质量全面提升。在加速构建新发展格局的背景下，河北省城镇化仍处在快速发展阶段，新型城镇化依然是河北推动经济社会高质量发展的持续动力。顺应新发展阶段的时代要求，促进农业转移人口全面融入城市，加快建设石家

＊ 侯建华，河北省社会科学院社会发展研究所副研究员，主要研究方向为人口城镇化和社会政策。

庄现代化都市圈，推动大中小城市和小城镇协调发展，提升城市建设和治理现代化水平，深入推进城乡融合发展，稳步提高全省城镇化发展水平和质量，对加快建设现代化经济强省、美丽河北意义重大。

一 河北省新型城镇化和城乡融合发展现状

（一）城镇化水平持续提高

截至 2021 年，全省常住人口 7448 万人，其中城镇人口 4554 万人，常住人口城镇化率为 61.14%，比 2020 年提高 1.07 个百分点，高于全国同期增长幅度，与全国平均水平差距缩小至 3.58 个百分点，预计 2022 年全省常住人口城镇化率将达到 62% 以上，与全国平均水平差距进一步缩小；户籍人口城镇化率达到 46.05%，比 2020 年提高 0.53 个百分点，比全国同期户籍人口城镇化率低 0.65 个百分点（见图 1）。从各市情况看，石家庄、张家口、秦皇岛、唐山、廊坊 5 个设区市常住人口城镇化率超过全省平均水平，其中石家庄最高，达到 71.56%；承德、保定、沧州、衡水、邢台、邯郸 6

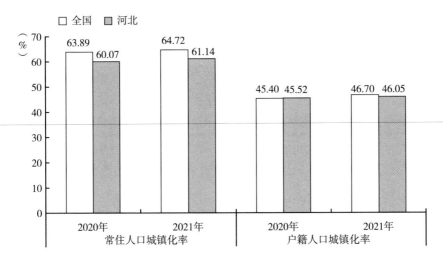

图 1　2020～2021 年全国与河北省城镇化率

个设区市常住人口城镇化率在50%~60%区间（见图2）。从县域城镇化水平来看，118个县（市）中，三河、香河、张北3个县（市）城镇化率超过70%，大厂、黄骅等13个县（市）城镇化率为60%~70%，安平、新乐等45个县（市）城镇化率为50%~60%，魏县、滦平等47个县（市）城镇化率为40%~50%，威县、卢龙等10个县（市）城镇化率不足40%，城镇化率较高的县域主要集中在环京津地区。

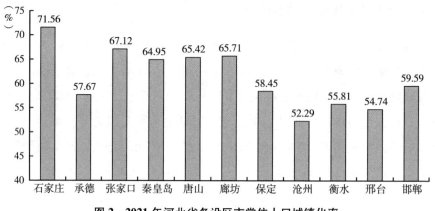

图2 2021年河北省各设区市常住人口城镇化率

（二）农业转移人口市民化有序推进

户籍制度改革持续深化，清理落户限制障碍，除环京少数县市外，大中小城市和城镇基本实现零门槛落户，部分城市为北京、天津转移人口和各类人才开辟绿色通道，简化落户手续。雄安新区试行积分落户制度，2022年8月，首批324人通过积分取得落户资格。积极推动已在城镇就业的农业转移人口落户城镇，2021年全省实现42.89万农业转移人口落户城镇。创新人口服务管理，通过预约办理、延时办理、"互联网+户政服务"等一系列举措，户籍管理服务更加便捷高效。全面实施居住证制度，截至2021年，全省居住证持有人达到262.4万人，居住证覆盖面进一步扩大。同时，居住证持有人享受的基本公共服务和便利的范围也不断扩大，居住证持有人在河北依法享受劳动就业、参加社会保险等 5 项权利，享有义务教育、住房保障服务等 8 项基本公共服务，享受证件办理、异地参加中考高考等 8 项便利。努力扩大城镇义务教育学位供给，落实以居住证为主要依据的随迁子女入学政策，依法保障随迁子女平等受教育权利，2021 年在公办学校就读的随迁子女比例达到 92.45%，超过全国平均水平，城镇基本公共服务水平进一步提高。面向农村转移就业人员特别是新生代农民工、下岗失业人员、退役军人、高校毕业生等重点群体，开展免费职业技能培训行动，继续实施农民工"春潮行动"、"求学圆梦行动"、新生代农民工职业技能提升计划等专项培训，农业转移人口融入城市能力明显增强。

（三）城镇化布局结构日趋优化

石家庄市立足京津冀世界级城市群区域中心城市定位，大力实施拥河发展战略，"一主四辅两带"的城市空间格局日渐清晰，省会城市形象品质明显提升，现代化、国际化美丽省会城市建设取得积极进展，辐射带动作用不断增强，与周边城市在产业、交通、公共服务等领域协调联动发展不断深化，现代化都市圈建设起步。雄安新区进入大规模建设和承接北京非首都功能疏解同步推进阶段，中国星网、中国中化、中国华能等央企和部分高校、医院等非首都功能疏解项目落地建设，白洋淀水质达到Ⅲ类，新区教育、医疗与京津冀合作帮扶机制不断完善，现代化新城雏形显现。张家口市强化赛后场馆综合利用，大力发展赛事经济会展经济，加快冰雪产业发展，促进产业转型升级，京张体育文化旅游带建设取得新进展，城市"双修"等六大工程深入实施，奥运城市品牌建设取得突出成效。全省城镇化布局进一步优化，"一圈引领、两翼带动、多点支撑"城镇布局雏形显现。区域中心城市与重要节点城市集聚能力不断增强，城市规模不断扩大，县城城镇化载体作用日趋突出，2010~2020 年，石家庄市成长为Ⅰ型大城市，保定、秦皇岛、邢台、张家口从中等城市晋升为Ⅱ型大城市，衡水、廊坊、三河、承德晋升为中等城市，人口超过 20 万人的小城市增加 5 个，镇增加 223 个，全省以 7 个大城市、5 个中等城市、20 个小城市为主体，以

97个县城和若干小城镇为支撑的多中心、多层级、网络化的城镇体系初步形成。

表1 河北省城市（镇）数量和规模变化情况

城镇类型	2010年		2020年	
	数量	城市（镇）	数量	城市（镇）
城市	33	—	32	—
Ⅰ型大城市（300万~500万人）	—		1	石家庄
Ⅱ型大城市（100万~300万人）	3	石家庄、唐山、邯郸	6	唐山、邯郸、保定、秦皇岛、邢台、张家口
中等城市（50万~100万人）	5	保定、秦皇岛、邢台、张家口、沧州	5	沧州、衡水、廊坊、三河、承德
Ⅰ型小城市（20万~50万人）	6	承德、廊坊、衡水、任丘、定州、涿州	11	定州、迁安、任丘、涿州、辛集、武安、高碑店、遵化、黄骅、沙河、泊头
Ⅱ型小城市（20万人以下）	19	辛集、迁安、遵化、泊头、沙河、高碑店、黄骅、武安、南宫、河间、新乐、安国、霸州、晋州、三河、深州、冀州、藁城、鹿泉	9	新乐、滦州、河间、平泉、安国、霸州、晋州、南宫、深州
镇	1007	—	1230	—

（四）城市建设管理水平不断提升

坚持人民城市为人民，顺应人民群众对高品质城市生活的新向往，积极推进城市更新改造，截至2022年9月，棚户区改造开工11.77万套，城中村改造完成148个，老旧小区改造完成3196个，老旧管网改造完成2351公里，新增城市公共停车位23.1万个。推动重污染城市"退后十"，持续改善城市生态环境，11个设区市稳定保持全国重点城市空气质量排名"后十"之外。城市市政公用设施建设不断加强，部分指标居于全国前列，2021年，全省城市公共供水普及率达99.36%，燃气普及率达99.79%，污水处理率达 99.07%，人均公园绿地面积为 15.14 平方米，建成区绿化覆盖率为 42.91%，建成区绿地率为 39.28%，生活垃圾无害化处理率达 100%。深入实施县城建设提质升级三年行动，以风貌特色塑造、产城融合发展、公共服务配套、基础设施完善、城市更新改造、宜居环境打造、城市管理提升为重点，全面提升县城规划建设管理水平和承载力，县城公共供水普及率达到 99.43%，燃气普及率达到 99.08%，污水处理率达到 98.44%，建成区绿化覆盖率达到 41.38%，建成区绿地率达到 37.34%，生活垃圾无害化处理率达到 100%（见表 2）。持续开展全国文明城市、国家卫生城市、国家园林城市等创建活动，城市管理精细化专业化水平不断提升，创建全国文明城市 10 个、国家卫生城市 7 个、国家森林城市 7 个、国家园林城市和县城 43 个。

表 2　2021 年全国及河北省城市、县城市政公用设施水平

指标	城市		县城	
	全国	河北	全国	河北
公共供水普及率(%)	98.58	99.36	95.77	99.43
燃气普及率(%)	98.04	99.79	90.32	99.08
人均道路面积(平方米)	18.84	20.99	19.68	25.20
建成区路网密度(公里/平方公里)	7.56	8.25	7.01	8.93
污水处理率(%)	97.89	99.07	96.11	98.44
人均公园绿地面积(平方米)	14.87	15.14	14.01	13.76
建成区绿化覆盖率(%)	42.42	42.91	38.30	41.38
建成区绿地率(%)	38.70	39.28	34.38	37.34
生活垃圾无害化处理率(%)	99.97	100.00	98.47	100.00

数据来源：《2021 年中国城乡建设统计年鉴》。

（五）城乡融合发展不断深化

坚持以城带乡、以工补农，建立健全城乡融合发展体制机制和政策体系，城乡要素流动不断加快，城乡互动联系明显增强。着力消除阻碍城乡要素自由流动的体制机制障碍，深化重点领域和关键环节改革，推动城市人才入乡、优秀干部到农村任职、工商资本下乡、科技成果入乡转化，促进人

才、土地、资金等要素均衡合理配置。优化金融服务体系、加大金融支持力度、拓宽融资渠道、优化农村金融环境，引导金融资源向农村地区倾斜。统筹推进城乡基础设施建设，加快城镇基础设施向农村延伸覆盖，农村交通、供电、供水等基础设施建设水平不断提高，农村人居环境得到明显改善。截至 2021 年，全省建设改造农村公路 8978 公里，县城 30 公里范围内农村客运班线公交化运行率达到 95.3%，乡镇通三级及以上公路比例达到 97.1%，快递服务通达 99% 的行政村。建设改造农村电力线路 2.1 万公里，农村"双代"实现应改尽改，新改造户厕 141.8 万座，4.75 万个村庄纳入"村收集、乡转运、县处理"的城乡垃圾一体化处理体系。大力推进城乡基本公共服务均等化，乡镇寄宿制学校和乡村小规模学校全部达到省定基本办学标准，城乡居民基本医疗保险、基本养老保险覆盖面进一步提高，村综合性文化服务中心实现全覆盖。加快推进乡村经济多元化发展，大力培育各类农业生产经营主体，截至 2021 年，全省培育发展农民专业合作社 10.92 万家、家庭农场 5.95 万家、农业社会化服务组织 3.1 万家。农村居民收入水平持续稳定增长，城乡收入差距逐步缩小，2022 年前三季度，城乡居民收入比缩小至 2.09，比 2021 年降低 0.1 个百分点。

二 存在问题

（一）农业转移人口市民化质量不高

推进以人为核心的城镇化，促进在城镇稳定就业和生活的农业转移人口有序实现市民化，是新型城镇化的首要任务。2016~2021 年，全省农业转移人口落户城镇数量达到 850 万人，户籍人口城镇化率提高了 7.33 个百分点，但与常住人口城镇化率的差距一直保持在 15 个百分点左右（见表3），仍有 1100 万生活在城镇的常住人口没有落户城镇，处于"半市民化"状态。农业转移人口市民化并不是简单的获取市民身份的问题，更重要的是户籍背后的公共服务和社会福利，农业转移人口理应享有所在城市提供的子女教育、医疗卫生、住房保障等基本公共服务，能够平等共享城市发展成果。户籍制度改革及其配套政策还不完善，部分环京市、县落户尚存在一定限制条件，城镇落户门槛尚未完全消除。虽然常住人口享有的基本公共服务范围在逐步扩大，但仍存在与户籍挂钩的城镇基本公共服务差别化政策，实现以常住人口为基准的城镇基本公共服务均等化任重而道远。基本公共服务由政府提供，由于农业转移人口市民化成本分担机制的不完善，人口流入地政府往往需要负担巨大的市民化成本，这在一定程度上抑制了流入地政府推动农业转移人口市民化的积极性。

表3　2016~2021年河北省常住人口城镇化率与户籍人口城镇化率

单位：%，个百分点

指标	2016 年	2017 年	2018 年	2019 年	2020 年	2021 年
常住人口城镇化率	53.87	55.74	57.33	58.77	60.07	61.14
户籍人口城镇化率	38.72	39.89	41.40	43.45	45.52	46.05
差距	15.15	15.85	15.93	15.32	14.55	15.09

数据来源：河北统计年鉴及公安部门统计数据。

（二）区域中心城市辐射带动能力不强

从经济体量看，全省11个设区市无一进入"万亿俱乐部"，经济体量最大的城市唐山2021年地区生产总值为8230.60亿元，居全国第27位，省会石家庄2021年地区生产总值为6490.30亿元，居全国第40位，仅为郑州的51.1%、济南的56.8%（见图3），其他城市普遍经济实力较弱，难以形成辐射距离远、带动能力强的区域发展引领作用。从城市规模看，全省没有城区人口超500万人的特大城市，2021年省会石家庄市城区人口440万人，在全国27个省会城市中排名第16位，设区市城市人口占市域人口比重普遍较低，除秦皇岛、石家庄接近40%外，其余均在30%以下，沧州、廊坊分别仅为11%、11.7%。2021年中国社会科学院财经战略研究院对全国291个城市进行综合竞争力研究，从城市综合经济竞争力指数看，河北省11个设区市进入前100名的只有唐山、廊坊、石家庄3个城市（见表4），而同为东部沿海省份的山东为10个、江苏为13个、浙江为9个、福建为8个、广东为9个，河北差距十分明显。

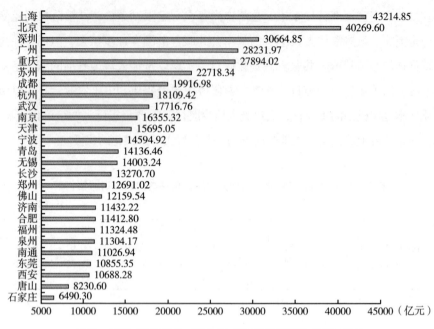

图3 2021年石家庄、唐山与"万亿俱乐部"城市GDP

表4 2021年城市竞争力指数及排名

城　市	城市综合经济竞争力指数	排名	可持续竞争力指数	排名
唐　山	0.426	51	0.400	50
廊　坊	0.393	70	0.353	70
石家庄	0.362	81	0.379	53
秦皇岛	0.287	134	0.273	120
沧　州	0.283	139	0.294	102
衡　水	0.256	162	0.214	187
保　定	0.249	169	0.274	118
邯　郸	0.247	170	0.292	104
邢　台	0.225	196	0.222	177
张家口	0.173	228	0.165	226
承　德	0.166	231	0.161	232

数据来源：倪鹏飞、徐海东主编《中国城市竞争力报告No.19》，中国社会科学出版社，2021。

（三）中小城市和小城镇集聚能力欠佳

中小城市和小城镇是城镇体系的重要组成部分，是就地、就近城镇化的主要阵地，河北省中小城市特别是中等城市数量不多，小城市、县城和小城镇数量多但大多数规模偏小，普遍缺乏发展所需要的人才、资本、创新等要素，发展不够理想，突出表现在产业集聚能力不足、基础设施薄弱、公共服务水平不高，最终导致中小城市和小城镇的人口吸纳能力有限。中小城市和小城镇普遍存在企业规模较小、产业结构较为单一、生产链较为低端等问题，不利于城镇发展壮大和人口集聚。由此造成的财力不足，导致中小城市特别是小城镇基础设施建设相对滞后，2021 年河北省建制镇人均道路面积为 12.18 平方米、污水处理厂集中处理率为 44.85%、人均公园绿地面积为 1.31 平方米，均低于全国平均水平，教育、卫生、文化、养老、托育等公共服务水平与大城市存在较大差距，城镇化发展潜力严重受限。不仅如此，中小城市和小城镇还面临省内大城市和毗邻的京津两个特大城市的虹吸作用，自身能级提升和功能完善面临严峻挑战。

（四）京津冀城市群协同发展体制机制仍需完善

京津冀协同发展战略实施以来，在交通、环境、产业等重点领域率先实现突破，京津冀协作机制不断完善，取得明显的阶段性成效，但城市群一体化发展体制机制还需要进一步完善。在产业协作上，京津冀缺乏产业链接机制，跨区域优化重组力度不足，北京的创新成果跳过河北转移到长三角、珠三角的情况仍然较多。城市群要健康发展，首先要构建内部科学合理的分工体系，充分发挥中心城市的创新、科技、人才、教育、产业等优势，带动周边中小城市、小城镇和农村协调发展，但目前城市群内部缺乏科学的城市分工体系，中心城市的辐射带动作用还不突出，甚至对周边中小城市形成了强大的虹吸作用，内部大中小城市之间同质化严重，恶性竞争、内部消耗的现象比较普遍，严重制约了城市群整体能级的提升和均衡发展。

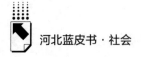

（五）城乡融合发展体制机制仍需完善

虽然城乡融合发展体制机制已初步建立，但长期形成的城乡二元结构的障碍仍然不同程度存在，城市和农村土地市场仍处于分割状态，农村土地抵押、宅基地转让依旧面临制度障碍，农村金融市场发育滞后，融资难、融资贵的问题仍然比较突出，人才、资金等要素向城市净流入的格局还没有被打破。公共资源城乡配置失衡问题仍然存在，农村基础设施历史欠账较多，虽然基本公共服务实现了城乡全覆盖，但城乡医疗、教育、养老等基本公共服务水平差距仍然较大。从城乡居民收入差距来看，尽管城乡居民收入比逐步下降，从 2011 年的 2.56 下降到 2022 年第三季度的 2.09，但近几年的缩小幅度逐渐收窄，农民持续增收难度增大。

三　推进新型城镇化和城乡融合发展的对策建议

（一）提高农业转移人口市民化质量

农业转移人口市民化是一个系统工程，涉及户籍制度改革、公共服务供给、农村权益保护和流转等多个方面，需要从影响农业转移人口市民化质量提升的关键环节入手，不断完善农业转移人口市民化的配套政策体系和机制，推动农业转移人口全面融入城市。一是深化户籍制度改革，完善落户政策。推动环京部分县市和雄安新区完善落户政策，全面清除城镇户籍限制。畅通在城镇稳定就业生活的农业转移人口举家进城落户的渠道，完善社区公共户口、自择地点落户等制度，创新便捷高效的户口迁移办法，为农业转移人口落户提供便利。二是推进常住人口基本公共服务均等化。扩大城镇中小学学位供给，全面落实以居住证为主要依据的随迁子女入学政策，优先将随迁子女安置到公办学校就读。完善随迁子女异地参加中、高考等政策，保障随迁子女群体受教育权利。推进社保扩面，推动企业为农民工缴纳职工养老、医疗、工伤、失业、生育等社会保险费，引导和支持灵活就业农民工参加城镇职工基本医疗保险和基本养老保险。扩大保障性租赁住房供给，将符合条件的农业转移人口纳入住房保障范围。三是健全"人地钱挂钩"机制。完善财政转移支付、城镇新增建设用地指标、基础设施建设投资、教育医疗等公共资源配置与农业转移人口落户和市民化挂钩机制，提高城市吸纳农业转移人口落户积极性。

（二）加快建设石家庄都市圈

党的二十大报告中明确提出"以城市群、都市圈为依托构建大中小城市协调发展格局"。进入城镇化发展新阶段，城市群和都市圈已经成为城镇化主体形态，建设现代化都市圈是推进城市群高质量发展、培育区域竞争优势、促进经济转型升级的重要支撑，建设石家庄都市圈对于促进京津冀世界级城市群发展、推动河北省实现区域协调发展和优化城镇化空间格局具有重要意义。2021 年以来，国家发改委已批复南京、福州、成都、长株潭、西安、重庆、武汉 7 个国家级都市圈的发展规划，多个省份也以各自的特大城市和具有条件的大城市为依托积极谋划建设都市圈，现代化都市圈建设正在加速。石家庄都市圈是列入《国家新型城镇化规划（2021—2035 年）》的全国 27 个现代化都市圈之一，是京津冀区域唯一列入规划的都市圈。河北省"十四五"规划中提出要加快建设石家庄现代化都市圈，打造京津冀世界级城市群重要一极。河北必须坚定不移实施大省会战略，加快石家庄现代化都市圈建设步伐。一是支持石家庄加快推进现代化、国际化美丽省会建设，拓展城市空间，完善城市功能，建设现代产业体系，提升城市发展能级，尽快实现破万亿目标，增强对周边的辐射带动能力。二是加快编制石家庄都市圈发展规划。探索设立石家庄都市圈规划委员会，建立石家庄与周边城市工作推进机制，以提升都市圈整体实力和竞争力为目标，以石家庄为中心，以 1 小时通勤圈为基本范围，编制都市圈发展规划，实质推进都市圈建设。三是加快石家庄与周边市县同城化发展。加快石家庄与邯郸、邢台、衡水、定州、辛集等周边市县同城化发展，整体推进基础设施一体建管、创新体系协同共建、产业分工协作、公共服务共建共享、生态环境联保共治、城乡融合发展等，形成带动冀中南地区乃至全省发展的重要增长极。

（三）提升城市功能品质

坚持人民城市人民建、人民城市为人民，加快城市更新改造，着力解决城市基础设施和公共服务领域长期积累的问题，努力完善城市功能、美化城市环境、做优城市品质，打造舒适便利的宜居城市。一是大力推进城市更新。当前，城镇化已进入中后期，城市发展由大规模增量建设逐步转变为存量改造提质和增量结构调整并重，进入城市更新的新阶段。加快改造提升老旧小区、老旧厂房、老旧街区和城中村，完善配套设施、培育新功能、建设特色街区，改善城市人居环境。二是完善城市基础设施。完善城市道路网络和交通安全管理设施，提高城市道路通行效率，发展以公交为主的现代化城市交通系统，系统治理城市拥堵问题。加强市政基础设施建设，提升城市供水、供气、供热、供电、排水、消防、通信等设施保障能力。三是提升城市公共服务能力。按照城市常住人口规模、增长趋势和空间分布，合理布局城区义务教育学校，推进优质教育资源均衡配置。完善城市医疗卫生网络，加快优质医疗资源扩容和区域均衡布局。大力发展普惠性养老服务，增加养老服务机构护理型床位。发展普惠托育服务体系，支持社会力量发展综合性托育服务机构和社区托育服务设施。

（四）推进县城和小城镇发展

县城和小城镇是连城带乡的纽带，是农业转移人口就地就近城镇化的重要载体，是城乡融合发展的基础空间单元。河北省县城人口超过1500万人，约占城镇人口的1/3，但近一半的县城镇化率还不足50%，县城建设水平不高，产业支撑度不够、聚集发展能力不强，综合承载力有待进一步提升。一是聚焦县城补短板强弱项。以固安、正定、迁安、景县、魏县等国家新型城镇化建设示范县为引领，着力优化提升县城医疗卫生、教育、养老托育、文化体育、社会福利和社区综合服务设施，推动公共服务设施提标扩面；完善垃圾无害化处理、污水集中处理等设施，推动环境卫生设施提级扩能；实施市政交通设施、市政管网设施、配送投递设施、老旧小区更新改造和县城智慧化改造，推动市政公用设施提档升级；完善产业平台配套设施、冷链物流设施和农贸市场，推动产业培育设施提质增效。二是培育壮大县域特色产业集群。坚持县域经济特色化、特色经济产业化、产业经济集群化，实施县域特色产业发展提质升级工程，推进产品、企业、区域"三位一体"品牌战略，构建大中小、上下游、产供销协同发展的产业生态，壮大特色产业集群和骨干龙头企业，推动县域特色产业提质量、创品牌、增效益。三是推动小城镇特色化发展。引导城郊型小城镇积极对接中心城市发展需求、融入产业链条，逐步发展成为卫星城镇。引导具有一定产业基础、特色资源和区位优势的小城镇，宜工则工、宜农则农、宜游则游，发展成为先进制造、文化旅游、商贸物流、资源加工、交通枢纽等专业特色镇，提高就业吸纳能力。加强小城镇交通、通信、水、电、燃气、供热、公园、绿地、垃圾污水收集处理等基础设施和市政设施建设，全面提高小城镇建设水平，完善公共服务设施建设，使教育、医疗、养老、育幼、文化、体育、配送等公共服务向农村延伸，把小城镇建设成为农村地区公共服务综合供给中心。

（五）推动京津冀城市群协同发展

推动京津冀协同发展，是以习近平同志为核心的党中央做出的一项重大战略部署，是河北必须肩负起的重大政治责任。必须牢固树立大局观念和一盘棋思想，主动服务、积极融入京津冀区域整体定位，有序承接北京非首都功能疏解，深化重点区域和重点领域联动融合，创新协同发展体制机制，推进京津冀协同发展向深度广度拓展，与京津共建世界级城市群。一是提升基础设施互联互通水平。强化多种交通模式有效衔接，加快构建便捷、高效、安全的一体化交通网。加强京津冀干线铁路、城际铁路、市域（郊）铁路、城市轨道交通融合建设、运营管理服务协同，基本建成"轨道上的京津冀"。加强与京津高速公路、普通干线公路互联互通，强化与北京市沟通对接，在确保首都安全前提下进一步提高通行效率。提高京津冀机场、港口协同水平，合力打造世界级现代化机场群、港口群。二是深化与京津产业链融合。加强与京津产业政策互通、资源共享、平台共建、场景共用，强化产业、环保等政策标准衔接，以新能源、生命健康等产业为突破口，落实好现有产业支持政策，提升河北省相关产业整体水平，增强产业配套能力，突出资源禀赋和区位优势，打造一批高端新兴产业集群。健全与京津科技成果转化对接机制，完善科技成果转化和交易信息服务平台，畅通京津研发、河北转化渠道，打造京津科技成果转化集中承载地。积极对接京津标准，持续优化营商环境，为吸引北京承接转移提供有力支撑。三是完善城市群联动发展机制。聚焦交通、生态、产业、教育、医疗卫生等重点领域，破除制约协同发展的体制机制障碍，健全政策协调联动机制，深化京津冀协同发展制度创新，加快形成"不破行政区划、打破行政藩篱"的合作机制。四是完善城市群利益共享机制。京津冀三地要强化利益共同体意识，牢固树立一体化发展的整体战略意识。探索建立"京津冀城市群发展基金"，用于三地毗邻地区的基础设施建设及跨区域产业集群的培育发展。

（六）推动城乡融合发展

城乡融合是新型城镇化的内在要求。要走城乡融合发展之路，向改革要动力，加快建立健全城乡融合发展体制机制和政策体系。一是推动城乡要素自由流动和公共资源合理配置。加快建立城乡要素自由流动和平等交换体制机制，促进人才、土地、资金、科技成果等要素更多向乡村流动，为乡村振兴注入新动能。二是推进城乡基础设施融合发展。加快补齐农村公共基础设施建设短板，实施乡村建设行动，推进城乡基础设施统一规划、建设、管护，构建联通城乡的快捷高效交通网、市政网、信息网、服务网。三是推进城乡公共服务均等化。加大对乡村公共资源的投入力度，推动城乡基本公共服务制度并轨、标准统一，健全全民覆盖、普惠共享、城乡一体的基本公共服务体系。四是推动城乡产业协同发展。推进农村一二三产业融合发展，构建以现代农业为基础、以乡村新产业新业态为补充的多元化乡村经济，提高农业质量效益和竞争力，多渠道增加农民收入。

B.4
河北省生态环境发展报告[*]

摘　要： 环境治理是生态文明建设的重要内容，是推进生态文明建设的主要途径。2022年，河北省加强生态环境保护的顶层设计，制定"十四五"生态保护与环境治理的纲领性文件。加强规划引导，出台多项专项规划，加强环境保护制度建设，为环境治理保驾护航。深入打好污染防治攻坚战，继续深入推进"四大污染"治理，全省生态环境质量明显提升。为进一步推动生态文明建设与绿色低碳发展，河北省要站在人与自然和谐共生的高度谋发展，协同推进降碳、减污、扩绿、增长、共享。

关键词： 生态文明　环境治理　生态共享

一　加强生态环境保护的顶层设计与引导

2022年，河北省统筹推进生态环境高水平保护与经济社会高质量发展，坚持精准治污、科学治污、依法治污，全省环境治理与生态文明建设取得新进展。

（一）加强顶层设计

2022年1月，河北省委、省政府出台《关于深入打好污染防治攻坚战

---

[*] 本文系赵乃诗主持的河北工程技术学院科研课题"河北省生态共享发展机制研究"阶段性研究成果。

[**] 田翠琴，河北省社会科学院社会发展研究所研究员，主要研究方向为环境治理与环境社会学。

的实施意见》，提出到2025年，全省生态环境持续改善，主要污染物排放总量持续下降，生态系统质量和稳定性持续提升，生态环境治理体系更加完善。到2035年，绿色生产生活方式广泛形成，碳排放达峰后稳中有降，生态环境根本好转，美丽河北建设目标基本实现。提出加快推动绿色低碳发展的六项行动；深入打好蓝天保卫战的"四大攻坚战"（打好重点城市"退后十"成果巩固攻坚战、打好重污染天气消除攻坚战、打好臭氧污染防治攻坚战和打好柴油货车污染治理攻坚战）；深入打好碧水保卫战的"三大攻坚战"（打好白洋淀生态环境治理攻坚战、打好城市黑臭水体治理攻坚战、打好近岸海域综合治理攻坚战）；深入打好净土保卫战的六项行动（打好农业农村污染治理攻坚战、深入开展乡村生态振兴、推进农用地土壤污染防治和安全利用、有效管控建设用地土壤污染风险、稳步推进"无废城市"建设、强化地下水污染协同防治）；切实维护生态环境安全的四项举措、提高生态环境治理现代化水平的四项行动。该实施意见是指导河北省"十四五"生态保护与环境治理的纲领性文件和行动指南。

（二）加强规划引导

"环境规划是我国一项重要的环境保护制度。环境规划作为环境保护管理领域的基本制度之一，是综合体现环境保护战略和政策的总体框架。"[1] 环境保护规划是组织开展环境保护的依据和准则，对生态环境保护的发展具有引领性和导向性作用。"环境保护规划是一种约束性规划，一旦制定并通过，就具有法规的效力，要严格执行。"环境保护规划是各级政府促进国民经济与环境保护协调发展的主要手段，"也是环境保护的一项基础性工作、核心工作"[2]。为了加强顶层设计和规划引导，2022年河北省相继出台《河北省生态环境保护"十四五"规划》《河北省土壤与地下水污染防治"十四五"规划》《河北省农业农村生态环境保护"十四五"规划》《河北省海洋

① 王金南、刘年磊、蒋洪强：《新〈环境保护法〉下的环境规划制度创新》，《环境保护》2014年第13期。
② 孙荣庆：《环境保护规划的十年跨越》，《环境经济》2012年第12期。

生态环境保护"十四五"规划》等。

2022 年 1 月，河北省政府印发《河北省生态环境保护"十四五"规划》。该规划分析了河北省生态环境保护的基础和形势，提出了生态环境保护的总体要求和重点任务。重点任务包括：以创新引领推动绿色低碳发展；以降碳减排积极应对气候变化；以精准治理为抓手，持续提高环境空气质量；统筹三水治理，打造良好水生态环境；陆海统筹，保护渤海优美生态环境；协同防控，保障土壤地下水环境安全；防管结合，构建固体废物监管体系；绿色振兴，全面改善农村生态环境；严守底线，全过程防控生态环境风险；系统保护，筑牢京津冀生态安全屏障；改革创新，构建现代环境治理体系；全民行动，推动形成绿色生活方式。任务设置全面衔接了国家部署的重点任务以及河北省"十四五"规划主要任务。该规划科学设定河北省"十四五"时期加强生态环境保护的目标指标、任务举措、重大工程和保障措施，对统筹推进生态环境高水平保护和经济高质量协同发展具有引领性作用。

围绕省委、省政府关于统筹推进土壤与地下水生态环境保护的决策部署，推进土壤与地下水生态环境治理体系和治理能力现代化，2022 年 1 月，河北省土壤污染防治工作领导小组办公室印发《河北省土壤与地下水污染防治"十四五"规划》。该规划分析了河北省在土壤与地下水污染防治方面所面临的问题和挑战；提出了"十四五"时期土壤与地下水污染防治的主要目标、重点工作和保障措施；从持续开展土壤污染防治攻坚行动、有序推进地下水污染防治、稳步提升生态环境监管水平三个方面，进行了协同防控的具体设计和部署。

为深入打好农业农村污染治理攻坚战，2022 年 1 月 31 日，河北省土壤污染防治工作领导小组办公室印发《河北省农业农村生态环境保护"十四五"规划》，明确"十四五"时期农村生态环境保护的指导思想、基本原则、主要目标、重点任务和保障措施，为进一步推动农业农村生态环境高质量发展提供了依据和指导。

2022 年 2 月，河北省水污染防治工作领导小组办公室印发《河北省海洋生态环境保护"十四五"规划》，明确 2035 年海洋生态环境保护的总体目标是生态环境保护的空间格局总体优化，海洋生态环境根本好转，美丽海洋建设目标基本实现。重点任务是陆海统筹，改善近岸海域环境质量；标本兼治，恢复海洋生态系统功能；协同增效，提升海洋应对气候变化能力；以人为本，打造人海和谐亲海空间；协调联动，防控海洋突发生态环境风险；夯实基础，提升海洋生态环境治理能力；突出重点，扎实推进"美丽海湾"保护与建设。

（三）加强制度建设

2022 年 3 月，河北省人民政府办公厅印发《河北省"十四五"时期"无废城市"建设工作方案》，明确了"无废城市"建设的 10 项任务：一是强化顶层制度设计，完善固体废物管理政策体系；二是加快工业绿色升级，减轻工业固体废物处置压力；三是践行绿色生活方式，推动生活固体废物源头减量；四是加强重点环节管控，推进建筑垃圾多维综合利用；五是严格环境风险防控，提升危险废物综合治理能力；六是发展生态循环农业，促进农业农村废物资源利用；七是立足区域协同发展，构建京津冀"无废城市"集群；八是激发市场主体活力，建立健全环境管理市场体系；九是加强科技创新支撑，推动形成环境管理技术体系；十是多向监管协同发力，构建联防联控联治综合体系。此外，该工作方案还明确了包括 63 项具体指标在内的全省"无废城市"建设指标体系。

为加强港口污染防治，2022 年 7 月，河北省人大常委会通过《河北省港口污染防治条例》。该条例包括 5 个方面的内容：一是明确监管职责，明确港口属地政府污染防治责任和相关部门监管职能；二是强化港口经营人的主体责任；三是完善污染防治措施；四是健全监管制度；五是严格法律责任。

为防治固体废物污染环境，2022 年 9 月，河北省人大常委会审议通过《河北省固体废物污染环境防治条例》。该条例主要内容有 7 个方面：明确主要工作原则，完善监督管理制度，贯彻全过程监管要求，加强医疗废物处置，提升危废监管能力，推进跨境转移协同，强化保障措施。该条例对工业固体废物、生活垃圾、建筑垃圾、农业固体废物、危险废物等都做了专门规定。

为全面实施乡村振兴战略，2022年9月，河北省人大常委会审议通过《河北省乡村振兴促进条例》。该条例设置"生态宜居"专章，就推进乡村生态文明建设做了明确规定，提出各级人民政府及相关部门应当践行"绿水青山就是金山银山"的理念，应当统筹推进山水林田湖草沙一体化保护和系统治理，应当深入推进农村厕所革命，应当完善农村生活垃圾收运处置体系，应当分类分区推进农村生活污水无害化处理，应当实施乡村绿化美化亮化行动，应当加强"美丽庭院"示范创建，应当加快可再生能源在农村生产生活中的应用，应当提供体现地域、民族和乡土特色的民居设计方案，应当加快可再生能源在农村生产生活中的应用，应当加强农业面源污染防治，应当推动节水农业和旱作农业发展，应当加强农业投入品管理。禁止违法将污染环境、破坏生态的产业、企业向农村转移。自此，河北省"生态宜居"有了硬指标。

为积极稳妥推进碳达峰碳中和战略实施，协同推进降碳、减污、扩绿、增长，2022年11月，河北省政府办公厅印发《关于深化碳资产价值实现机制若干措施（试行）》。措施包括：一是夯实碳排放管理基础，建立存证报告制度，统筹碳排放和排污许可管理，形成较为科学完善的碳排放基准值体系；二是加强降碳产品开发和价值转化，加快拓展降碳产品开发领域；三是推动碳减排量资产化，构建政府主导、企业主体、市场导向的碳减排项目开发机制，建立健全碳减排量化核算体系，建立以减排量为基础的碳资产量化标准；四是加大金融支持力度。

（四）开展环境治理专项行动

开展城市黑臭水体治理攻坚行动。2022年7月，河北省住房和城乡建设厅等11部门联合出台《河北省城市黑臭水体治理攻坚行动方案》，明确了河北省开展城市黑臭水体治理攻坚行动的三项重点治理任务，即消除污染源头、加强系统治理、强化流域统筹。该方案要求，各地要健全城市黑臭水体治理长效机制。一要建立隐患定期排查制度，加强城市建成区水体排查及水体周边污染隐患排查。二要加强环境基础设施运行维护，定期对各类雨污管网进行巡查养护。三要强化排污、排水许可管理，严格持证排污、按证排污。

2022 年，河北省围绕所有设区市全部退出"后十"的目标，开展工业企业全面达标排放、柴油货车污染治理、扬尘面源污染治理、产业集群升级改造、整治餐饮油烟、防治臭氧污染、消除重污染天气七大专项行动，持续推进大气环境改善。

二 生态环境治理取得新成效

2022 年，河北省深入打好污染防治攻坚战，"四大污染"治理成效明显，全省生态环境质量实现新提升。

（一）大气污染治理成效显著

2013~2021 年，全省 $PM_{2.5}$ 平均浓度下降了 62.7%，优良天数由 149 天增加到 269 天。[1] 2021 年，重点城市"退后十"攻坚成果显著，全省 11 个设区市环境空气中 $PM_{2.5}$ 平均浓度达到 38.8 微克/米³，比 2020 年下降 15.3%，创"十三五"以来年度最大改善幅度，优良天数 269 天，比 2020 年增加 15 天，优良天数比例达到 73.8%；单位 GDP 二氧化碳排放下降 5.8%，生态质量持续向好，实现"十四五"良好开局。[2]

2022 年 1~10 月，全省 $PM_{2.5}$ 平均浓度达到 35 微克/米³，同比下降 5.4%，迈入国家二级标准大关，优良天数 221 天，同比增加 1 天，全省 11 个设区市均稳定保持全国重点城市空气质量综合指数"后十"之外。[3]

---

① 《加快建设经济强省美丽河北》，《经济日报》2022 年 11 月 10 日。

② 《〈2021 年河北省生态环境状况公报〉发布》，河北省人民政府网站，2022 年 5 月 31 日，http://www.hebei.gov.cn/hebei/14462058/14471802/14471750/15384752/index.html。

③ 马朝丽、贾楠：《建设天蓝地绿水秀的美丽河北》，《河北日报》2022 年 11 月 22 日。

（二）水污染防治见成效

2021年，全省地表水国考断面中优良断面比例达到73.0%，劣 V 类断面全部消除；白洋淀水质实现Ⅲ类目标；近岸海域水质优良点位比例达到100%。截至2021年，全省所有深层地下水超采县（市、区）和98%的浅层地下水超采县（市、区），地下水位均实现了回升，其中浅层超采区地下水水位平均埋深比上年上升了1.87米。截至2021年，河北省地下水年超采量已压减52.3亿立方米。截至2021年，河北省南水北调受水区的96个县中，已有部分农村地区完成了水源置换，引水覆盖人数达2172万人。① 2022年1~10月，全省国考断面优良比例为79.5%，同比提升12.3个百分点，无劣 V 类断面。白洋淀水质稳定保持Ⅲ类并持续改善。② 河北省坚持"三水"统筹、系统治理、综合整治，地表水劣 V 类水体和城市黑臭水体全部消除，北戴河近岸海域水质全部达到优良。

（三）土壤污染防治见成效

突出源头防控，土壤污染防治与风险管控成果不断深化。实施农用地土壤污染源头防治行动，在全国率先完成全省耕地土壤环境质量类别划分工作，建立分类管控清单，全省安全利用类耕地和严格管控类耕地落实风险管控措施比例均为100%。③ 组织开展涉重金属重点行业企业污染源排查整治，督促企业开展隐患排查和自行监测。

在全国率先完成耕地土壤环境质量类别划分。截至2022年10月，河北省在全国率先启动耕地土壤环境质量类别动态调整，受污染耕地全部按农时落实安全利用和严格管控措施。全省新增1366个关闭搬迁地块纳入监管范围，依法开展土壤污染状况调查评估、风险管控和修复。

---

① 《历经四十余年连续下降之后，华北地下水超采区水位回升记者探访——地下水超采地的治水之路》，《人民日报》2022年7月18日。
② 《建设天蓝地绿水秀的美丽河北》，《河北日报》2022年11月22日。
③ 《河北：深化土壤污染源头管控　深入打好净土保卫战》，上游新闻网，2022年10月29日，http://hbepb.hebei.gov.cn/hbhjt/xwzx/meitibobao/101665709114402.html。

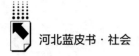

强化重点行业企业监管。2022年河北省共有1303家企业纳入土壤污染重点监管单位名录，相比2021年增加152家。同时，组织对2021年已完成隐患排查的土壤污染重点监管单位开展"回头看"试点，推动实施在产企业源头防控项目，提升土壤污染源头防控水平，有效防范新增土壤污染。①

（四）农村环境治理见成效

农村生活污水治理水平不断提升。河北省生态环境厅创新农村生活污水治理保障机制，制发全省农村生活污水无害化处理工程工作方案和评估验收工作方案，加强农村生活污水处理同农村厕所改造有效衔接。截至2022年10月，全省提前完成农村生活污水无害化处理工程建设任务，具备条件的村庄实现无害化处理全覆盖，全省新增建设完成农村生活污水无害化处理工程村庄9491个；新增完成农村生活污水治理村庄2492个，累计完成农村生活污水治理村庄19818个，治理率达到40.5%，特别是白洋淀流域累计完成生活污水治理村庄1565个，实现治理全覆盖。②

开展乡村生态振兴千村示范创建活动。河北省生态环境厅选取1000个村庄，以美丽乡村建设为基础，实施乡村生态振兴千村示范创建行动。截至2022年9月，已有957个村庄达到示范村创建指标。

加强畜禽养殖污染防治。河北省生态环境厅编制印发《河北省畜禽养殖污染防治"十四五"规划》，组织指导11个设区市和36个养殖大县编制畜禽养殖污染防治"十四五"规划。截至2022年9月，全省11个设区市和36个养殖大县均已完成规划初稿编制，11114家在产规模养殖场全部完成资源化利用计划编制以及备案。③

---

① 《河北：深化土壤污染源头管控　深入打好净土保卫战》，上游新闻网，2022年10月29日，http://hbepb.hebei.gov.cn/hbhjt/xwzx/meitibobao/101665709114402.html。
② 《河北农村生活污水治理率达到40.5%》，"人民资讯"百家号，2022年10月27日，https://baijiahao.baidu.com/s? id=1747847475324007288&wfr=spider&for=pc。
③ 《河北实施乡村生态振兴千村示范创建》，河北省人民政府网站，2022年10月27日，http://www.hebei.gov.cn/shoujiapp/15087087/15087127/15428575/index.html。

农村生态环境综合整治成效不断显现。河北省大力推进农业清洁生产，深化农业面源污染治理，全省已连续六年实现化肥、农药使用量负增长，秸秆综合利用率、农膜回收率分别稳定在97%、90%以上，规模养殖场粪污处理设施配套率达到100%。[1]

（五）增绿降碳见成效

塞罕坝森林资源的生态、经济和社会效益已得到全面彰显。目前，塞罕坝森林面积为115.1万亩，森林覆盖率达82%，森林资产总价值达231.2亿元。依托百万亩森林资源，周边4万多百姓受益、2.2万贫困人口实现脱贫。

通过激励性生态环境绩效分级管理，全省累计15家钢铁企业实现创A，为全国最多。创新降碳产品价值实现机制，全省累计28个项目93.89万吨实现价值4775.69万元。[2]

三 进一步推进生态文明建设的建议

党的二十大报告提出，中国式现代化是人与自然和谐共生的现代化，站在人与自然和谐共生的高度谋发展，协同推进降碳、减污、扩绿、增长，推进绿色低碳发展。习近平总书记关于促进人与自然和谐共生协调发展的战略部署，为河北省生态文明建设指明了方向。当前，河北省生态文明建设同时面临实现生态环境根本好转和碳达峰碳中和两大战略任务，生态环境综合治理与多目标治理的要求进一步凸显，协同推进减污降碳已成为新发展阶段经济社会发展全面绿色转型的必然选择。

（一）转型：加快发展方式的绿色转型

发展方式的绿色转型是一个包含经济增长、社会发展、环境保护、资源

---

[1] 《河北深入打好净土保卫战》，《河北日报》2022年10月28日。
[2] 《绿色发展，促进人与自然和谐共生》，《河北日报》2022年10月20日。

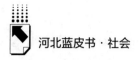

利用等的多维度多层面的一系列转型，是一个复杂的系统性工程。发展方式的绿色化、低碳化是绿色转型关键环节。绿色转型涉及的领域包括能源资源、经济结构、产业结构、发展规划、生态空间、环境绿色治理等。

促进发展方式绿色转型的途径包括四个方面。一是全面制定和实施绿色发展战略和资源节约战略，制定绿色发展规划和行动方案，促进绿色经济、低碳经济和循环经济的发展，促进各类资源的节约利用和循环利用。二是优化经济结构，加快调整产业结构、能源结构、消费结构、交通运输结构等。三是完善绿色发展的引导机制，建立健全绿色发展的政策体系和标准体系，加强绿色产业的发展及其环境建设。四是提升绿色技术创新能力。绿色技术是绿色转型的内在支撑力，是解决绿色转型的关键途径，它包括可再生能源以及新能源、碳捕集和碳封存技术的开发与利用等。

（二）减污：深入推进环境污染防治

深入推进环境污染防治要坚持"四维治理"原则，即坚持系统治理、依法治理、综合治理、源头治理的治理原则与治理模式，推进新时代环境治理的理论创新与实践创新。同时要坚持精细化原则，即坚持环境治理政策、环境治理目标与环境治理对象的精准性，坚持生态服务的精细化，以便健全现代环境治理体系，提高环境治理能力，促进环境治理的科学化与现代化，提高环境治理质量和环境治理的成效。

深入推进环境污染防治要重点抓好四个方面的工作。一是打好蓝天保卫战。加强大气污染的综合治理与污染物协同控制，持续抓好"退后十"任务不放松。二是打好碧水保卫战。统筹"三水"的协同治理与综合治理，继续压采地下水，保护地下水资源。要健全城市黑臭水体治理长效机制，保障人民群众的饮用水安全。三是打好净土保卫战。加强土壤污染源头防控，同时加强各类固废的治理与安全处置。四是加强治理农村农业环境污染。要加强农业面源污染防治、整治和改善乡村人居环境，建设"生态宜居"新农村。

（三）扩绿：着力提升生态系统多样性

提升生态系统多样性和持续性需要加强四个方面的工作。一是以自然保护地为重点，推进以国家公园为主体的自然保护地体系建设。二是以建设重大工程为载体，带动生态系统多样性的建设。加快实施重要生态系统保护和修复重大工程，实施生物多样性保护重大工程，广泛开展大规模的国土绿化行动。三是牢固树立生态红线意识，深化集体林权制度改革、健全耕地休耕轮作制度、完善生态保护补偿制度。四是强化生态风险防范意识，加强生物安全管理，防治外来物种侵害。

（四）降碳：积极推进碳达峰碳中和

实现碳达峰碳中和目标最终需要将国家意志转化为企业和公民行为，需要构建有效的激励约束机制和优化能源消费结构。一是完善碳达峰碳中和的调控制度。控制能源消费总量尤其是煤炭消费总量的增长是实现能源低碳转型的关键。要完善能源消耗总量和强度调控制度，逐步转向碳排放总量和强度"双控"。二是重构能源消费结构体系。重点控制化石能源消费，改变"一煤独大"的能源消费结构，转向以清洁能源为主的能源结构。加快开发使用清洁能源，大力发展可再生能源，尽快提高可再生能源在一次能源消费中的占比。三是加快能源互联网建设。加快能源互联网的顶层设计，搭建能源开发、转换、配置和消纳的基础平台，促进节能减排、降低能耗。四是加快节能降碳先进技术的研发和推广应用，推动能源产业由传统向智能、再向智慧的转型，使新能源技术与电子信息技术紧密结合，打造智慧低碳能源系统。五是完善碳排放统计核算制度，健全碳排放权市场交易制度。

（五）共享：建立健全生态共享发展机制

生态共享是指全民共享环境治理和生态文明建设成果，其实质是生态环境方面的责任、权利和利益为全体人民所共同承担、共同拥有和共同享用。深入推进生态共享发展，必须坚持三个基本原则，即公平正义原则、"四维治理"原则和精细化原则。

建立健全生态共享发展机制的途径包括六个方面。一是构建生态共享的理念认同机制。加强生态文化体系建设，培育新型生态共享意识。二是构建

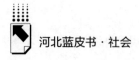

生态共享的制度保障机制。持续完善环境治理制度,健全生态共享发展的体制机制。三是构建生态共享的协同治理机制。统筹推进大气污染、水污染、固体废弃物污染和农村环境污染的综合治理。四是构建生态共享的利益协调机制。共建生态环境基本公共服务体系,确保人人拥有平等的环境权益。五是构建多元的生态共建共治监督体系。六是倡导绿色生活方式,构建生态共享的社会行动机制。加强生态文化建设,倡导绿色消费,引导全民参与绿色低碳的生产方式和生活方式,在公众的日常生活和日常行为中培育生态共建共享意识,使绿色消费和生态共享理念转化为人的自觉行动。

参考文献

田翠琴、赵乃诗:《经济变迁与环境治理转型的社会学研究——以河北省为例》,河北人民出版社,2021。

田翠琴、田桐羽、赵乃诗:《河北省环境保护与生态建设(1978~2018)》,社会科学文献出版社,2019。

田翠琴、赵乃诗、赵志林:《京津冀环境保护历史、现状和对策》,北京时代华文书局,2018。

《2021年中国生态环境公报》,2022年5月26日。

B.5
河北省老龄事业发展报告

严晓萍*

摘　要： 经过多年实践，河北省老龄事业发展取得重要成果，老龄政策体系逐步健全，养老资源供给更加丰富，养老保障制度日益完善，老年人参与社会发展成效明显，老年人权益得到有效保障。老龄事业发展呈现覆盖城乡、惠及全民、均衡合理、优质高效的供给方式，智能化、专业化服务能力不断提升，老年人健康服务内容更加丰富，河北省老龄事业未来以构建保障体系、供给体系、产业发展体系、关爱服务体系、监管体系等为重点发展方向。

关键词： 老龄事业　养老保障　养老资源

　　党的二十大报告明确提出，实施积极应对人口老龄化的国家战略，发展养老事业和养老产业，优化对孤寡老人群体的服务，实现全体老年人都能享有基本养老服务。河北省自1999年进入老龄化社会以来，老年人口数量呈现加速增长态势，截至2021年，全省60岁以上老年人数量达1507万人，占总人口的20.23%，比上年增加0.38个百分点，其中65岁以上老年人口1111万人，占总人口的14.92%，上升1个百分点，进入中度老龄化社会。2018年《老年人权益保障法》修订实施以来，河北省积极将老龄工作纳入全省经济社会发展大局，进行统筹安排，围绕"五个老有"工作目标，逐步健全老龄政策法规体系，完善社会保障制度，拓展社会养老服务，补足养

---

* 严晓萍，河北省社会科学院社会发展研究所研究员，主要研究方向为人口社会学、社会问题。

老服务基础设施，推进老年人优待工作，使全省老年人在共享经济社会发展成果上有了新突破，在保障合法权益落实上有了新进展，为广大老年人幸福安度晚年创造了良好的环境和条件。

一 河北省老龄事业加快发展，老年人权益得到有效保障

（一）逐步健全政策体系

河北省先后出台了《河北省养老服务条例》《河北省老年人权益保障条例》《关于全面放开养老服务市场提升养老服务质量的实施意见》《关于加快推进养老服务体系建设的实施意见》《关于建立健全养老服务综合监管制度促进养老服务高质量发展的若干措施》《河北省养老服务体系建设"十四五"规划》《河北省"十四五"健康老龄化行动计划》等一系列文件，从服务、权益、监管、健康、高质量发展等方面基本构建起比较完善的养老服务发展政策法规体系，为老龄事业健康持续发展提供了日益完善的政策保障。

（二）养老资源供给更加丰富

为补齐养老服务设施短板，每年安排省级财政预算资金1亿元，省级留存福利彩票公益金70%，统筹用于养老服务事业。2021年和2022年，河北省争取了中央预算内投资49911万元，支持24个养老服务项目建设，其中10368万元支持了12个普惠养老项目，推动了养老服务设施发展。与"十三五"初期相比，全省养老机构数量由1054家增加到1777家，床位数量由13.7万张增加到23.8万张，分别增长68.6%和73.7%。全省城镇街道居家养老服务中心的覆盖率由43.3%提高到100%，全省4717个城镇社区已经建成4991个日间照料服务中心，成为全国第一个实现社区全覆盖的省份。①

---

① 《河北：到2025年，基本形成"一刻钟"社区居家养老服务圈》，《燕赵都市报》2022年4月26日。

养老机构医疗服务实现全覆盖，其中 779 家内设医疗机构，453 家具有医保定点资质，95% 以上的医疗机构为老年人开设优先挂号、优先就医等绿色通道。以社区日间照料信息化服务平台为主，以远程视频监控平台和站点服务平台为支撑，初步构建了"三位一体"、全面覆盖、上下贯通、五级联动的社区日间照料信息化管理服务体系。

（三）积极进行服务创新实践

各地积极进行养老服务实践，邢台市"医养一体、两院融合"农村养老新路径的典型经验，被国务院办公厅通报表扬。石家庄新乐市民政事业服务中心的社会化改革经验，邯郸市魏县双井民政事业服务中心，被民政部、国家发改委评为全国公办养老机构改革优秀案例。滦南县"四个一点"加强农村居家养老食堂，被民政部、财政部评为国家居家和社区养老服务改革试点工作优秀案例，为全省乃至全国提供了典型范例。

（四）老龄优待帮扶政策逐步配套

2014 年，《河北省老年人优待办法》正式颁布施行，对老年人医、食、住、用、行、娱等方面都做出了比较具体的优待规定，目前各设区市全部实现了 65 岁以上老年人免费乘坐公交、旅游门票减免等，政府办的各类博物馆、图书馆、文化馆等公共文化场所向老年人免费开放。全部县（市、区）建立高龄津贴制度，对于 80 岁以上老人，每人每月发放 50～1000 元的补贴，年龄越大，补贴金额越多。全面落实对脱贫人口、低保等六类人员社保托底帮扶政策，为 150.44 万人代缴社保费 1.5 亿元，为达到待遇领取年龄的 131.95 万人发放养老金 17.99 亿元，实现参保率、代缴率、发放率三个 100%。《关于对养老服务机构实行奖补的意见》明确：为有效降低养老机构运行成本，对社会办养老机构给予每张床位建设补贴、每月每张床位运营补贴；为降低养老机构运营风险，制定相关政策，给予养老机构责任保险补贴。为解决计划生育特困家庭养老问题，构建了融经济补贴、医疗保障、养老保障、应急帮扶、亲情关爱为一体的计生特困家庭关怀扶助体系。教育部门将敬老爱老教育融入教学课程，纳入了中小学生日常行为规范。司法行政部门将《老年人权益保障法》列入普法内容，建立起老年维权绿色通道。各级工会、妇联和共青团组织的"敬老月"为老志愿服务等活动形式多样，全省开展"敬老文明号"创建和孝亲敬老先进评选活动。

（五）社会养老保障制度日益完善

老年人基本生活保障的保险、救助、奖励扶助等制度体系基本建立。养老保险方面，建立城乡居民基本养老保险制度，实现了养老保险的全覆盖2021年，全省城乡居民基本养老保险参保人数达3552.8万人，比2012年增长6.5%。城镇职工基本养老保险参保人数达1805.5万人，比2012年增长60.4%。城乡居民基本医疗保险参保人数达5890.0万人，职工基本医疗保险参保人数达1336.7万人。工伤保险参保人数达1084.7万人，比2012年增长56.1%。失业保险参保人数达747.4万人，比2012年增长49.0%[1]，社会服务水平不断提高。2021年，全省提供住宿的社会服务机构床位23.9万张，比2012年增加5.5万张，增长29.9%。人民生活水平逐年提高，城市居民最低生活保障人数为15.7万人，比2012年减少61.6万人；农村居民最低生活保障人数为152.1万人，比2012年减少55.9万人。困难群众生活保障水平不断提升，城市最低生活保障平均水平达到每人每月711元，比2012年增加376元；农村最低生活保障平均水平达到每人每月463元，比2012年增加314元。[2] 涉老救助和福利方面，困难老年人享受最低生活保障待遇，城市"三无"、农村"五保"老年人纳入供养范围。进一步完善大病医疗救助政策，扩大救助病种范围，积极支持商业保险企业开展老年人意外

---

[1] 《社会事业蓬勃发展　人民福祉持续增加——党的十八大到二十大河北经济社会发展成就系列报告之十一》，"河北统计微讯"微信公众号，2022年9月29日。

[2] 《2022年1季度民政统计分省数据》，民政部网站，https://www.mca.gov.cn/article/sj/tjjb/2021/202101fssj.html。

伤害保险业务。落实基本养老金正常调整机制，同步调整企业和机关事业单位退休人员基本养老金，月人均增长132元。全省城乡居保待遇月人均水平达到130元。

（六）老年人参与社会发展成效明显

积极引导和支持老年人参与经济社会发展，因地制宜地组织老年群体性文化体育活动。组织开展"银龄行动"和"老有所为"先进典型评选活动，银龄扶农、银龄援医、银龄助学、银龄献智等活动得到群众广泛响应，有力助推了河北省城乡经济社会发展。推进基层老年协会建设，城镇社区和农村行政村分别建立协会3668个和39812个，建会率分别达到95.2%和82.0%，基层老年协会在维护老年人合法权益、参与社会公益事务、参与经济社会建设、推动基层民主政治建设等方面发挥了积极作用。积极发展老年教育事业，建成各级各类老年大学1378所，在校学员达到19万人。2022年，全省人均体育场地面积达2.39平方米，基本构成了省、市、县、乡、村五级全民健身设施网络，为老年人提供了充足的活动场所，基层老年文体活动、老年广场文化、公园文化已成为社会常态。注重发展老年体育事业，深入开展老年体育示范区创建活动，建成老年体育示范点432个，经常参加体育健身活动的老年人达到590余万人。

二 河北省老龄事业发展趋势分析

河北省未来将步入深度老龄化社会，老年人口规模将持续扩大，老年人口占比逐年提高，高龄和失能失智老年人数量将不断增加，社会老年抚养比和家庭养老负担会持续加重，对社会化养老服务、医疗保障和健康服务的需求与日俱增。现阶段，河北省养老服务供给数量和质量与人民群众日益增长的多层次、多样化养老服务需求相比还存在一定差距。居家社区养老服务能力不足，优质养老机构资源短缺，失能老年人照护服务需求保障能力亟待加强。农村老年人生活照料、健康管理、精神慰藉等需求不能得到有效满足。

养老服务人才资源的规模和质量与照护需求不适应，需要建立老年服务资源配置更加合理、覆盖城乡的老年服务体系。

第一，加强覆盖城乡、均衡合理、惠及全民、优质高效的养老服务供给，全方位增强家庭养老照护能力，充分调动和协调社区、机构、志愿者资源，为居家和失能老年人家庭提供家庭照护者培训服务。鼓励社区卫生服务中心与日间照料机构合作，开办社区护理站，配置失能老年人家庭照护床位，为居家失能老年人提供短期和临时照护等医护服务。政府将提供普惠养老服务资源，保障兜底养老服务，规范发展社会化、多层次、多元化养老服务项目。

第二，丰富金融支持、教育培训、文化旅游、健身休闲等多样化为老服务新业态，使老年服务与养老、养生等多业态深度融合。发展智能产品和可穿戴设备等老年用品产业，增强老年人产业的科技创新能力，使智能化产品和智慧服务惠及更多老年人。2021年河北省核批医养结合类优惠贷款19.6亿元，确定省智慧健康养老应用示范基地2家，截至2021年，全省医养结合机构数量达到427家。①

第三，养老服务信息公开化、智能化、专业化服务能力不断强化，实现跨领域、跨部门、跨区域的涉老数据共享。加强对老年人口用品和为老服务市场监管，保证产品质量和规范服务标准，使养老服务质量标准体系和评价体系更加完善。目前，"河北智慧健康"小程序用户突破1100万人，实现预约挂号、健康码使用、电子健康档案查询、健康咨询等多项便民惠民应用，未来将进一步完善。

第四，全面推进老年友好型城市和社区建设，形成日益浓厚的敬老爱老助老的社会氛围，不断提高老年人参与经济社会发展活动的积极性。解决老年人在智能技术方面遇到的困难，使他们更好地适应并融入智慧社会，形成良好的社会支持环境。

第五，在老年人健康服务方面，增加老年健康服务机构数量，使服务内

---

① 河北省卫健委提供数据。

容更加丰富。医养结合服务供给不断增加，服务模式更加多元化。提升 65 岁及以上老年人城乡社区规范化健康管理服务率和中医药健康管理率。医疗卫生机构适老化水平不断提高，提高综合性医院、康复医院、护理医院和基层医疗卫生机构中老年友好型医疗服务比例。[①] 截至 2021 年，河北省建成 19 个国家级示范区、80 个省级慢性病综合防控示范区，培训医养结合机构医疗卫生专业技术人员 3054 名，有效提高了医养结合机构从业人员素质。全省 297 家二级以上医院与 2627 家基层医疗卫生机构组建医联体，1962 个乡镇卫生院实现对 48796 个村卫生室的"十统一"管理。5 个设区市和 12 个县纳入国家医联体建设试点，医联体建设连续两年受到国家卫生健康委医政医管局表扬，为农村和基层社区老年人就近快速就医治疗提供方便。

三 未来河北省老龄事业发展重点举措

根据《河北省养老服务体系建设"十四五"规划》，养老服务发展的总体目标是到 2025 年基本建立居家社区机构相协调、医养康养相结合的养老服务体系，构建城市养老服务供给网络，所有小区建设助餐等日间照料服务设施，"一刻钟"社区居家养老服务圈基本形成。在农村社区全面建立"三级"养老服务网络，逐步提高专业化服务水平。充分激发养老服务市场活力，不断丰富为老服务业态，使老年人获得感、幸福感、安全感显著提升，未来河北省老龄事业发展将着重从构建五个体系入手。

（一）健全完善基本养老服务保障体系

依据健康、失能、经济困难等不同类型的老年群体进行细致分类，提供经济保障、康复照护、日常照料、社会救助等个性化服务，对特殊困难群体提供兜底性保障。强化公办养老机构保障作用，重点为五保户，三无老人，经济困难的失能、残疾、高龄老人，以及计划生育家庭等特殊老年人提供服

---

① 《河北省"十四五"健康老龄化行动计划》，2022 年 6 月 30 日。

务。健全分层分类的社会救助体系，完善高龄津贴、经济困难高龄老年人养老服务补贴、经济困难失能老年人护理补贴制度。社区积极探索特殊困难老年人定期探访制度的落实路径和实现方式。为有效减轻失能老人长期照护负担，规范推进和普及长期护理保险等保障制度。健全社保制度体系，推进企业职工基本养老保险全国统筹，工伤保险省级统筹配套政策。积极实施全民参保计划，鼓励农民工参加城镇职工社会保险，做好社会保险制度衔接，维护农民工社会保险权益。健全多层次养老保险体系，发展企业（职业）年金，规范发展第三支柱养老保险，养老金融产品，引导参保群众增加个人账户积累。做好企业年金、职业年金投资运营，加强基金收支运行管理，确保各项社保待遇按时足额发放。

（二）优化普惠型养老服务供给体系

在政府重点保障、兜住底线基础上，突出普惠性养老服务，激发社会资本参与发展普惠养老的积极性，合理确定城乡普惠型养老服务项目和价格。增加居家养老服务供给，支持养老服务机构和家庭养老床位建设，根据老年人意愿和需求提供长期照护服务。探索"党建+社区+物业+养老服务"模式，推动专业机构服务向社区、家庭延伸。按照一个街道一个中心、一个社区一个站点的建设标准，普及社区养老服务设施，为社区老年人口提供助餐、助浴、助洁服务。培育和引进规模化、品牌化养老服务龙头企业，提升养老机构对失能半失能老人的照护能力。提供医养结合服务，有能力的医疗卫生机构开展养老服务业务，养老机构具备医养结合服务能力，推动二级及以下医疗卫生机构开展康复、护理服务，实现养中有医、医中有养。积极打造县乡村服务互通、功能互补的农村养老服务设施体系，补齐农村养老服务短板，支持各类社会主体参与养老服务。

（三）打造多元化养老产业发展体系

根据老年人需求个性化、多元化特点，为激发老年人消费潜力，加快适老化产品特别是医疗康复辅助器具等的研发应用，增加高科技含量、高品质的老年用品供给，推动养老消费提质升级。推进康养产业发展，积极培育智慧养老服务新业态，推进互联网应用与养老服务深度融合。加强京津冀区域养老服务协同发展，推进北京养老服务项目和设施向廊坊市"北三县"等环京周边部分地区延伸布局。充分发挥中医和中西医结合在治未病、重大疾病治疗、疾病康复中的优势，推进中医药资源和中医康养理念进入养老机构、社区和老年人家庭，深化中医药与健康养老产业深度融合发展。

（四）构建老年人关爱服务体系

建设老年友好型社会，建立完善的社会化、常态化监督机制，防止虐待老年人问题发生，确保赡养人履行赡养义务，保证老年人权益。推动大健康产业发展，并与健康养老服务深度融合，鼓励支持老年人积极参与安全健身活动。创新老年教育形式和内容，推动教育资源向郊区和农村地区老年群体倾斜，丰富老年人日常文化生活。在完善传统为老服务方式的同时，提供智能化适老服务项目和产品，建设适老化的智慧型社会。推进社区、公共场所、家庭等环境适老化改造，为老年人提供方便安全的出行和居家生活条件。提供更多的家庭病床、上门巡诊等居家医疗服务，发展家庭养老床位和护理型养老床位。引导老年人践行积极老龄观，鼓励老年人参与社会发展，积极参与社会活动，发展老年志愿者，提供更多适合老年人灵活就业的岗位和机会，建立完善老年人再就业的培训和老年人才市场。

（五）完善全流程养老服务监管体系

加强养老服务方面的法律法规体系建设，实现有法可依、有法必依。形成职责明确、分工协作、科学有效的综合监管制度，加强协同监管、信用监管和信息共享。加快不同类型的、统一的养老服务标准体系建设，完善居家上门服务、家庭养老床位等方面的配套、管理规范标准。防范养老项目、资金、产品等方面的诈骗，加强养老服务领域风险监测预警。

民生建设篇

Construction of People's Livelihood

B.6
构建河北共享发展实践制度体系

王文录[*]

摘　要： 共享发展是新发展理念的内在要求，也是在高质量发展中推进共同富裕的重要途径，体现了社会主义的本质特征，承载着建设社会主义国家、实现共同富裕的重要使命。河北作为京津冀协同发展的重要区域，也应勇于探索共享发展实践之路。本文在参考先进地区共享发展实践经验的基础上，谋划提出积极培育共享经济、夯实共享设施基础、提升公共服务共享水平、保障人人享有发展机会、推进发展成果全面共享五大高质量共享发展制度体系。

关键词： 共享发展　共同富裕　共享经济　共享设施　公共服务

---

* 王文录，河北省社会科学院社会发展研究所研究员，主要研究方向为人口城镇化。

习近平总书记提出的新发展理念，为建设社会主义现代化强国指明了前进方向。其中，共享发展既是目标，也是归宿，体现了社会主义的本质特征，承载着建设社会主义现代化国家、实现共同富裕的重要使命。以河北重点发展地区探索共享发展试点示范，找出共享发展实践之路，对于建设经济强省、美丽河北具有重要意义。

一　深刻认识推进共享发展的重大意义

共享发展作为五大发展理念的出发点和落脚点，是中国特色社会主义的本质要求，既具有强烈的时代感，更具有鲜明的现实针对性，为推进高质量发展、促进共同富裕提供了重要遵循。

（一）共享发展的时代意义

共享发展坚持人民至上，丰富和发展了马克思主义理论。马克思主义理论"一切人的自由全面发展""按需分配""公平分配""平等的权利"等一系列思想，是共享发展的重要理论渊源与思想源泉。共享发展理念作为中国共产党发展思想、发展理念的全新重大理论创造，凸显了马克思主义理论思想的积淀涵养，并紧密联系新时代经济社会高质量发展的实践，实现了对马克思主义的发展思想、发展理念深层次的理论创新。共享发展理念同马克思主义人的自由全面发展的崇高追求彼此联通，更具有现实的针对性和实践的可操作性。

共享发展取向科学发展，不断解决社会主义建设现实问题。共享发展理念及相关部署安排，着力解决我国经济社会发展过程中所积累的，特别是社会民生领域中突出的社会保障、教育就业、公共服务等问题，彰显了党和国家为民务实的大局意识和增进福祉的民生导向。

共享发展锚定公平正义，增进人民群众获得感幸福感安全感。共享发展维护公平正义价值导向，加快建立以权利公平、机会公平、规则公平为基点的社会公平保障体系，促进中国特色社会主义新阶段的实践取得新发展。

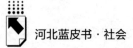

共享发展贴近社会实践，指明了区域经济社会发展前进方向。近些年我国实施的京津冀协同发展、长江经济带发展、粤港澳大湾区建设、长三角一体化发展、黄河流域生态保护和高质量发展等一系列重大战略，旨在推动特定区域高质量发展，最终促进全国区域协调。这些区域发展的重大战略无不深植共享发展理念，基础设施互联互通、产业协同互补、公共服务共建共享、生态环境共治共保都是通过共建共享来实现区域内的平衡、协调进而同步提高发展质量。东西协作、对口帮扶、转移支付、生态补偿等一系列政策和机制，本质上也是通过资源、资金等要素的共享来支持欠发达地区加快发展。

（二）推进共享发展的历史责任

共享发展的理论与实践正处于探索之中，全国还没有成熟的可借鉴可利用的典型经验。作为京津冀协同发展重要区域，河北应勇于走出共享发展实践之路。

坚持社会主义方向，承担集中体现中国特色社会主义制度优越性的历史使命。共享发展首先应该是社会主义原则的集中体现，代表我国共享发展的社会主义方向，坚持以公有制为基础，解放和发展生产力，努力实现共同富裕。

坚持人人参与、人人享有，承担共建共享不断增强人民获得感的历史使命。共享发展必须坚持以人民为中心，代表最广大人民群众的根本利益，践行发展依靠人民、发展为了人民、发展成果由人民共享。

坚持先富带后富，承担探索实现共同富裕奋斗目标经验和路径的历史责任。共享发展必须牢牢把握实现共同富裕的总目标，在建设共同富裕理想社会的框架下安排共享发展实践路径，先富带后富，最大限度地缩小贫富差距，最终实现共同富裕。

坚持高水平共享，承担推进新时代社会主义现代化建设的历史使命。共享发展是能够实现自身造血的共享发展，是能够不断增强创造能力的共享发展，必须在坚持顶层设计、政府主导的同时，遵循市场规律，激发内生活力，推进河北高质量发展，为实现全民共享奠定物质基础。

二　浙江共享发展实践经验和启示

（一）浙江实践的重要经验

近年来，许多省份和地区在贯彻落实新发展理念、推进共享发展方面成效显著，其中最有代表性的是浙江经验。

持续推进城乡融合发展。早在 2003 年，习近平任浙江省委书记时就提出要统筹城乡经济社会发展，走以城带乡、城乡一体化的路子，通过户籍制度、农村土地制度等改革，推动城市生产要素向农村流动、城市公共服务向农村覆盖、城市现代文明向农村辐射，浙江成为全国城乡差距最小的省份。

努力缩小地区发展差距。持续推动山区 26 县实现跨越式高质量发展，制定一县一策，深入推进山海协作工程，通过结对帮扶打造共同体，浙江已经成为地区发展最均衡的省份之一。

推进收入分配制度改革。不断提高最低工资标准，保障群众有尊严的生活，努力增强群众获得感，并在此基础上试点第三次分配改革，打造"善行浙江"。

在全国层面推进区域共富。"十三五"期间浙江通过智力支援、产业支援、民生改善、文化教育支援、劳务协作等方式，先后对口帮扶 4 省 80 个贫困县脱贫摘帽。2021 年，党中央、国务院赋予浙江省高质量建设共同富裕示范区的重要改革示范任务，浙江省委十四届九次全会将"共建共享"作为示范区建设的五大工作原则之一，出台《浙江高质量发展建设共同富裕示范区实施方案（2021—2025 年）》，省级部门聚焦重点领域出台了 64 个专项政策意见，形成了共同富裕示范区建设"1+7+N"重点工作体系和"1+5+n"重大改革体系，确定了首批 6 大领域 28 个共同富裕试点，形成了上下贯通、点面结合的共同富裕示范区建设之势。

（二）对河北实践的主要启示

尽管各地发展基础、条件和阶段存在差异，但共同富裕和共享发展的推进方式和实践路径对共享发展实践有重要启示。

启示一："政府有为"为推进共享发展提供强大制度支撑。各地在践行新发展理念、推进共享发展的过程中，政府都积极探索优质高效服务企业和人民群众的新路径，浙江、安徽等省均谋划出台整体性实施方案、行动计划及专项政策意见，形成了"共性+个性"的政策体系，为落实新发展理念、推进共享发展提供了强大的制度保障。

启示二："做大蛋糕"是共享发展的首要前提。习近平总书记曾指出："实现社会公平正义是由多种因素决定的，最主要的还是经济发展水平。""我们必须紧紧抓住经济建设这个中心，推动经济持续健康发展，进一步把'蛋糕'做大。"① 无论是欠发达地区还是发达地区，要实现发展水平的跃升或持续保持发展势头，经济建设始终是中心工作，尊重经济规律，注重发挥市场在资源配置中的决定性作用，促进资本、人才、技术等要素的集聚，发展壮大优势产业，激发创新创业活力，推动经济高质量发展，努力把"蛋糕"做大，才能为人民共享成果创造条件。

启示三："改革创新"是共享发展的动力之源。浙江省为推进共同富裕示范区建设成立省委社会建设委员会，安徽为实施五大发展行动计划成立领导小组，都是一种体制机制创新，为统筹协调、整体推进奠定了基础。各地在实践中抓住关键环节，以科技创新、数字化改革、分配制度改革、城乡区域协调发展、公共服务、生态产品价值实现等重点领域的改革引领共享发展。

启示四："人民参与"是共享发展的重要依靠。共享发展，无论是脱贫攻坚还是共同富裕，都离不开人民的参与，通过教育、就业、社会保障等为人民创造更加公平的机会，增强人的发展能力，鼓励勤劳创新致富，激励全体人民焕发劳动热情、释放创造潜能，为共建共享提供源源不断的强大动力。

启示五："民生福祉"是共享发展的重要着力点。解决地区、城乡收

---

① 《习近平关于全面深化改革论述摘编》，中央文献出版社，2014，第97页。

入差距问题，统筹做好就业、收入分配、教育、社会保障、医疗卫生、住房、养老、育幼等各领域民生工作，分好"蛋糕"，让发展成果惠及全体人民，增强人民的获得感和幸福感，是共享发展的价值取向，也是共享发展的重要着力点。

三 河北省构建共享发展实践制度体系

遵从社会主义共享发展历史演进规律，在满足共享发展制度体系建设内涵充分、覆盖广泛、任务可行的基础上，河北省可参考先进地区共享发展实践经验，谋划设计五大高质量共享发展制度体系。

（一）积极培育共享经济

自马克思主义诞生以来，公有制经济就成为社会主义的共建共享目标，新中国成立后，在理论和实践两个方面对公有制经济进行了卓有成效的探索，推进共享发展应发挥市场在资源配置中的决定性作用，充分发挥制度优势，顶层规划设计公有制经济具体发展形态，打造社会主义共享经济先行先试示范区。

一是占主导地位的国有经济。国有经济主要来源应是国有资产和外来国有资本，国有经济应覆盖关系国计民生的主要领域，企业形式主要是投资性国有企业和经营性国有企业以及招商引进的其他国有企业，国有经济应发挥支撑国民经济发展的主导作用，引领撬动其他经济形态发展。

二是国有经济与集体经济联合体。发挥国有经济的主导作用，在基层推进国有资本与集体资产合资合营，培育发展股份制、合作制等形式企业，形成社区新型合作经济，保障集体资产保值增值和人民群众共享集体资源红利。

三是基于村庄集体资源形成的集体经济。以集体土地、集体不动产和集体企业为基础，积极发展各类形式的集体经济，探索人民群众参股合作利益分享方式，允许集体资产与国有资产、外资和个人资本合作合资经营，发挥

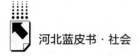

集体经济在共享经济发展中的重要支撑作用。

四是不同类型所有制混合的经济形态。主要指国有、集体和社会资本、外资依据市场规律混合形成的经济形态。混合经济形态主要包括各种类型的股份制企业和合作制企业，鼓励本地国有资本和集体资本与各类外来资本合资合作，壮大区域发展自身造血功能。

五是保留在农业领域的农村合作经济。主要是基于农民承包经营土地形成的合作经济，包括农民专业合作社、供销合作社、消费合作社、专业市场合作社、土地合作社、信用合作社等，满足人民群众生产、生活、消费各类需求，在有条件的地方升级建设高级社、联合社，探索综合性城乡合作经济发展的有效形式，保障人人享有经济发展收益权。

六是具有广泛参与主体的新型民营经济。主要指由合作资本和个人资本投资建设形成的各类民营企业，企业投资资本可以是货币，也可以是技术、不动产、实物、知识产权、土地使用权等可以用货币估价并可依法转让的非货币财产，新型民营经济是共享经济的重要组成部分，允许在较长的时期内存在和发展。

（二）夯实共享设施基础

基础设施水平是衡量社会生产力发展程度的重要尺度，与广大人民群众的生产生活息息相关，其中公共基础设施主要由政府投资建设，最能突出共有性质，为全体人民提供安全便捷服务，河北省应把基础设施体系建设作为一项共享制度布局安排，形成公用型、网络化、开放式共享基础设施新格局。

1.瞄准生产生活便捷需求，全面推进公用设施共建共享

从公共财政投资，国有企业设计、建设、管护，全体人民共同参与共享发展方面体现河北共享发展。按照网络化布局、智能化管理、一体化服务的总体要求，不断完善道路交通、供水、排水、供电、供热、通信等共享设施建设，不断提高共享发展水平。统筹布局建设立体共享快捷高效的交通基础设施体系、高效协同共享的供水基础设施体系、共享安全的市政排水体系、多源共享绿色高效的清洁能源体系，不断提高居民生产生活的便利性、便

捷性。

建设立体共享快捷高效的交通基础设施体系。统筹交通网络与各种交通方式协调发展，构建互联互通共享的现代交通体系。完善对外联通的轨道交通、高速公路、干线公路网络，改造既有线路、规划新的线路。在市政交通道路红线内高标准布局慢行道空间，打造安全舒适、活力多彩的步行、自行车交通系统。推动道路慢行空间全面实施无障碍设计，营造尺度宜人的城市道路系统。完善智能交通枢纽，建设交通大数据支撑体系，提升智能交通创新能力，让居民在快捷、高效、舒适中共享发展成果。

构建山水林田淀共治共享生态基础设施体系。推动生态保护和修复，科学开展大规模国土绿化，提升城市宜居性，打造蓝绿交织、清新明亮、水城交融的宜人生态空间。落实"三线一单"管控要求，推动国土空间"留白增绿"。加强湿地生态保护修复，提高流域协同管理水平。

构建多源共享绿色高效的清洁能源体系。统筹利用风电、光伏、地热、生物质等可再生能源，统筹天然气、电力、地热等能源网络建设，推动建立清洁环保的供热系统。建设可靠的共享电力供应保障网络，打造多元多向的区域供电网络，保障电力供应安全稳定、多能互补和清洁能源全额消纳。构建多气源的燃气供应体系，统筹陕京管线、天津LNG、中俄东线等国家气源主干通道和气源点，合理布局燃气管网设施，推动天然气门站和应急储气站与周边区域共建，实现气源共享。

2. 发挥智慧网络作用，提升基础设施开放共享程度

鼓励公共基础设施集聚、开放、共享，提高资源配置效率，推动基础设施的资源、应用、产业、生态协同发展，形成共建共享、互联协作的建设模式，加快建立优势互补、合作共赢的开放型基础设施生态体系。

加快全域智能共享基础设施体系建设。积极布局先进通信网络，建设部署城市感知设备，构建全域泛在的智能数字网络体系。一是超前建设全域高速通信网络。加快推动第五代移动通信网络全覆盖和超高速宽带部署，建设高速率、低延时的国际互联网数据专用通道，提升网间通信质量。二是搭建全域覆盖的感知体系。统筹部署满足多部门、跨行业应用需求的公用感知设

施，合理布局支撑重点领域应用的专用感知设施，推动构建广域覆盖的窄带物联网络，推动形成全域覆盖、万物互联的感知体系。三是推动多元先进的计算设施建设。建设边缘计算节点、云数据中心和超算中心，动态配置计算资源，搭建虚实映射、共生发展的城市数字孪生体，构建可自我优化、可虚实互动的城市大脑。

构建城市智能普惠共享应用体系。依托城市大脑，推动政务服务、能源、交通、水利、教育等领域实现全方位智能化管理，提高城市管理资源共享能力，提高城市服务共享水平。一是建设智慧政府服务平台。建设数据统一交换平台和数据中心，推动构建全面感知的数据研判决策体系，推动城市管理网络化、数字化。二是推动智慧生活服务建设，推动智慧能源、智慧教育、智慧医疗、智慧家居等智能化场景应用，提升数字共享水平。

3. 坚持设施开放政策导向，推动单位基础设施适度共享

推动公共服务设施资源共享。建立公共服务基础设施大数据平台，推动公共图书馆、美术馆、文化馆（站）、博物馆、科技馆免费向全社会开放，推动广场、绿地、公园、步行道等公共活动空间向居民免费开放，推动学校、社区、单位体育场馆免费或低收费向居民开放。建立财政投资项目、单位基础设施共享机制，打破部门行政化分割，推动构建共享平台，实现公共科技、教育、医疗、文化、体育等资源开放共享。

推动科技创新平台资源共享。统筹大型科研仪器及科研基础设施开放共享网络平台建设，构建上下贯通、区域联通、覆盖全区的开放性、便利化的基础设施共享信息平台。破除基础设施管理使用中的体制机制障碍，提高基础设施使用效率。凡财政资金购置的办公设备、大型设备、仪器，除涉及国防、国家安全、国家利益、重大社会公共利益以及特殊情形之外，应创造条件面向社会进行开放共享，提高仪器设施的利用率。

推动公共停车资源共享。充分挖掘周边公共、专用、道路等各类停车资源，形成"内外联动、错时共享"的公共空间资源共享利用格局。政府机关、医院和普通高等学校等事业单位、国有企业等在保障内部安全和秩序前提下，应将内部停车设施错时对外开放，率先落实停车共享责任。鼓励商业、办公等建筑配建的停车设施办理经营备案手续，对外提供错时或临时停车服务。住宅小区、医院、学校等停车矛盾突出区域周边经营性公共停车场应全天开放。鼓励单位内部充电基础设施向社会开放。

（三）提升公共服务共享水平

公共服务是政府推动和支持的能够集中体现国家意志的共享发展制度，代表着最广大人民群众的利益，雄安新区的公共服务体系建设既要高水平、走在全国前列，又要充分覆盖全体人民，体现公平正义和社会主义制度优越性。因此，应完善与经济社会发展水平、财政承受能力相适应的基本公共服务财政支出保障政策，同时要积极引导社会力量参与公共服务项目建设、运营和服务，既要高度重视基本公共服务体系建设，高水平保基本，率先实现基本公共服务均等化，又要大力支持普惠性非基本公共服务发展，加大多层次多样化生活服务供给力度，形成优质高效、保障多元、城乡一体、开放共享的公共服务体系。

1. 高水平保基本，扩大基本公共服务覆盖范围

从人民最关心最直接最现实的利益问题入手，充分发挥市场在资源配置中的决定性作用，通过政府与市场的有效配合，协同强化城乡均等的基本公共服务供给，健全基本公共服务标准及定期评估调整机制，适度扩大基本公共服务范围、提高服务标准，不断完善基本公共服务供给体系，提高基本公共服务保障水平。

提高教育质量。建设高质量教育体系，率先实现教育现代化，为河北高质量发展提供全方位的人才和智力支撑。根据人口增长情况，统筹做好学前教育、义务教育和高中阶段教育学校建设和改造提升工作，加快引进京津及国内外优质教育资源。高标准办好学前教育，建成覆盖城乡的学前教育公共服务体系。扩大中小学教育规模，建设城乡教育共同体，推动义务教育优质均衡发展。加快普通高中和中等职业学校建设，高质量普及高中阶段教育。推进北京高校、职业教育学校等通过整体搬迁、办分校、联

合办学等多种方式向雄安新区疏解转移，加快发展高等教育，提高教育服务经济社会能力。

完善社会保障和就业创业体系。探索建立社会保障和就业创业区域一体化新制度，依靠社会保障体系和统一的就业服务体系，保障城乡居民享有较高层次的社会福祉和乐享就业，在适当的时期可参照北京保障标准和就业水平设计安排社会保障和就业创业指标体系。健全多层次、多支柱、可持续的养老保险体系，改革完善城乡居民基本养老保险制度，鼓励居民多缴费、长缴费，增加对低收入群体缴费补助，持续提高城乡居民基本养老金水平。完善统一的城乡居民基本医疗保险制度和大病保险制度，率先探索实行低收入群体政策性医疗补充保险，建立困难人员大病医疗家庭支付封顶制度。完善社会保险关系转移接续政策，形成以社会保障卡为载体的"一卡通"服务管理模式。建立城乡一体化、均等化的就业制度，健全终身职业技能培训制度，加强对农村转移劳动力、新业态新模式从业人员的精准培训，全面提升劳动者就业创业能力。

提高基本公共文化服务均等化水平。坚持高标准规划、高水平投入，努力打造全国领先、世界一流的社会主义文化阵地，既丰富文化内涵又倡导文化价值导向，打造全国文化事业发展示范标杆。深入挖掘公共文化资源的丰富内涵，打造多元化更加贴近人民群众现实生活、喜闻乐见的文化类型和文化品牌。探索公共文化服务新模式，实行公共图书馆、文化馆总分馆制，建设公共文化服务"云平台"，实现城乡公共文化服务资源整合和互联互通。健全基层社区公共文化设施网络，实行公共文化设施全免费制度，提高基本公共文化服务标准，推动基本公共文化服务区域一体化。

2.强化政策支持，大力发展普惠性公共服务

为满足群众更广泛的服务需求，以养老、托育、教育、医疗等领域为重点，扩大普惠性公共服务范围，参照先进地区普惠性公共服务标准，较大幅度地提高普惠性公共服务标准，加大对普惠性公共服务支持力度，鼓励有条件的公共服务供给主体免费或低费对民众开放，保障人民群众能够享受价格可负担、质量有保障的公共服务。

建设育儿友好型社会。围绕解决托育供需矛盾，平衡青年群体家庭职业发展，降低生育、养育成本，积极发展普惠托育和婴幼儿照护服务。制定鼓励三孩生育政策及配套支持措施，探索建立生育成本共担机制，多渠道降低生育、养育、教育成本，促进人口长期均衡发展。大力发展覆盖城乡的普惠托育服务体系，积极引导社会力量举办托育服务机构，鼓励有条件的用人单位提供婴幼儿照护服务，支持幼儿园发展托幼一体化服务。实施学前教育发展行动计划，健全普惠性学前教育保障机制，补齐普惠性学前教育资源短板，全面建成覆盖城乡、布局合理、优质共享的学前教育公共服务体系，实现学前教育普及普惠。

积极发展普惠性养老。建立健全新型养老制度，探索异地养老途径和方式，不断满足群众多元化、高品质养老服务需求。鼓励社会力量参与管理运营社区居家养老服务网络，提供日间照料和助餐助洁助行等服务，建设"15分钟"养老服务圈。引导专业化养老服务机构进社区、进家庭，探索设立家庭照护床位，提升家庭照护能力。增强公办养老机构服务能力，推动培训疗养机构转型发展普惠养老服务，扶持发展普惠性民办养老机构。推进养老机构实现规模化、连锁化、品牌化运营。全面推进智慧养老，推进信息技术与养老服务融合发展，打造数字化养老服务场景。探索具备条件的公办养老机构改制为国有养老服务企业。

发展高水平文化服务。适度扩大普惠性文化服务覆盖范围，显著增加普惠性文化服务供给，提高普惠性文化服务水平，不断满足大众及高端人才多元化多层次文化服务需求。吸引京津优质文化艺术资源向河北转移，放宽文化市场准入，培养具有中国元素的特色文化底蕴和氛围。对标世界先进城市，高起点、高标准推进一批重大文化设施和特色文化街区建设，形成一批具有世界一流水平的国际化、标志性文化设施。

构建新型住房供给体系。满足不同群体住房需求，完善新型住房供给体系，以政府住房供给、共有产权为主体，建立多主体供应、多渠道保障、租购并举的住房制度，实现住有所居、安居乐业，消除炒房、无房、空房等不良现象。制定与住房制度相配套、与开发建设方式相适应的土地供应政策，完善土地出让、租赁、租让结合、混合空间出让、作价出资或入股等多元化土地利用和供应模式。探索不同供地方式下的不动产登记模式，创新购房与住房租赁积分制度。

3.满足多元化需求，适度发展高端生活服务

适应人民群众多样化、个性化、高品质服务需求和消费升级趋势，培育壮大生活服务市场主体，适度增加高端生活服务供给，积极发展能够与公共服务衔接配合的高品质多样化生活服务，作为公共服务体系的有益补充，同时为公共服务提档升级探索方向、拓展空间。

发展优质高端医疗卫生服务。扩大优质医疗卫生资源供给，鼓励社会力量发展高水平医疗机构，放宽医疗机构大型设备配置条件，引进国内外高层次医学科技人才和卫生健康人才，允许设立外商独资医疗咨询机构，推动卫生健康水平与国际接轨。鼓励精准医疗、专科医疗、中医医疗、互联网医疗等高端医疗技术发展。鼓励支持医疗康复、健康管理、心理咨询、中医药养生保健等服务发展。以高端医疗、康复疗养、休闲养生为核心，丰富健康旅游产品。推动健康医疗大数据应用，实现全人群全生命周期的健康管理。

推进文化旅游融合发展。坚持社会主义方向，充分挖掘多层次文化资源，立足高标准规划、高水平建设，以文促旅、以旅彰文，推动文旅深度融合发展，打造全国文化和旅游创新发展高地。突出旅游、文化、生态优势地位，打造京津冀紧密型旅游圈，推动京津冀旅游一体化共享发展。集聚首都和全球优秀文化创新要素和资源，引导高端新型文化和旅游产业集聚，打造创新文化产业高地。坚持景城融合、绿色智慧理念，打造世界级创新旅游城市。实施文化提升工程，创意开发一批融合地域特色的新型文化和旅游产品。

促进家政服务提质升级。家政服务涉及千家万户，与人民群众的生活息息相关，共享发展应该把家政服务作为公共服务体系建设的重要补充，充分彰显全民共享、全面共享。促进家政服务提质升级，加快建立供给充分、服务便捷、管理规范、惠及城乡的家政服务体系。鼓励有条件的家政服务企业

品牌化、连锁化发展，培育龙头企业，支持中小家政服务企业专业化、特色化发展。引导家政企业创新非住家的"点单式服务""分时段服务"新模式，探索实施家政从业人员轮班制度，引领家政服务职业化发展。支持城乡社区综合服务设施设立家政服务网点，推动家政企业以连锁形式在社区设立服务网点，推动家政企业共享社区服务场地。

（四）保障人人享有发展机会

坚持公平正义，推进社会资源公平享有，保障社会自由流动，防止社会阶层固化，给予人民群众同等的教育权和就业权，创造更加民主与文明、更加公平与正义、更加具有创造活力的和谐社会。

1. 立足全民共有共享导向，探索资源有计划开发利用共享途径

资源是区域物力、财力、人力等各种物质要素的总和，是财富形成的重要基础，也是创造社会财富、实现全民共享的重要保障，按照有利于共有共享的基本准则，制定切实可行的有效共享途径。建立健全自然资源、生态资源、文化资源等各类资源管理共享机制，摸清资源家底，建立资源管理共享机制，完善资源资产收益共享机制，打通资源管理"堵点""卡点"，统筹各类资源开发利用，推动各类资源要素人民共享、计划共享。

加强土地资源共享。土地是财富之母，是人民群众最主要的生产资料，特别是对农民来说，参与共享发展的最直接的要素就是土地资源。体现人民群众在共享发展中的主人翁地位，河北要在国家相关法律法规框架下，推动实现多种土地利用共享方式。探索加快农民承包土地流转，以租赁、托管、合作、入股等方式实现共享利用。加强农村集体建设用地、村民闲置宅院清查普查，探索以合作、合股、委托经营等方式实现共享利用。加强农村国有和集体机动用地及未利用地管控，以委托经营、合作经营等方式增加集体收益，拓展农民增收渠道。

推动生态资源共享利用。河北省地形地貌多样，河流、海洋、森林、草原、湿地等生态资源丰富，强化生态资源保护、开发和利用，促进河道整治与提升，加强水污染治理，加大植树造林力度，打造优良的生态环境，实现

全省人民共享蓝天碧水。

推动历史文化资源共享利用。挖掘河北历史文化资源，传承弘扬发展燕赵优秀传统文化，开发具有地域特色的文化产品和服务，形成特色鲜明的文化品牌，增强乡村文化活力。加强公共文化设施建设，巩固公共文化阵地，为实现文化共享打下坚实基础。深挖文化共享潜力，拓展特色文化产业链条，实现更大维度的共享。发展智慧共享文化，利用现代信息技术、数字技术，打造"互联网+文化"，通过互联网展现立体鲜活文化，使居民在共享文化中提升获得感、幸福感。

推动地下空间资源共享。积极利用空间资源，构建功能复合、互联互通、上下协调的地下空间体系。根据城市发展需要，在确保安全的前提下，因地制宜地将变电站、水资源再生中心、给水厂、综合能源站等市政基础设施置入地下。在城市干道、高强度开发和管线密集区，建设多级网络衔接的综合管廊系统，合理布局地下综合防灾社会，形成平灾结合、高效利用的地下综合防灾系统。

推动公共资产资源共享。各类政府机构、国有企业、事业单位、村集体积累下的楼宇、房屋、仓库、学校、广场、庙宇、祠堂等众多公共资产资源，是推动共享发展的重要基础。加快推动集体资产资源底数摸排，制定完善公共资产资源利用方案，以租赁、合作经营、免费开放等方式盘活利用，让公共资产资源惠及广大人民群众。

2.建设社会健康流动机制，打造和谐共生共享美好社会

合理、公正、顺畅的社会流动，是社会充满生机和活力的源泉，是社会公平正义的保障。建立健全社会健康流动机制，破除妨碍社会自由流动的体制机制壁垒，促进人口在区域、行业等各领域有序流动，打造美美与共、欣欣向荣和谐社会，为河北共享发展奠定社会基础。

完善人口区域流动机制。打破区域分割是人尽其才、优化资源配置的重要手段，关键是形成人口特别是人才跨区域流动良性机制。持续深化户籍制度及就业、人事、社保等相关制度改革，消除区域流动壁垒，推动人口在省域内自由流动。完善人才引进机制，吸引高端技术人才、企业和政府管理人

才以及各类急需紧缺人才到河北就业创业。

推动社会阶层流动。随着改革步入深水区，我国出现了社会阶层凝固化和社会流动缓慢化的新趋势，不仅容易产生特权社会阶层，抑制社会活力，而且相对剥夺了基层民众向上流动的公平机会，影响公平正义，与社会主义性质背道而驰。河北应加强用人制度改革，不拘一格选人才，破除户籍、出身、学历等限制，提高用人选人覆盖面。改革干部提拔任用制度，建立健全有利于各类人员向上流动的机制，实现人人享有社会阶层流动的机会。完善教育、就业、收入分配制度，强化人民群众职业技能培训，全面提高各阶层职业能力，提高个人社会阶层流动综合能力。

推动跨行业跨职业流动。行业流动、职业流动体现社会公平分享的重要特征，是增加人民群众发展机会的重要手段，河北应通过制度改革营造全社会跨行业跨职业流动的良好氛围。强化党政机关和事业单位用人制度改革，规范招考选拔聘用制度，保障不同群体发展机会公平。从共享人才要求出发，制定有利于经济共享发展的国有企业招聘、辞退政策，着力打破企业垄断和就业壁垒，推动国有企业员工特别是高层次人才合理流动。完善民营企业用人制度，优化民营企业劳资关系，支持和鼓励民营企业按照市场规律招人用人，保障民营企业招得上、留得住、用得好各类所需职工。

3.维护教育权就业权，开辟社会主义公平正义新篇章

教育权、就业权直接体现着社会公平正义，是促进全社会共享发展的重要手段和路径，为实现人的全面发展提供法理意义上的保障。

维护教育权公平正义。大力发展公办教育，合理发展普惠性教育，保障全体人民群众能够均等地享受教育服务，让教育权公平成为河北的突出亮点。打造以公有公办为核心的义务教育、高中教育、职业教育和高等教育体系，完善各类教育招生制度，形成权利公平、机会均等、资源均衡配置的教育公平保障体系。完善终身教育体系，增加全生命周期再教育机会，确保人人都享有平等的受教育的权利。

维护就业权公平正义。让每个有劳动意愿的劳动者自主择业、平等就业，不仅有利于发挥劳动者的聪明才智和劳动热情，更有利于提高劳动效

率。完善劳动者平等就业政策，落实公平就业制度，加强劳动者就业权益保障，依法维护劳动者自主择业权、平等就业权、信息知情权、公平录用权、违约求偿权，消除就业歧视。加强劳动者就业技能培训，保障各种类型、各类人群劳动者在薪资报酬、劳动安全、社会保险等方面的合法权益。

（五）推进发展成果全面共享

以保障最广大人民的切身利益为根本，立足发展成果由人民共享，健全收入分配制度，努力缩小收入分配差距，拓宽政治参与渠道，切实保障公民政治参与权利，营造和谐社会新风尚，共享社会文明成果，增强人民群众获得感、幸福感。

1. 改革收入分配制度，缩小收入差距

坚持按劳分配为主体、多种分配方式并存，完善要素参与分配政策制度，在不断提高城乡居民收入水平的同时，明显增加低收入劳动者收入，扩大中等收入者比重，缩小收入分配差距，优化收入分配格局。

不断提高人民收入水平。实施居民收入十年倍增计划，不断完善收入增长机制，让人民群众在更高水平上享受改革发展成果。加强职业技能培训，特别是做好失地农民等重点群体的培训和就业创业支持服务，推动实现更加充分更高质量就业。优化政府、企业、居民之间分配格局，支持企业通过提质增效拓展从业人员增收空间，合理提高劳动报酬及其在初次分配中的比重。健全工资合理增长机制，合理调整最低工资标准。完善创新要素参与分配机制，探索知识、技术、管理、数据等要素价值的实现形式。拓宽城乡居民财产性收入渠道，探索通过土地、资本等要素使用权、收益权增加中低收入群体要素收入。鼓励企业开展员工持股计划。深入推进农村集体产权制度改革，壮大农村集体经济。推动农村一二三产融合发展，完善利益联结机制，让农民更多分享产业增值收益。

扩大中等收入群体。扩大中等收入群体规模，构建橄榄型社会结构，让更多人成为分享成果的中坚力量。实施扩大中等收入群体行动计划，激发技能人才、科研人员、小微创业者、高素质农民等重点群体活力，让更多普通

劳动者通过自身努力进入中等收入群体。切实减轻中等收入家庭在教育、医疗、养老、育幼、住房等方面的支出压力，稳定中等收入群体。依法规范收入分配秩序，建立完善个人收入和财产信息系统，依法保护合法收入，合理调节过高收入，取缔非法收入。

发挥收入分配调节作用。充分发挥二次、三次分配作用，使河北成为收入差距最小的地区之一。二次分配更加注重公平，使所有人都享受到公共服务。三次分配反映共建共享的理念，鼓励通过社会化的机制，形成"先富帮后富"的社会风气和相关机制安排。进一步健全激励机制，落实公益性捐赠税收优惠政策，完善慈善褒奖制度，鼓励引导高收入群体和企业增强社会责任意识，积极参与和兴办社会公益事业。大力培育慈善组织，完善持续健康发展机制，畅通社会各方面参与慈善和社会救助的渠道。弘扬"人人慈善"的现代慈善理念，开展全民性慈善活动。

2. 有序扩大政治参与，保障公民分享政治权利

新时代公民的权利意识、自主意识和民主意识不断增强，政治参与诉求明显增加，只有坚持以人民为中心，扩大公民的有序政治参与，并通过多种形式的公民参与，准确把握新时代人民需求变化，提高公共政策的回应力，才能更好地满足人民群众日益增长的美好生活需要，切实增强人民群众的获得感，打造共建共治共享的社会治理格局，维护和谐稳定的社会局面。

强化政治参与的制度化保障。加强公民民主选举、民主决策、民主管理、民主监督等制度建设，保障公民平等享有基本政治权利。在党的领导下扩大人民有序政治参与，坚持和完善人民代表大会制度，加强社会主义协商民主制度建设，保障公民的政治参与权利。不断完善中国共产党和民主党派的吸纳机制，加大对不同阶层、不同职业的优秀群体的吸纳力度，促进公民通过现有政治体系配置的政治资源进行有序的政治参与。

拓展政治参与途径和方式。为公民行使政治权利提供更加广泛的平台，保障公民在更多领域更高层次依法参与政治生活、管理社会事务、表达意愿。充分运用政务信息公开、社情民间征集、人大代表联系群众及咨询会、座谈会、听证会、评议会等各种途径和方式，就改革发展稳定重大问题特别

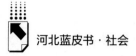

是事关人民群众切身利益的问题进行广泛协商，既尊重多数人的意愿，又照顾少数人的合理要求，广纳群言、广集民智，增进共识、增强合力。

3. 营造全新社会风尚，共享社会文明成果

习近平总书记高度重视社会文明程度的提高，反复强调提高人民思想觉悟、道德水准、文明素养，提高全社会文明程度。物质文明进步了，人民物质生活水平提高了，就必须不断提升人民文明素养和社会文明程度，塑造良好的社会新风尚，增强人民幸福感，推动精神文明和物质文明协调发展，让广大人民群众共享社会文明成果。

推进全域文明创建。推动精神文明建设，提高社会文明程度，让广大人民群众共享和谐社会环境。把社会主义核心价值观融入社会发展各方面，加快建设区域文化高地和彰显文化软实力的现代文明城市。大力推进文明城市、文明村镇、文明单位、文明校园、文明家庭等群众性精神文明创建工作，推动实现新时代文明实践中心建设全覆盖。实施公民道德建设和文化素养提升工程，加强"时代楷模""最美人物""道德模范"的培养和宣传，引导提升全民道德素养和人文素养。坚持"幸福都是奋斗出来的"，持续开展"劳动创造幸福"的主题宣传教育活动，大力弘扬劳模精神、工匠精神，营造勤劳致富、共同富裕的文化氛围。

凝聚全社会共建共享的强大合力。把握新时代新要求，以共建共享理念培育文明风尚，凝聚推动高质量发展的强大精神力量。坚持发展为了人民、发展依靠人民、发展成果由人民共享，激发人民群众在共建共享中实现共同富裕的内生动力。深化各部门、各领域的改革创新，充分激发全体人民促进共同富裕的积极性、主动性、创造性，让每一个人都成为共同富裕的参与者、贡献者、受益者，依靠全体人民的共同奋斗和团结互助，实现共建共治共享的共同富裕。

B.7
社会治理共同体引领构建
基层社会治理新格局

樊雅丽　孙如震*

摘　要： 党的二十大报告指出，完善社会治理体系，健全共建共治共享的社会治理制度，提升社会治理效能。河北要不断坚持和完善共建共治共享社会治理制度，引导并规范城乡人民群众参与社会治理、分享社会治理成果，增强人民群众获得感、幸福感和安全感。建设人人有责、人人尽责、人人享有的社会治理共同体，通过社会治理共同体的构建引领城乡社会建设，推动乡村和城市社会基层治理新格局的形成。

关键词： 社会治理共同体　基层治理　社会结构

　　2012 年党的十八大提出"国家治理体系和治理能力现代化"，"社会治理"正式被纳入党和国家的政策理论研究。研究社会治理的主要目的是协调人民群众之间的社会利益关系，化解各类社会矛盾纠纷，提高社会治理的效能，激发基层社会活力，促进社会认同，实现社会治理共同体的构建。党的十九届四中全会提出坚持和完善共建共治共享的社会治理制度。2022 年，党的二十大报告提出完善社会治理体系，健全共建共治共享的社会治理制度，提升社会治理效能，畅通和规范群众诉求表达、利益协调，建设人人有

---

* 樊雅丽，河北省社会科学院社会发展研究所所长、研究员，主要研究方向为社会治理；孙如震，河北省文学艺术联合会民遗研究中心，主要研究方向为农村社会发展。

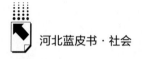

责、人人尽责、人人享有的社会治理共同体。党的二十大报告为今后城乡基层社会治理研究和社会治理共同体的构建指明了方向，提出了社会治理的愿景，充分体现了以人民为中心的服务需求，也使人人参与的人民主体性得到充分发挥。

一 社会治理共同体引领构建基层社会治理新格局

（一）社会治理共同体的提出

提出"社会治理共同体"这个概念是党对社会治理精髓的高度认识和内在规律的确切把握，也是推进社会发展的现实需要。当前我们正处在小康社会全面建成、第一个百年奋斗目标实现和全面建设社会主义现代化国家新征程开启的关键时刻，也是改革发展的关键时刻，机遇与挑战并存。作为新时代社会治理的创新发展，社会治理现代化是推进国家治理体系与治理能力现代化的基本要求，当前和今后必须以推进社会治理体系与治理能力现代化为行动指针，要不断强化以构建社会共同体助力社会治理体系与治理能力现代化的意识。推进社会治理共同体构建，引领现代社会治理新格局的形成，使社会充满活力又和谐有序。

社会治理共同体是共建共治共享社会治理制度落地生效的重要保障。新时代，在经济建设、政治建设、文化建设、社会建设、生态文明建设"五位一体"的总体框架下，社会建设内含共建共治共享的社会治理制度的思想，在此基础上，要充分发挥制度的作用、提升制度的效能，需要充分把握执行社会治理制度的着力点，明确回答"谁来共建、谁来共治、谁来共享"的实践问题。社会治理共同体的构建为上述问题提供了准确的回答，所有城乡人民群众都是社会建设的劳动者、治理者和治理成果的共享者，城乡人民群众是社会建设和社会治理的主体和目的。"建设人人有责、人人尽责、人人享有的社会治理共同体"将充分丰富并完善共建共治共享的社会治理制度。

（二）社会治理共同体引领构建基层社会治理新格局

党的二十大报告指出，完善社会治理体系，健全共建共治共享的社会治理制度，提升社会治理效能。城乡基层社区是整个社会的基础性单元，是进行社会治理的基础性空间和平台，是社会建设的着力点和支撑点，是人民群众幸福生活的家园。基层社区是党和政府联系、服务人民群众的"最后一公里"，加强基层社区治理是提升人民群众获得感、幸福感和安全感的基础性社会保障。共建共治共享社会治理制度的不断完善能够推进社会治理现代化，对人民群众的安居乐业和国家的稳定与安全都具有极其重要的意义。要不断坚持和完善共建共治共享社会治理制度，引导并规范城乡人民群众参与社会治理、分享社会治理成果。

随着经济社会的发展变化，社会结构发生了重大变化，社会治理面临许多新情况、新问题。新形势下，要坚持以人民为中心，坚持问题导向，充分发挥基层自治在社会治理现代化中的基础性和根本性作用。一方面，城乡基层社会治理不是一人一地的事，而是事关人民群众全员全局，所以必须从制度上保障基层人民群众的社会参与权。新时代推进城乡社会治理必须以保障基层人民群众的参与权为利益诉求。在基层社会治理中，要在基层以网格化管理、社会化服务为导向，积极推动城乡基础社区的建设，健全基层社会治理平台，充分发挥好基层社区自治在社区治理中的作用。加强基层群众自治机制建设，完善城乡社区各项民主制度，如民主协商、民主决策、民主监督等，在完善民主制度的过程中实现人民群众的自我管理和自我服务。要积极引导市场主体、社会力量参与社会治理，全面激发基层社会治理活力。另一方面，要持续不断健全党组织领导、村（居）委会主导、以人民群众为主体的新型基层社会治理框架，打造人人有责、人人尽责、人人享有的社会治理共同体。加强基层群众性自治性组织规范化建设，合理确定其功能、规模和事务范围。共建共治共享的社会治理制度是化解人民群众内部矛盾纠纷的有效机制，河北省要在坚持完善基层社会治理平台，强化网格化管理、精细化服务的基础上，畅通群众诉求表达、利益协调、权益保障渠道，完善人民

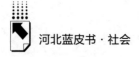

调解、行政调解，健全社会心理服务体系和危机干预机制，健全社会矛盾多元预防、调处、化解的综合机制，努力将人民群众的内部社会矛盾化解在基层。

二 社会治理共同体引领推动乡村基层社会治理

面对乡村凝聚力与向心力不足的严峻形势，构建乡村治理共同体，充分发挥政府在方向上的主导功能与作用，实现国家力量与乡村治理共同体的有机融合。

（一）优化乡村社会治理结构

好的治理可以让乡村发展事半功倍，通过乡村社会治理和构建乡村治理共同体，可以汇聚农民群众的热情、智慧和力量，激发乡村经济社会发展的无限潜能。改革开放前，国家权力融入整个社会生活，权力无处不在。改革开放后，基层组织逐步被赋予了越来越大的自治权，但随着社会的发展，当前乡村社会治理依然保留着浓厚的行政化色彩。优化乡村社会治理结构需要从以下两个方面努力。一是逐步形成党委政府、社会组织、企业及村民群众多元主体"共建共治共享"的社会治理框架结构，需要进一步合理减少行政权力的管控。二是逐步按照人民群众对美好生活的需要增加社会服务的内容。随着城镇化的不断加快，农村社会的利益在不断进行分化，在参与村庄公共事务过程中，基层党委和政府要不断回应村民群众的社会需求，还要按照上级政策要求进行社会管理和服务，社会组织要配合好基层党委和政府的要求，也要回应村民群众的社会需求，村民群众要维护个人利益，又要参与治理村庄公共事务。总之，乡村社会治理要实现多元主体的整体利益，建立村民群众、社会组织及基层党委和政府等主体良性互动的有效社会治理机制，最终实现乡村治理共同体的构建。

（二）提升乡村社会治理效能

乡村社会治理效能的提升要依靠基层党委政府、社会组织、企业及村民群众等多元主体协调一致。首先，要坚持基层党委和政府的积极引导，充分发挥农村基层党组织的引领作用。基层党组织与基层政府对构建多元主体的乡村社会治理共同体起着关键性作用，必须充分发挥基层乡村党员的榜样示范带动作用，必须处理好民主制度和奖惩制度，对有积极作为的人员进行激励，对扰乱农村秩序的人员进行惩治。其次，以民生推民治，提升乡村治理能力。社会治理的核心目标是解决民生问题，推动重心下移、保障下倾、力量下沉，把更多资源下沉到基层，以服务为理念，提升服务水平，更好提供精准化、精细化服务。基层社会治理最有效的办法是将治理寓于服务之中，坚持"放管服"三管齐下，减负、赋权、增能同时发力，将更多的人力、物力、财力配置到基层。

（三）发挥社会组织作用

以基层党组织及基层政府的优势资源为保障，不断培育出专业化的乡村社会组织，为满足村民群众对美好生活的需要提供高质量的专业化、精细化服务。专业的社会组织往往从实践中积累了丰富的公共服务经验，与基层党委和政府相比，在提供专业化社会公共服务方面具有非常强大的优势，能更加敏锐地辨别出村民群众的利益诉求，进而提供精细化、专业化的社会公共服务。在推进基层社会治理的过程中，要持续不断地支持村民群众通过各类社会组织以各类形式参与村庄社会公共事务。村民群众是实现乡村振兴的主体，是构建乡村治理共同体的关键因素，村庄基层社会治理的根本目的就是村民群众更好地实现美好生活，就是整个基层乡村社会的和谐发展。要建立村民群众、基层社会组织、企业等与基层党委和政府互动的社会治理机制，激发村民群众的主人翁意识与社会参与意识，调动村民群众参与村庄社会公共事务的积极性与主动性，培育村民群众的社会治理共同体意识，构建乡村社会治理共同体。

三 社会治理共同体引领推动城市基层社会治理

城市基层社区承载着维护基层社会秩序和谐稳定、提供基本社会公共服务、凝聚社会共识等职责和任务，是国家、市场与社会互动最为频繁、联系最为密切的空间场域。以社会治理共同体推进城市基层社会建设、城市社区建设，为构建基层社会治理新格局提供了方向和选择。

（一）完善城市基层社区协商机制，彰显"社区善治"

城市基层社区治理过去是政府单向度的社会管理和社会控制，如今随着社会治理效能的不断提升，逐渐呈现为党委和政府主导与基层城市社区自治实现同频共振。基层党委和政府要适应新形势新需要，给予基层城市社区自治一定的发展空间，给予城市基层社区一定的治理权力，推动城市基层社区治理达到一定的韧性要求。完善社区协商机制，对城市基层社区社会公共事务的决策关系各类利益主体，决策要基于民主协商实现城市基层社区公共利益最大化，推动城市基层社区居民、社区自治组织等各类主体充分发挥其自治功能，更好实现基层社会治理共同体的利益。同时城市基层社区善治需要各类多元主体积极主动参与，实现真正意义上的善治，推动更多群众参与城市基层社区的公共事务，尤其是投身基层福利、基础设施、公共服务等社会服务领域。不断完善城市社区公共媒介，推进城市基层社区公共生活设施完善。扩大城市基层社区公共交往的空间，以更加多元的方式吸引城市基层社区居民带着"主人翁"意识参与城市基层社区公共事务、公益活动、协商议事等协商与服务。

（二）完善城市基层社区居民参与机制，促进全民参与

提升城市基层社区居民社会参与的积极性，培育民众的参与意识，在发展理念上坚持多元主体共同参与，在价值取向上坚持个体生活与公共生活的一致，在发展路径上坚持宣传教育和引导。

一是培育城市基层社区居民的参与意识，完善社会参与的激励机制。要在城市基层社区开展各类宣传，提升城市基层社区居民对发展、政策以及制度等各方面的了解和认知，增强城市基层社区居民对积极参与社区治理的重大价值与深远意义的认同。

二是利用大数据、区块链等数字技术赋能，构建基层社区的社会参与激励机制，建立城市基层社区居民积极参与社会治理的积分平台，记录并充分实现有效"兑现"，譬如用积分进行日常生活用品等的兑换。城市基层社区居民对社会治理的参与方式日益多样化，居民社会参与意识与自觉性的提升强化了社会治理共同体意识的培育。健全城市基层社区居民参与社会治理的各类方式方法及途径，不断丰富城市基层社区居民的社会公共生活，满足其对美好生活的需要。

三是规范城市基层社区居民的社会参与。对城市基层社区居民参与社会治理的权利与义务等给予明确界定，规定城市基层社区居民参与社会治理的范围和内容。在城市基层社区居民进行社会参与的程序方面，要创新性形成一套全面系统的居民参与程序，形成城市基层社区规章制度。在社会监督机制方面，城市基层社区的党务、政务、财务等信息应及时向居民有效公开，实现社区与居民之间的信息共享，在促进城市基层社区居民进行有效监督的同时也能够强化城市基层社区各类主体间的协同互动，最终实现参与社会治理的制度化、系统化，从而推动构建城市基层社区治理共同体。

（三）推动城市基层社区协同合作，打造"互惠共治"

形成各类主体共同参与的"互惠共治"的社会治理新格局是构建城市基层社区治理共同体的根本目的。坚持"互惠"是实现城市基层社区治理共同体意识培育的基本前提，坚持协同合作共治是实现城市基层社区治理落地见效的根本路径。从城市基层社区居民层面来看，强化对城市基层社区治理共同体意识的培育，加强城市基层社区居民对社区的认同感与归属感，从而促使居民可以更加自觉地积极参与城市基层社区公共事务。从城市基层社区其他主体层面看，将社区公共利益最大化作为积极参与社区治理服务的判断准则，在城市基层社区治理中基于治理共同体意识实现多元主体之间的协商与互动，进一步实现城市基层社区公共事务治理效能的最大化。需要一套科学且高效的协同机制来推动不同城市基层社区主体有效合作，以共享为价值引领，在城市基层社区公共利益最大化的引导下推动各类主体的协同合作，最大限度发挥各类主体的智慧和能量，推动构建城市基层社区社会治理共同体。与此同时，在社会协同治理的过程中，也要充分实现城市基层社区内生动力的培育与各类社会资源的有效结合，以及由党委和政府自上而下的资源供给与由基层自下而上的内生需求的有效对接，从而实现互惠共治。

B.8
共享发展理念下城市更新的政策与路径研究

张齐超*

摘　要： 本报告从共享发展理念视角简要阐述国家层面和河北省省级层面城市更新政策的内容，以石家庄、唐山、沧州、邯郸等设区市的城市更新政策文本为基础，梳理城市更新的规划编制实施体系。各市主要从四大方面推动城市更新行动的规划实施，分别是建立城市更新的领导和统筹机制、建立健全城市更新规划编制和实施体系、创新融资渠道和方式、探索设立城市更新基金。本报告进一步分析了规划管理政策在城市更新行动中发挥的作用，即通过规划指标约束更新单元开发强度，通过更新单元划定和规划评审推动城市空间优化，通过支持性政策推动存量资源统筹使用。

关键词： 城市更新　城镇化　城市规划　共享发展

一　共享发展理念下的城市更新

党的十八以来，党中央提出以"创新、协调、绿色、开放、共享"为核心的新发展理念，其中，"共享"所要回答的是发展"为了谁，依靠谁"的问题，共享发展本质上是一个分配问题，要回答"如何把蛋糕做大以及

---

* 张齐超，博士，河北省社会科学院社会发展研究所助理研究员，主要研究方向为新型城镇化、社会治理、城乡社区变迁。

在蛋糕做大的条件下如何分配蛋糕的问题"。① 共享发展的思想精髓是"以人民为中心",旨在通过改革和制度设计使改革发展成果惠及每个人,不仅强调发展结果上要共享,还强调发展过程的共享和共建,既让人民在改革中形成"获得感",又形成"认同感"和"幸福感"。② 共享发展理念为新时期我国社会主义各项事业建设提供了价值导向,对各项事业的改革和建设具有现实指导意义。

"城市建设既是贯彻落实新发展理念的重要载体,又是构建新发展格局的重要支点"。③ 城市更新作为城市发展到一定阶段的必然举措,是践行共享发展理念的重要领域。城市是各职业各阶层各年龄阶段市民共同生活的空间,广大市民共享城市的基础设施、公共服务设施提供的服务,共享城市经济发展带来的发展成果,因此治理良好的、运转合理高效的城市是共享的空间,是共享发展成果的人居环境。我国城镇化在过去四十多年间取得了飞速发展,2021 年全国城镇化率达到 64.7%,未来还会有更多农业转移人口进入城市生活。在经历数十年发展之后,环境污染、交通拥堵等"城市病"出现在很多城市,城市老城区也逐渐出现老旧小区居住环境较差、基础设施和公共服务短板明显等状况,难以满足人民群众对美好生活的需求;老厂区、老商业区不能满足城市功能调整和空间结构优化的需要。

为适应城市发展的新形势,解决"城市病",促进城市高质量发展,2021 年党的十九届五中全会首次提出实施城市更新行动,这具有重要意义。城市更新主要是对城市建成区空间结构形态和功能进行整治优化,随着我国城镇化步入中后期,城市建设从大规模增量建设转为存量提质改造和增量结构调整并重,城市更新行动成为推动城市高质量发展的必然之举;城市更新行动将城市建设重点转向提升城市品质,这将推动城市开发方式转型;城市更新行动聚焦解决"城市病",聚焦人民群众的"急愁难盼",将有助于推

---

① 王宁等:《共享发展理念研究:让发展成果惠及广大人民》,社会科学文献出版社,2020。
② 王宁等:《共享发展理念研究:让发展成果惠及广大人民》,社会科学文献出版社,2020。
③ 王蒙徽:《实施城市更新行动》,载《〈中共中央关于制定国民经济和社会发展第十四个五年规划和二〇三五年远景目标的建议〉辅导读本》,人民出版社,2021。

动解决城市发展短板，让人民群众获得更加宜居的城市生活环境。[①]

城市更新是"一项长期而复杂的社会系统工程，面广量大，综合性、全局性、政策性和战略性强"[②]，应将新发展理念包括共享发展理念贯彻于城市更新政策和更新行动中，创造更具活力和更加开放共享的城市空间，让人民享受城市发展的成果。城市更新行动战略确定之后，国家、省、市等各级政府出台了一系列政策以推进城市更新，这些政策大体可分为明确城市更新行动内容的政策、规划城市更新的管理性政策。本报告以河北省为研究对象，分别梳理两类城市更新政策的内容和实践，尝试分析和总结当前城市更新领域的政策和实践取得的进展和创新之处。

二　城市更新的理念与政策

（一）国家层面的城市更新政策

十九届五中全会明确提出实施城市更新行动，"十四五"规划进一步提出实施城市更新行动，推动城市空间结构优化和品质提升，将城市更新行动列为"十四五"期间推进的重点工程。随后一系列城市更新相关政策文件相继出台，这些政策文件明确了城市更新的内涵、可创新的路径、需要避免的误区等。2021年4月印发的《2021年新型城镇化和城乡融合发展重点任务》提出要在老城区推进以老旧小区、老旧厂区、老旧街区、城中村等改造为主要内容的城市更新行动，并明确了年度改造任务和目标。中共中央办公厅、国务院办公厅联合印发的《关于在城乡建设中加强历史文化保护传承的意见》提出加快构建多层次多要素的城乡历史文化保护传承体系，遏制建设性破坏行为。住建部印发的《关于在实施城市更新行动中防止大拆大建问题的通知》明确指出，城市更新中要严格控制大规模拆建、增建、

---

①　王蒙徽：《实施城市更新行动》，载《〈中共中央关于制定国民经济和社会发展第十四个五年规划和二〇三五年远景目标的建议〉辅导读本》，人民出版社，2021。

②　阳建强：《城市更新》，东南大学出版社，2020。

搬迁，要注重保留利用既有建筑、保持老城格局尺度、延续城市特色风貌，这表明当前的城市更新行动应关注底线约束，避免重走过去粗放的开发建设老路。2021 年 11 月，住建部确定了全国城市更新试点名单，要求各试点城市探索城市更新的统筹谋划机制、可持续模式、配套制度政策等，为科学有序开展城市更新提供可复制可推广的经验做法。

（二）河北省的城市更新政策

河北省"十四五"规划明确提出要实施城市更新行动，提出要"加大老旧小区、老旧厂区、老旧街区、老旧管网、城中村改造和社区建设力度，积极推进老旧楼宇改造"。河北省住建厅编制印发的《河北省住房和城乡建设"十四五"规划》更为详尽地列出了城市更新的内容，该规划指出"十四五"时期河北省城市更新将从以下 8 个方面推进：推动城市体检促进城市更新、推进老旧城区更新改造、推进老旧管网改造、推进"完整居住社区"和"绿色社区"建设、加快城市生态修复和功能完善、加强城市建筑风貌管控、推进微空间建设和改造以及开展县城建设提质升级专项行动。围绕以上 8 个方面，河北省出台多项政策指导全省城市更新行动。

1. 全面推进老旧小区改造

自 2020 年以来，《关于全面推进城镇老旧小区改造工作的实施意见》《关于进一步做好城镇老旧小区改造工作的通知》等一系列文件发布，河北省提出"十四五"期间全面完成 2000 年底前建成的城镇老旧小区改造任务，鼓励对 2000 年以后建成的城镇老旧小区实施改造。这些文件将老旧小区改造的内容细分为基础类（居民居住安全需要和基本生活需求的内容）、完善类（居民生活便利需要和改善生活需求的内容）和提升类（丰富社区服务供给、提升居民生活品质需求的内容），强调改造过程中应注重居民全程参与，改造方案聚焦居民的"急愁难盼"。

老旧小区改造从多个方面回应了老城区居民的民生需求，一是老旧小区改造范围大，覆盖的市民规模大；二是老旧小区实施分类改造，既聚焦短板和群众急切盼望改造的需求，又提升改造品质、满足多元化需求；三是强调居民的全程参与，从"要我改"到"我要改"，突出共建共享；四是采取资源整合利用机制，推进相邻小区及周边地区联动改造，通过拆墙并院、整片改造等方式，实现服务设施、公共空间共建共享。在政策实践上，河北省石家庄市提供了改造解决"独楼独院"小区管理难题的经验。石家庄市结合城镇老旧小区改造开展"小院变大院"专项行动，投入市财政资金 4000 万元，采取"连片、并入、托管、合作"管理模式，即拆除小区间围墙，把小院变大院，把小院并入相邻的大社区，由物业公司一并管理，或直接将小院托管给临近的大物业公司，从而实现有效服务和管理，专项行动共减少"小、散、独"小区 382 个。①

2. 推进"完整居住社区"和"绿色社区"建设

编制《河北省绿色社区创建三年行动方案》，提出将绿色发展理念贯穿社区设计、建设改造、管理和服务等活动的全过程，改造提升基础设施。河北省印发《关于开展城市居住社区建设补短板行动的实施意见》，该意见公布了"完整居住社区建设标准（试行）"，并要求按照该标准开展居住社区建设情况的摸底调查，以掌握社区各类服务设施和公共空间建设方面的基本情况和存在的短板，开展补短板行动计划，在城市更新改造过程中补齐居住设施建设的短板。《关于申报完整社区建设试点工作的通知》提出在全省范围内开展完整社区建设的试点工作，要求每个地级市和县级市选择 3~5 个社区开展试点建设，试点聚集"一老一幼"设施建设、社区服务设施短板建设。这些政策回应了当前城市社区建设中存在的服务设施不完善、公共活动空间不足、物业管理水平不高等群众突出反映的问题，加快补齐社区短板，提高社区生活体验，让人民群众共享城市发展带来的成果。

3. 补齐市政基础设施建设短板，扩展城市空间、提高城市安全性和韧性

《"十四五"河北省城市基础设施建设实施方案》《河北省城市老旧管网更新改造工作方案》《关于加快市政基础设施建设的四条政策措施》等文

---

① 《住房和城乡建设部办公厅关于印发城镇老旧小区改造可复制政策机制清单（第五批）的通知》（建办城函〔2022〕328 号）。

件，提出结合城市更新行动推动城市道路建设改造，改造老城区"断头路"、支路和背街小巷，补配补建城市停车位，改造老旧燃气、供热和污水管网，推进海绵城市建设等。石家庄市在城市更新行动中实施了北三环和复兴大街市政化改造工程、主辅路连接工程、打通36条规划路等项目。这些项目的实施使城市空间联系更加紧密，拓展了城市交往空间和经济空间，有助于纾解中心城区人口压力，提升中心城区宜居性，为城市发展拓展了新的空间，为城市经济再发展提供了物质承载空间。随着城市"经济蛋糕"越做越大，将有更多人享受到城市发展的成果。

三　城市更新的规划实施路径——基于石家庄、唐山、沧州等设区市的政策分析

河北省各设区市陆续出台多项与城市更新相关的政策，如各设区市均在其"十四五"规划中提出要开展城市更新行动，石家庄、唐山、沧州、邯郸、承德等市还出台了城市更新行动的实施方案或专项规划、专门的城市更新管理办法和相关细则，将城市更新纳入城市空间规划范围之内，并将其细化为具体的实施项目。下面将以各市的城市更新政策文本为基础，梳理城市更新的规划编制实施体系（见表1）。

表1　各设区市城市更新政策

城市	政策名称	政策内容
石家庄市	《关于大力支持省会建设和高质量发展的意见及实施方案》	实施空间拓展工程，在二环内做"减法"，在二环外做"乘法"，合理布局生产、生活、生态三大空间，加快补齐功能短板、补足生态弱项、补上设施空白，还空间于城市，还绿地于人民，还公共服务配套于社会
	《石家庄市城市更新重点项目总体实施方案》	以综合更新片区、老旧厂区、老旧小区、老旧街区、城中村"4区1村"以及基础设施为更新重点，以"点、线、面"结合的思路布局一批城市更新重点项目。全市划定高铁片区、中央商务区核心区、太平河拥河发展示范区、北站区域性片区、留营特色商贸区、自强路金融区等六大城市综合更新片区

续表

城市	政策名称	政策内容
石家庄市	《石家庄市城市更新管理办法》	包括总则、工作机制、专项规划和年度计划、组织实施、支撑政策等内容,明确了城市更新的方式及实施流程
	《石家庄市城市更新基金设立方案及管理暂行办法》	明确了城市更新基金架构、基金规模、基金组织形式、投资方式和投资方向、基金运营模式等内容
唐山市	《唐山市中心城区城市更新"十四五"专项规划(公示稿)》	提出 11 个更新单元指引,确立"1+8+28+N"的更新体系:1 个总体城市更新规划,八大重点领域(城市功能品质提升、公园城市生态修复、历史文化保护利用、老旧小区改造提升、公共服务设施完善、交通系统完善提升、安全韧性城市提升、新城建与智能城市),28 个行动计划(唐山新城更新计划、清水润城计划、山水历史文脉计划、老旧小区改造计划、完整社区计划、城际公交计划、城市大脑计划等),N 个示范项目
	《唐山市城市更新实施办法(暂行)》	包括总则、工作机制、规划编制、单元评审、项目实施、资金筹措、支持政策等内容,明确了城市更新的指导思想、适用范围、工作机制、更新模式、实施步骤等内容
沧州市	《沧州市国民经济与社会发展第十四个五年规划》	引进"社区营造"等先进棚改、旧改理念和战略投资者,改造提升棚户区、老旧小区、老旧厂区、老旧街区。实施大型公园、森林公园等绿化工程。推动工业企业改造升级和退城搬迁,建设中央商务区、示范街区、城市商圈等城市经济新载体。推进火车站、南北新城等片区改造
	《沧州市中心城区城市更新实施办法》	包括总则、实施机制、更新程序及模式、专项规划与区域评估、实施计划、实施方案、资金筹集、政策支持等内容,规定了城市更新的范围、更新原则、规划编制和实施程序等内容
承德市	《承德市国民经济与社会发展第十四个五年规划》	实施老城更新行动,推动城市低效用地再开发,推进城市生态修复和功能完善,强化历史文化遗产保护和永续利用
	《承德市城市更新行动实施意见》	明确承德市城市更新的基本原则和主要任务,通过实施居住质量提升、基础设施提升、市容环境提升、城市风貌提升、道路畅通提升、城市管理提升等六大行动,推动 2021~2023 年城市更新行动
邯郸市	《邯郸市城市更新实施办法(暂行)》	明确了城市更新原则、模式、规划实施机制、支持性政策,确定了城市更新七项重点任务:城镇老旧小区改造工程、城中村改造工程、老旧厂房改造提升工程、城市功能完善工程、城市交通基础设施补短板工程、城市风貌塑造和历史文化保护工程、城市安全韧性建设工程等

（一）建立城市更新的领导和统筹机制

城市更新不仅是建筑层面的物质更新，更涉及生态环境、公共服务、产业、文化遗产等多个层面，以及土地、建筑等复杂的产权关系变动，城市更新与整个城市的空间结构优化、城市发展战略等重大问题紧密相关。这就需要政府加强顶层设计，以强有力的领导机构和完善的协调推进机制推动城市更新行动开展。石家庄、唐山、沧州、邯郸等市均成立了城市更新工作领导小组，以市相关部门、区政府、管委会为小组成员单位。领导小组负责全面统筹城市更新的重大事项、重大问题和更新项目，审定审批城市更新政策措施、实施方案等，并督促检查成员单位工作。领导小组下设办公室，四市均将其设在市住房和城乡建设局，负责城市更新的日常工作。各市的城市更新办法同时还明确了市各有关部门在城市更新中的职责。

（二）建立健全城市更新规划编制和实施体系

"城市更新需要在完备的更新规划约束下才能高质量、高效率地有序进行。"[①] 各市将建立完备的城市更新专项规划和城市更新实施工作体系放在突出位置，以科学完备的规划引领整个城市的有机更新。沧州市将城市更新的实施程序规定为："编制城市更新专项规划，前期调查和区域评估，确定城市更新实施主体，制定项目具体实施方案，项目立项及实施，督导、考核、验收更新项目。"唐山市和邯郸市将城市更新程序规定为：编制城市更新实施方案、城市更新实施方案评估、城市更新实施方案报批、确定城市更新实施主体、组织项目实施。石家庄市将工作体系分为编制专项规划和组织实施两个大步骤，各包含细化的步骤。由自然资源规划部门牵头编制专项规划，区政府以此为依据编制辖区内更新年度计划并报市城市更新领导小组批准，城市更新实施主体编制更新项目实施方案，确定更新项目的"更新范

---

① 中国人民大学国家发展与战略研究院、高和资本联合课题组：《中国城市更新论坛白皮书（2020）》，http：//nads.ruc.edu.cn/docs/2021-06/3715e84cdce04c69b10dc95db4f84b19.pdf。

围、内容、方式及建筑规模、使用功能、建设计划、土地取得方式、资金筹措方式、运营管理模式等"①。其中，城市更新专项规划在城市更新规划制定中居于统领位置。城市更新专项规划确定了城市更新的范围、规模、中长期目标、控规指标等，城市更新的更新单元划定、年度计划、项目实施方案等都以专项规划为重要依据，专项规划对城市更新进行整体引领。城市更新专项规划同时要与国民经济与社会发展规划纲要、国土空间总体规划等上位规划保持一致。

城市更新单元是管理和布局城市更新活动的基本空间单位。② 专项规划下是更新单元规划，城市更新单元"综合考虑基础设施和公共服务设施的相对完整性，以道路、河流等自然要素或产权范围为边界"，城市更新区域可划分为若干个更新单元，涵盖一个或多个更新项目。从规划编制流程来看，唐山市和邯郸市的城市更新管理办法均规定需要将城市划分为若干个城市更新单元，并对更新单元进行评审，在更新单元规划或实施方案确定后，再编制城市更新年度计划，计划需要涵盖更新项目、实施主体、实施进度安排等更具体的内容。沧州市则规定城市更新工作主体（中心城区辖区政府、管委会）要按照城市更新专项规划实施城市更新区域评估，并形成评估报告，报告包括片区评估、划定的城市更新单元以及城市更新的必要性和可行性论证。

城市更新的调查评估制度也是规划编制实施体系的重要一环，通过城市评估得以合理确定城市更新的需求和相关细节。2021 年河北省选择唐山市、邢台市、邯郸市、宁晋县等 8 个设区市和县开展省级城市体检试点，并在2022 年推动城市体检在设区市全覆盖。城市体检围绕"生态宜居、健康舒适、安全韧性、交通便捷、风貌特色、整洁有序"等方面展开，以全面掌握和评估城市建设运行中存在的问题，同时推动城市体检成果与城市更新紧密结合，依靠城市体检发现的城市建设问题和短板，各市县政府得以确立城

---

① 《石家庄市城市更新管理办法》（石政规〔2021〕6 号）。
② 刘昕：《城市更新单元制度探索与实践——以深圳特色的城市更新年度计划编制为例》，《规划师》2010 年第 11 期。

市更新计划和项目，以更加科学有序的城市更新行动推动城市补短板和高质量发展。唐山市强调城市更新调查评估的重要性，规定"未完成既有建筑状况调查评估的，不得实施城市更新"[①]，同时还规定城市更新调查内容包括基础数据调查、文化遗产调查、公众意愿调查，整理辖区建成区的现状基础数据、需保留保护的建筑清单，并结合城市体检评估结果，建立健全城市更新数据库。此外，城市更新规划编制能够深入结合城市体检结果，形成城市体检先于城市更新、"无体检，不更新"的机制。

（三）创新融资渠道和方式，动员多方力量参与城市更新

城市更新对资金的需求量是非常大的，能否创新融资渠道和方式、形成多元化的资金筹措格局及高效的资金运作模式，影响到城市更新能否顺利开展以及更新的范围和规模。按照各地城市更新管理办法规定，城市更新资金主要包括各级财政安排的城市更新资金、金融机构融资资金、参与城市更新的市场主体投入的资金、土地使用权人和房屋所有权人自筹资金以及其他符合规定的资金。

财政投入是城市更新的重要资金来源，各城市的城市更新管理办法均要求各级政府加大财政投入力度，包括安排城市更新专项资金、积极争取中央和省预算内资金、发行或申请专项政府债券，同时统筹各项建设领域的财政资金，如用于城镇老旧小区改造、棚户区改造、保障性租赁住房、排水防涝等领域的财政资金，并将其用于城市更新。除此之外，还可以将部分城市更新项目开发形成的土地价款用于城市更新。财政资金可采取资本金注入、投资补助、项目补助、贷款贴息等方式，对城市更新项目给予支持。财政资金还以参与设立城市更新基金的形式，撬动社会资本投入城市更新，以此形成更大规模的城市更新资金支持。

金融机构的融资在城市更新行动中发挥重要作用，成为众多城市重要的更新资金来源，弥补了城市财政资金不足的短板。石家庄市创新市场化融资

---

① 《唐山市城市更新实施办法（暂行）》（唐政发〔2021〕9号）。

模式，为其石煤机地块城市更新项目争取到国家开发银行河北分行的 20 亿元贷款，贷款期限为 20 年，采取市场化运作方式进行还款，即市政府支持实施主体（市属国企）通过市场方式开展后续综合开发，以综合开发形成的经营性收益构建市场化还款现金流。这一融资模式"不增加政府债务、不依托财政兜底、不涉土储贷款"①，为城市更新提供了可持续、可复制的融资路径。沧州市在城市更新中加强与中国建设银行的战略合作，获得中国建设银行 200 亿元信贷额度，同时印发《深化与建行战略合作城市功能提升工作专班实施方案》，提出充分利用这一信贷额度推进城市更新，其中 185 亿元信贷支持用于棚户区改造、城中村改造、城镇老旧小区改造、主城区城市内涝和水环境综合整治等项目，10 亿元信贷支持用于新建和改建保障性租赁住房，5 亿元信贷支持用于社会投资方筹集租赁市场房源。② 其他城市也积极探索融资的路径和模式，如唐山市积极争取国家开发银行贷款，获得国家开发银行 5.1 亿元贷款资金，并将其用于老交大城市更新单元项目，融资期限 20 年。

社会资本可以通过多种方式参与城市更新，包括对城市更新项目的直接投资、间接投资、委托代建等，还可以通过设立城市更新专项基金的方式参与城市更新。土地使用权人和房屋所有权人自筹资金也是社会资本投入的一种方式，这在老旧小区改造、城市危房改造等更新项目中体现较多。石家庄市政府印发的《关于加快市区 1975 年以前危旧住房更新工作的实施意见（试行）》提出，危旧住房采取成片改造方式的，由市区两级政府平台公司和社会资本参与实施，采取原址翻建方式的，所需资金由房屋所有权人承担。石家庄市还通过设立城市更新基金、对建设公共设施的市场主体提供资金补助、推动市场主体与金融机构对接获得贷款支持等方式充分调动社会资本的积极性。

① 《创新融资模式　助推城市更新》，石家庄市住房和城乡建设局网站，2021 年 11 月 22 日，http://zjj.sjz.gov.cn/html/hydt/gjdt/20211122/8433.html。

② 《沧州市印发〈深化与建行战略合作城市功能提升工作专班实施方案〉》，河北新闻网，2022 年 1 月 6 日，http://cangzhou.hebnews.cn/2022-01/06/content_8703952.htm。

（四）以城市更新基金形式进行融资和资金运作

石家庄市以"政府引导、市场运作、滚动使用、科学决策、防范风险"为原则设立城市更新基金，发挥财政资金的引导和撬动作用，吸引社会资本，为城市更新提供资金支持。2021年印发《石家庄市城市更新基金设立方案》《石家庄市城市更新基金管理暂行办法》，这些文件规定了城市更新基金设立的形式、规模、运作和管理方式等。石家庄市城市更新基金的组织形式是公司制，以市场化方式运作，由专业人员进行专业化管理，基金聚焦政策导向，支持城市更新。基金规模为100亿元，市本级筹集城市更新资金20亿元，再引进若干基石投资人及基金管理公司，募集社会资本80亿元，以债权投资方式投入基金公司。基金采取"母子基金"的模式运作，基金通过与有实力的房地产资本、建设资本、物业管理资本、产业资本、金融资本等社会资本共同发起设立若干子基金的方式，拉动社会投资500亿元。在投资方式上，基金既可以直接投资城市更新项目，也可以通过与社会资本组建子基金的方式，投资城市更新项目。在投资方向上，基金用于长安区、新华区、桥西区、裕华区内的老旧小区改造、棚户区改造等城市更新项目。

（五）规划管理政策在城市更新中发挥的作用

规划指标约束更新单元开发强度。容积率是控制城市更新强度的重要指标，石家庄市以容积率刚性管控更新单元的开发强度，以此将城市建设理念"二环内做减法、二环外做乘法"落到实处。石家庄市明确规定降低二环内房地产项目开发规模，将新建项目容积率控制在2.0以下。例如，石家庄市煤机城市更新项目在地块控规动态维护时调低居住用地面积、扩大公共服务用地面积，不仅杜绝高强度房地产开发，还专门拿出60%以上的地块规划建设工业遗址保护区、公建配套区、现状保留区等功能分区，优先保障公共服务设施用地，降低了单位空间内的人口密度，缓解二环内人口与公共服务之间的供需矛盾，从而提升了人们的城市居住和生活体验度，以更加多元的城市功能更新满足人民群众多样化的服务需求。在防止大拆大建方面，唐山市城市更新实施办法对更新单元的拆建比例做出约束：城市更新单元（片区）或项目内拆除建筑面积不应大于现状总建筑面积的20%，拆建比不应大于2，居民就地、就近安置率不宜低于50%，城市住房租金年度涨幅不超过5%。[①]

更新单元划定有助于城市发展空间合理化。以石家庄市和唐山市公布的城市更新实施方案和规划为例，《石家庄市城市更新重点项目总体实施方案》将主城区城市更新区域划分为6个城市更新片区，以更新片区为单元统筹推进片区内旧村、街道、厂房、仓库、空地等改造，通过优化规划布局、完善配套设施、改善景观风貌等方式推动片区有机更新。《唐山中心城区专项城市更新规划》提出唐山市的城市更新聚焦城市功能品质提升、历史文化保护利用、老旧小区改造提升、公共服务设施配套完善等八大重点领域，这些重点领域的重点任务需要落实到城市更新单元之中，进而落地成为具体的城市更新项目，该规划将唐山市分为11个更新单元[②]，以更新单元指引布局城市更新行动计划和更新项目。

存量资源统筹使用。各城市的城市更新管理办法或实施办法均对城市更新项目中的"边角地""夹心地""插花地"等零星土地如何使用做出规定，即可与周边用地整合实施，重点用于完善片区公共服务设施，这有助于提高城市土地的利用效率、优势存量资源配置。例如，石家庄市主城区土地资源紧张，球类运动场地不足，在2022年的城市更新行动中，石家庄市利用拆违腾退地、街头路旁空闲地、公园绿地、城市广场等边角地、闲置地，挖掘面积近16万平方米，建成了209个高标准球类运动场

---

① 《唐山市城市更新实施办法（暂行）》（唐政发〔2021〕9号）。

② 具体为路南区原点片区城市更新单元、路南区老交大城市更新单元、路北区弯道山城市更新单元、路北区青龙湖滨水区域城市更新单元、高新区李各庄河滨水区城市更新单元、路北区团结里老旧小区和完整社区城市更新单元、开平区四街片区城市更新单元、古冶区金山片区城市更新单元、曹妃甸城区东部更新单元、丰润区还乡河片区生态文旅示范更新项目、丰南南湖西区城市更新单元。

地，有效满足群众多样化、多层次的健身需求，也提高了城市存量土地资源的使用效率。①

四 总结

本报告梳理了自实施城市更新行动以来，中央和河北省在推动城市更新方面出台的政策，重点以石家庄、唐山、沧州、邯郸等设区市为例，阐述城市更新规划管理政策和实践。政策内容和实践反映出当前城市更新理念、方式、模式等诸多方面的特征。

一是树立规划引领理念，制定和完善城市更新规划编制实施体系。城市更新是复杂的综合性工程，需要在完备的城市更新规划约束和指引下科学有序地开展。通过编制城市更新专项规划和更新计划实现对城市更新区域的划定，确定更新规模与范围，在规划指引下通过城市更新实现城市空间结构优化、功能完善、产业升级，既能避免城市更新的盲目性和无序性，又能避免城市更新走上运动式、无约束性、大拆大建的旧路。但目前来看，城市更新规划编制实施体系尚不健全，仍以部分城市的探索为主，在国家层面和省级层面缺乏明确完备的政策支持，亟须在总结各地先行经验的基础上，建立健全更高层次的、更加完备的、具有可操作性的更新规划政策体系。

二是在发展理念上，"共享发展"在当前城市更新行动中得到深入贯彻。从国家、省、市各级政府出台的城市更新政策来看，"着眼民生需求，突出公共优先"是重要特征。本报告提到的各城市都将满足人民群众的民生需求、补足城市公共服务和公共设施短板列为城市更新的重点，沧州等市提出"从人民群众最关心最直接最现实的利益问题出发"，通过城市更新改善民生。石家庄市提出"将群众更新愿望强烈的片区优先纳入更新范围"

① 《石家庄209个街边球场全部竣工　新竣工场地正有序向社会开放》，河北省体育局网站，2022年11月14日，https：//sport.hebei.gov.cn/quanshengtiyuxinxibolan/2022/1114/19512.html；《石家庄："挤"出200多个球场　点燃市民健身热情》，石家庄市体育局网站，2023年1月3日，http：//tyj.sjz.gov.cn/col/1507789587643/2023/01/03/1672707031624.html。

"加快补齐功能短板、补足生态弱项、补上设施空白，还空间于城市，还绿地于人民，还公共服务配套于社会"。

三是在防止大拆大建的基础上，坚持"留、改、拆"三种模式并举，以保留、改造为主，拆除重建为辅，严格控制大规模拆除，严格控制大规模增建，严格控制大规模搬迁。大拆大建是资本逻辑主导下的城市开发模式，大拆大建不仅可能会抹除城市历史脉络和文化机理，还极易在资本逐利的驱动下造成人口居住过度集中、不同群体的居住隔离等社会问题。城市更新应重视对城市文脉和肌理的挖掘与延续，注重保护具有历史文化意义的建筑，注重城市功能的完善，重视地方社会关系网络的延续，实现城市有机更新。

四是积极探索政府主导、市场运作、社会参与的可持续的城市更新模式。城市更新的资金需求特点是所需资金规模巨大、资金回报率有限、资金使用周期长，财政资金无法支撑城市更新的资金需求，这就需要发挥政府在城市更新中的规划引领、政策支持、资源配置作用，通过财政资金杠杆作用、税费优惠、合理补贴等措施吸引社会资本；还需要以市场化模式进行融资方式、资金运作方式创新，推动城市更新从"开发模式"走向"经营模式"；政府还需要协调城市更新涉及的多利益主体间的关系，动员社会各层面力量参与城市更新，因为协同治理水平越高，城市更新实施的难度就越小、质量就越高。

B.9
社会资本驱动农村公共文化供给创新的
路径研究[*]

郑萍 郝雷[**]

摘 要: 农村公共文化建设离不开社会资本支持,社会资本强调文化的内
生动力,为农村文化建设提供了一个全新的维度,使农村文化建
设呈现不同于以往过于依赖外部动力的建设思路。当前,农村公
共文化建设遭遇社会资本驱动力不足的困境,主要表现为文化主
体意识淡薄、现代社会资本缺失、制度约束不强、规范性社会资
本不足、文化供给模式单一、横向社会资本匮乏、民间文化资本
力量薄弱,无法对文化发展形成有效支撑。亟须不断丰富优化社
会资本,加强民间文化组织引导,发掘利用传统乡土文化,推动
传统社会资本向现代社会资本转型,强化公共意识,丰富社会信
任资本,构建多元参与网络,拓展横向社会资本,强化制度要
素,以制度规范消解社会资本负效应,进而提升农村公共文化建
设实效。

关键词: 社会资本 公共文化 内生动力

随着乡村振兴战略的深入推进,农村社会生活呈现新时代新气象,农民
群众对精神文化生活的需求水平不断提高,农村文化建设日益成为乡村振兴

* 本报告系 2019 年度河北省社会科学发展研究课题(编号为 2019030303010)的成果。
** 郑萍,河北省社会科学院社会发展研究所副所长、研究员,主要研究方向为社会治理和公共
 文化;郝雷,河北省宏观经济研究院经济师,主要研究方向为城乡经济、社会问题。

的关注焦点。农村公共文化建设引入社会资本，强调文化的内生动力，这为农村文化建设提供了一个全新的维度，使农村文化建设呈现不同于以往过于依赖外部动力的建设思路。本报告对社会资本与农村公共文化建设相互作用关系进行探讨，分析农村公共文化建设中社会资本驱动力不足的困境，探求通过丰富优化社会资本来提升农村公共文化建设实效的有效路径。

一　社会资本与农村公共文化建设

社会资本概念最早由法国社会学家皮埃尔·布尔迪厄引入社会科学研究中，布尔迪厄从关系主义角度出发研究社会资本，他认为"社会资本是指某个人或某个群体凭借拥有一个比较稳定、又在一定程度上制度化的相互交往、彼此熟悉的关系网而累积起来的资源的总和"。[①] 他将个人可以有效动员的关系网络的规模作为衡量社会资本强度的重要指标，个人通过多层面互动，从自己所处的关系网络中获得的资源越多，则其拥有的社会资本越多，这个过程中制度化互动是保证社会资本有效性的必要条件。科尔曼认为嵌入社会结构中的社会资本可以为个体提供行动支撑，具有生产性，有利于此结构中的人采取行动。帕特南强调社会资本的社会组织结构特征，认为通过推动、协调等方式可以提高行动的社会效率。受帕特南思想的影响，后期社会资本理论研究者多从信任、规范和关系网络三个维度，对社会资本存量进行结构分析。

随着我国农村经济发展水平显著提升，物质生活日益富足，公共文化建设日益成为满足群众更高精神层面需求的重要途径。目前，农村公共文化建设存在内生动力不足、过多依赖行政外力推动、供给形式单一的问题，无法满足群众日益增长的多元精神文化需求。虽然国家加大了文化投入力度，但更多注重基础设施硬件的投入，较少关注农民公共意识和归属感的培育，农

---

① 〔法〕布尔迪厄：《科学的社会用途——写给科学场的临场社会学》，刘成富、张艳译，南京大学出版社，2005，第18页。

民参与公共文化的自觉意识不高，农村公共文化建设的实效并没有随着投入的增多而增加，政策执行存在形式主义的倾向。实践表明，农村公共文化服务面临的一系列社会困境，可以通过丰富农村现代社会资本得以缓解，进而提升农村公共文化服务的实效性。

从社会资本的结构来看，信任、互惠和合作是其构成的关键因素，社会资本的增加意味着个体之间互动合作频率的增加，农民在频繁的社会交往中公共意识不断增强。将社会资本视角引入农村公共文化建设中，有利于解决公共文化建设内生动力不足的问题，通过强化农民间的信任关系，增加农村社会资本存量，提升农民集体行动能力，激发农民参与公共文化建设的积极性和自觉性，并在具体实践过程中逐步内化为一种潜在动力，促进农村公共文化健康持续发展，回归公共文化建设的初衷。

农村公共文化建设已成为实现乡村振兴的迫切要求和重要内容，政府对农村公共文化建设的支持必须实现"送文化"和"种文化"的结合，将培育农民的文化自觉作为公共文化建设的重要目标，增强文化发展的内生动力，社会资本为培育农村文化建设的内生机制提供了新的思路。

二 农村公共文化建设存在的问题

（一）文化主体意识淡薄，现代社会资本缺失

当前农村社会处于快速转型时期，传统熟人社会资本虽有所弱化，但仍占有一定比重，现代社会资本力量薄弱，家族内部整合信任程度较高，表现出一定的封闭性和排他性，农民在进行公共选择时以合作对象的亲疏关系为信任标准，缺少理性的自主判断，这种传统低层次的社会信任不利于农民公共意识的培养，社会网络范围难以进一步向外扩展。与此同时，市场经济对农村社会结构的改造日益深入，农民之间关系呈现功利化、原子化和疏离化趋势，利己主义冲击着传统乡村道德，利益价值观成为农民文化参与的主要价值判断和价值选择，他们普遍不愿为义务参与文化建设而牺牲个人经济利

益。调研发现，约一半的被访农民认为文化活动无法带来经济收入，参与兴趣不高。同时，青年外出打工，农村的人员流动性较强，以乡村为单位的地域认同日益弱化，农民间的信任度不断下降，乡村共同体建构面临个体化、原子化的困境，农民公共观念缺失，合作意识淡薄和合作能力不足等问题日益突出。

受传统思想观念影响，多数农民习惯于被组织，习惯于各种动员之后的被动参与，对公共文化生活缺乏参与热情，没有把参与公共文化建设当成自己的权利和义务，习惯于做公共文化生活的旁观者，更谈不上对传统优秀乡村文化进行创新发展，这造成公众话语权在现代公共文化服务体系建设中的严重缺失。农民在文化建设中处于"集体无意识"状态，倾向于随大流的非理性消极应对方式，不利于农村文化的创新性转化和发展。

（二）制度约束性不强，规范性社会资本不足

虽然农村发展进入新时代，但在财政"分灶吃饭"的背景下，基层政府仍然难以摆脱片面追求经济发展的路径依赖，更多注重经济发展指标，将成效显现缓慢的文化建设等软性指标置于边缘位置。虽然国家一直强调建设现代农村公共文化服务体系，推动人的全面发展，但在具体实施过程中，基层政府更多注重加大文化设施等外部硬件的供给，而忽视对农民公共文化观念等内在发展能力的培养。调研发现，由于公共文化建设短期内难以彰显政绩，文化建设难以成为基层政府关注的重点，一些公共文化设施因缺乏日常维护而搁置废弃。基层政府对农民自发开展的公共文化活动没有给予相应支持，这不利于农村公共文化发展内生动力的形成。同时，受传统城乡二元体制的影响，农村文化消费能力有限，优质文化资源难以向农村延伸。

（三）文化供给模式单一，横向社会资本匮乏

农村公共文化服务多由政府提供，更多采用单向的、输入式的供给方式，呈现一种政府"办文化"的现象，尚未形成多元参与推动农村公共文化建设的合力。受基层政府工作精力的限制，政府单一供给模式容易忽略农

民的实际文化需求，千篇一律的文化供给导致形式主义倾向。调研发现，近几年河北省开展的农村免费播放电影的"送文化"活动，由于农村没有室内观影空间，冬天室外放映电影，电影观看率偏低，为农村配送的书籍和文化节目存在陈旧老化的问题，书籍利用率和节目的观看率普遍偏低，无法满足农民的实际需求。

行政化的公共文化供给模式将重任压到基层村委会，村委会人员有限，事务性工作千头万绪，文化建设常常被边缘化，一些文化活动开展存在形式主义的倾向，处于应付上级考核的被动状态，这种供给模式往往以行政化命令为主，无暇听取村民的意见和建议，村民多是被动参与。同时乡村治理缺乏畅通的需求表达渠道，村民有关精神文化的真实需求无法纳入基层政府文化决策中，导致一些文化基础设施的利用率和文化服务项目的参与率偏低，呈现文化"供给过剩"的假象。同时文化服务供需错位使政府文化供给流于形式，无法得到农民的积极响应，也加剧了村委会与村民的紧张关系，造成干群之间的信任弱化。

基层政府文化建设的"越位"与"缺位"导致农村关系网络的失效，政府在文化建设过程中孤军奋战，缺乏调动企业及社会组织参与积极性的主动意识，没有最大限度整合各种力量，使文化筹资难度加大，无法获得更为充足的资金支持，难以满足群众日益增长的文化需求。

（四）民间文化资本力量薄弱，无法对文化发展形成有效支撑

我国农村社会结构呈现"哑铃形"状态，以民间社会组织为代表的中间力量薄弱，两头分别是强大的政府和数量庞大的原子化个人、家庭。与城市相比，农村社会组织一直处于缓慢发展阶段，尤其民间文化社团呈现数量少、规模小等特点，参与者仍以老年群体为主，参与人数少，且人员不稳定，多数是以休闲活动为主的文娱类社团，没有进行正式的社会组织登记，缺乏规范化的制度约束，这也限制了其与外部组织的合作，使其自身的合作网络无法有效与外界资源对接，限制了其融资渠道，社会资本在文化内生中的正效应没有得到充分发挥。农村民间文化组织生命活力有限，处于低水平

发展阶段，还无法成为农村文化事业发展的重要支撑。调研发现，多数民间文化组织存在资金短缺的现象，当文化活动需要资金购买工具时，文化组织一般会将费用分摊到每一位组织成员身上，限制了文化组织的可持续发展。此外，农民合作意识和参与意识薄弱，这使得农村民间文化组织缺乏生存发展的土壤，更难以发挥配置文化资源的作用。

三　社会资本驱动农村公共文化供给创新的路径思考

（一）加强民间文化组织引导，培育农村民间文化力量

民间组织是基于平等权利的横向社会资本的典型代表，其发展水平是衡量公民参与网络健全与否的重要指标。民间组织通过开展公共交往活动，引导农民走出家庭、走向社会，突破狭隘的家族意识，增强其公共参与意识。民间组织是农村社会资本的土壤，农村社会资本的积累需要培育多元化的社会力量，尤其要支持民间文化组织发展。农村文化组织来自民间，这些民间文化组织最能契合农民的兴趣爱好，最能激发农民内在的文化热情，将农民有效地组织凝聚起来，实现农民的"自我娱乐、自我表现、自我教育"。一要注重乡村文化精英培养。作为农村文化服务的中坚力量，乡村文化精英具有拓展社会网络的能力，是乡村与外部社会资本连接的重要媒介。因此在农村公共文化建设中，要有意识地挖掘农村文化骨干、文化能人、文化名人、民间艺人，为文化精英提供可以充分发挥其才能的空间舞台，多种形式为其开展培训，提升其文化服务的专业化水平。二要依托社工组织的培育体系，积极培育农村文化类社会组织，加强对民间文化社团的专业指导，提高其发展的规范性和资源整合的有效性，充分发挥其灵活性与公益性的优势。三要加大政府对农村民间文化组织的扶持力度，政府购买服务向农村民间文化组织倾斜。考虑到农村民间文化组织大多存在资金来源不畅的问题，可以探索实施项目申请制，既可以激发农民的文化热情，又可以为其活动开展提供资金支持。

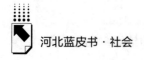

（二）发掘利用传统乡土文化，推动传统社会资本向现代社会资本转型

传统乡土文化是农民在长期的共同生活中形成和积淀的，深深嵌入农民的日常生活中，既是农民的共同文化活动方式，也是蕴含诚信、合作等价值认同的社会资本。农村社会蕴含着丰富的优秀传统乡村文化，在农村社会快速转型中部分传统文化被不断边缘化，甚至濒临消失，要利用现代影像技术对濒临消失的文化进行抢救性记录。此外，农村公共文化服务要充分发挥传统文化更具乡土气息、更贴近农民生活、更容易得到农民认可接受的优势，引导农民在传统文化传承保护过程中，积极参与农村文化建设，并在参与过程中推陈出新，将现代文明融入其中，增进有益成分，消解不良因素，进行文化的继承、创新与发展，凸显乡土文化的时代特色。同时，在整合传统文化资源的同时，要主动进行制度创新，促进传统社会资本向现代社会资本转型，为农村公共文化可持续发展提供良好的保障。

（三）强化公共意识，丰富社会信任资本

农村正处于社会转型时期，虽然以血缘和地域为纽带的熟人信任资本占有一定比重，但随着现代社会制度向农村的延伸，传统的社会信任受到冲击，而契约型的现代社会信任机制尚不完善，这导致农村的整体社会信任度呈现下降趋势，也使公共文化服务的多元合作供给陷入集体行动困境。因此，大力培育社会信任是农村公共文化建设不可回避的路径选择。一要增强文化凝聚作用。加强文化资本建设，转变以往重经济轻文化的治理模式，丰富以公共观念为核心的社会信任资本，强化农民互惠合作意识，进而缓解集体行动困境和降低集体活动成本。多渠道筹集资金，增加农村文化设施的投入，充分利用外出富裕农民的乡村情结，拓展农村社会资本，主动争取外部资本支持。二要积极开展宣传教育。充分利用多种舆论工具，开展内容丰富、形式多样的新时代文化宣传教育活动，培育新型农民，树立团结、互助、信任的精神，强化农民公共意识，重建社会信任与互惠资本，营造互助合作的社会氛围。三要开展公益价值观教育。引导农民突破囿于个体和家庭的狭隘思维方式，站在农村社会的高度，相互帮助，合作共事，强化农民积极参与的主体意识，进而提高农村社会的普遍信任水平，提升社会资本存量。四要鼓励引导农民在公共文化参与过程中，拓展参与网络，激发潜在的文化参与意识和合作意识，培育农村社会认同感和归属感，提升农民的文化发展能力，最终形成乡村文化发展的内生动力。

（四）构建多元参与网络，拓展横向社会资本

农村公共文化服务的供给不应是自上而下的单向输入，而应是政府与农民的双向沟通与合作治理，这是国家与公民社会的最佳结合状态。新时期农村公共文化建设必须突破政府供给的单一模式，构建多元协同供给网络。一要积极构建多元参与网络，着重构建横向的多元参与网络，在信息水平流动和成员关系平等的基础上，加强各行动主体间的合作，有效解决集体行动困境。农村公共文化建设要想走出政府唱独角戏的困局，就要搭建公共文化服务沟通交流平台，拓宽企业、社会组织、农民的参与渠道，适度降低入门条件，将更多的主体纳入公共文化服务供给网络。以市场手段进行文化资源配置可以有效破解农村公共文化供给低效的问题，发挥企业的效率优势，提升农村公共文化服务质量。农村公共文化多元参与网络的构建可以重建政府、社会、市场之间的信任关系，营造多主体相互信任的社会氛围，提升社会资本总量。二要以活动促进社会资本积累。积极开展群众文化活动，探索活动项目申请制，鼓励农民自觉创新文化活动形式，基层政府可以适当给予其经费支持和活动场地支持，帮助聘请专业老师给予指导，在提升文化活动品质的同时增强村民的文化自信，有利于农村文化活动有序开展。文化活动可以将村民重新组织凝聚起来，打破彼此孤立的原子状态，增加相互信任与交流。村民在参与文化活动的过程中，对乡村共同体的认同感和归属感得到潜移默化的加强，为有序参与农村其

他公共事务积累了社会资本。三要畅通需求表达渠道。建立村民文化需求表达机制和沟通机制，充分利用现代信息技术手段，引导鼓励村民积极参与公共文化事务决策，以合理的方式充分表达文化需求，使文化参与成为村民参与乡村治理的一种重要方式。文化需求是超越个体、家庭的公共需求，可以将村民个体联结起来，使他们围绕共同利益主动进行沟通交流，最终达成一致。在需求表达和沟通的过程中，由于村民有着共同的利益和行动目标，且彼此相互支持，形成相互支撑的社会网络，农村社会的整体信任水平得以提升，村民的文化主体意识得以激发，文化自觉性得到提高。

（五）丰富公共文化服务制度要素，以制度规范消解社会资本负效应

规范完善的文化制度是农村公共文化有序健康发展的重要保障，可以弥补传统社会资本制度软约束的不足。现代公共文化服务体系有效持续运行有赖于日益规范完善的现代制度，制度建设是确保公共文化服务公平，保障村民获得文化实惠、共享文化成果的关键要素。一要强化乡规民约的时代特征。充分发挥群众监督作用，通过非正式的道德约束机制强化村民文化参与意识，建立适当的奖励机制，树立文化参与的先进典型，并适时进行奖励。同时，对文化破坏和文化牟利行为进行通报批评，保障村民平等的文化参与权利，使村民真正成为公共文化建设的参与者、受益者和监督者。二要推动绩效评估科学化。完善农村考核评估体系，提升公共文化评估指标比重，增加农村满意度评价指标权重，使村民的真实文化感受成为农村公共文化服务评估的重要维度。探索引入第三方评估，科学确定评估内容和形式，提高评估的透明度和公正性。三要多渠道增加农村公共文化投入。加大公共财政对农村文化的投入倾斜度，建立财政对农村文化建设投入的稳定增长机制，增加转移支付和文化专项支付比重，缓解农村文化经费短缺困境。鼓励各类社会资本投向农村公共文化建设领域，制定税收等优惠政策，为社会力量参与农村文化建设营造优质的服务环境。

参考文献

〔美〕詹姆斯·科尔曼：《社会理论的基础》（上册），邓方译，社会科学文献出版社，1999。

〔美〕罗伯特·帕特南：《使民主运转起来》，王列、赖海榕译，江西人民出版社，2001。

林岩：《城乡一体化下农村社区文化内生机制研究——基于社会资本的视角》，《东岳论丛》2014 年第 7 期。

陶国根：《社会资本理论视域下的现代公共文化服务体系建设》，《江西行政学院学报》2015 年第 4 期。

王桂兰：《社会资本关照下的农村社区文化建设问题》，《经济研究导刊》2013 年第 25 期。

胡洪彬：《农村公共文化服务有效供给的现实困境与策略创新——基于社会资本理论的视角》，《重庆邮电大学学报》2012 年第 3 期。

B.10
数字技术支撑下河北省智慧健康
养老新模式研究[*]

张　丽　李珊珊[**]

摘　要： 智慧健康养老是提高政府部门健康养老服务效率、优化健康养老服务市场供给、助力老年人共享数字红利的有力支撑。本报告在总结河北省智慧健康养老发展状况和已有模式的基础上，发现其存在部门管理职能发挥不到位、相关产业发展尚不成熟、行业标准体系不完善、数据整合专业化程度较低、产品适老化水平不高等问题，并从创新智慧健康养老体系化运营模式、打造河北省智慧健康养老场景应用模式、建立河北省智慧健康养老区域特色合作模式、构建线上线下健康养老资源融合发展模式四个方面提出河北省智慧健康养老模式发展之路。

关键词： 数字技术　智慧健康养老　河北省

新发展阶段是推进基本健康养老保障向优质健康养老服务升级的重要机遇期，科技创新是推动健康养老服务高质量发展的有力引擎。国家和河北省先后出台《"十四五"国家老龄事业发展和养老服务体系规划》《"十四五"健康老龄化规划》《河北省养老服务体系建设"十四五"规划》《"十四五"

---

* 本报告系河北省创新能力提升计划项目软科学研究专项"促进河北省健康养老与科技融合发展对策研究"（编号为 22556201D）阶段性研究成果。
** 张丽，河北省社会科学院社会发展研究所副研究员，主要研究方向为老年社会学、青年社会学；李珊珊，河北省宏观经济研究院高级经济师，主要研究方向为人口经济学。

健康老龄化行动计划》等一系列规划，均将健康养老作为民生事业的重要组成部分，并提出要不断提升数字科技和信息化的支撑能力。数字科技赋能健康养老，可提升政府部门健康养老服务效率，优化健康养老服务市场供给，帮助老年人融入数字社会、共享数字经济红利、乐享数字美好生活，智慧健康养老是推进健康中国和实施积极应对人口老龄化国家战略的必由之路。

一　河北省智慧健康养老发展状况

（一）以顶层设计为抓手，智慧健康养老服务平台建设稳步推进

河北省注重规划引领，2022 年河北省先后出台《河北省养老服务体系建设"十四五"规划》《"十四五"健康老龄化行动计划》，将构建智慧健康养老服务体作为发展重点，提出探索"互联网+老年健康"服务模式，建设一批智慧健康养老示范企业、园区、街道（乡镇）、基地，开展一批智慧健康服务示范项目。两项规划为河北省在"十四五"时期发展健康养老事业指明了方向和路线，对助推全省科技赋能健康养老发展起着重要的指引作用。

河北省推进智慧健康养老服务平台建设，推动互联网、物联网、云计算、大数据等数字科技与健康养老服务相结合，采用"统一部署、多级应用"的模式，积极开发建设了河北省养老信息管理系统和养老信息数据库，促进信息化平台集中存储、共享共用数据资源，对各类涉老人员和养老机构信息进行统一管理，还积极打造河北省养老服务系统，为社会需求方提供养老服务资源查询和预约等服务，进一步提高精准供给能力。

截至 2021 年底，河北省 13 个市（含定州市、辛集市）已实现主城区养老服务综合信息平台全覆盖，邯郸等地开通了市级"互联网+养老"智慧平台，实现"市、县（市、区）、乡镇（街道）、社区"四级互联互通，采取"老人线上点单、智慧平台派单、线下企业接单"的一刻钟服务圈模式，就近为有需求的老年人提供助医、助餐、助洁、助浴等"菜单式"便捷服

务。河北省部分地区探索建立县、乡、村三级联动的农村"互联网+健康养老"新模式,主要依托县养老服务指导中心和智慧服务平台提供积分互助养老、智慧助餐等服务。河北省所有农村地区实现特殊困难群体紧急医疗呼叫系统覆盖,省市级急救中心全部实现信息化指挥调度,河北省农村地区33万余名失能半失能、鳏寡孤独老年人配备了紧急医疗呼叫系统,大大提高了农村老年群体的安全感。

(二)以示范带动为突破,智慧健康养老应用试点建设扎实推进

河北省以"大健康"为理念,加强老年人群健康保障,积极推动移动互联网、物联网、大数据等数字科技与健康养老服务融合发展,创建智慧健康养老服务示范基地、示范街道(乡镇)和示范企业,注重医养远程协同合作,在一定程度上提升了全省智慧健康养老的供给水平。

河北省重点支持一批智慧健康养老应用试点示范建设。2017~2021年,河北省已创建国家级智慧健康养老服务示范基地1个、示范街道(乡镇)5个、示范企业6个(见表1)。示范街道(乡镇)和示范基地分布在廊坊、沧州、唐山。示范企业分布在秦皇岛、石家庄、廊坊、衡水、邢台。主要是信息技术应用型公司、康养产品产研销于一体的科技型公司和医养结合服务型公司,大多数公司与政府部门建立合作关系,提供系统平台运行、智能设备应用等智慧健康养老服务,重点围绕健康监测、安全监控、康养照护、康复辅助、心理慰藉等方面开展服务。

表1 2017~2021年河北省国家级智慧健康养老应用试点

试点	试点名称	入选年份	所在地区
示范企业	康泰医学系统(秦皇岛)股份有限公司	2017	秦皇岛
	中科恒运股份有限公司	2019	石家庄
	河北志晟信息技术股份有限公司	2020	廊坊
	河北瑞朗德医疗器械科技集团有限公司	2021	衡水
	河北数港科技有限公司	2021	秦皇岛
	邢台市爱晚红枫医养服务有限公司	2021	邢台

续表

试点	试点名称	入选年份	所在地区
	沧州市泊头市解放街道	2017	沧州
示范街道(乡镇)	廊坊市固安县固安工业区街道 廊坊市固安县固安镇 廊坊市固安县牛驼镇	2017	廊坊
	唐山市路北区乔屯街道	2017	唐山
示范基地	廊坊市固安县智慧健康养老示范基地	2017	廊坊

河北省积极开展老龄健康医养结合远程协同服务试点工作，截至 2021 年底，共有 18 家单位被确定为国家级试点机构，还与北京协同合作，举办医养结合机构医疗卫生专业技术人员线上培训，培训人员覆盖面达 98% 以上。

（三）以科技创新为动力，健康养老新技术研发与产品应用步伐加快

河北省有康泰医学系统（秦皇岛）股份有限公司、中科恒运股份有限公司、河北志晟信息技术股份有限公司等十余家科技企业进入智慧健康养老领域，这些企业致力于智慧健康技术研发，已开发出"智能健康设备及数据服务应用系统""互联网智慧医疗/养老服务系统""国民健康云数据平台""智慧健康养老服务平台"，全省多地已依托信息平台开展远程联网的智慧健康养老服务。

针对家庭、社区、机构等不同应用环境，河北省各地通过政学合作研发、智能产品应用等方式，积极推进数字科技在健康养老服务上的应用，多角度、全方位推动健康养老服务智能化。如唐山滦南县民政局和华北理工大学燕山研究院共同打造的"一键呼叫"智慧养老中心，通过大数据平台采集信息，提供健康养老服务；张家口市向辖区内老年人推广"智能腕表"，推进自助便携式健康管理类可穿戴设备、智能养老监护设备等在健康养老领域的应用。

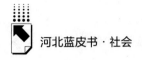

（四）以资源整合为纽带，多元化智慧健康养老管理服务持续推进

河北省多地以数字科技赋能居家社区养老运营、老年人健康管理、老年人日间照料等多元化服务，整合多种线上线下健康养老服务资源，推动智慧养老服务系统平台、智能穿戴设备、数字生活场景、智慧养老院等在家庭、社区和养老服务机构的运用，架起老年人与健康养老服务提供者之间的"云端桥梁"。11个地市均在积极探索社区居家养老管理系统服务模式、智能化社区养老医疗服务模式，建立集智能呼叫、社区养老、远程诊疗、康复理疗于一体的养老服务驿站、居家养老服务信息化平台、社区日间照料信息化平台、全民健康信息平台，为有需求的居家老人提供智能设备"点单"上门服务。

石家庄市推进"时间银行"智慧互助健康养老模式，解决无人照顾长者的服务难题。沧州市开启"生活场景数字无障碍"健康养老服务模式，对卧床护理、智能看护、智能陪伴、家庭照护床位4个居家老人日常生活场景进行数字化重建，实现养老需求研判、服务标准化建设、服务资源汇聚三个方面的显著提升。张家口市万全区创新"物联网+智慧健康养老"服务模式，依托中国移动物联网技术，研发具有紧急求助、精准定位、一键寻呼、可视管理等功能的"万全老人宝"服务系统，主要解决独居老人急病紧急求助、走失定位等问题。张家口市赤城县打造"智慧养老综合信息服务平台+电话或线上小程序呼叫+助老照护员"服务模式，为全县60岁及以上特别是农村独居孤寡和经济困难的高龄、失能老年人，提供上门日常照料服务。

聚焦疫情防控形势下，老年人在生活消费、出行、就医、办事等场景中遇到的智能技术运用困难和需求，中国电信廊坊分公司启动"智慧养老"示范项目，提供老年人紧急求救呼叫、共享实时位置信息、采集实时健康数据以及与子女实时互动通信、挂号买药和陪聊陪诊等服务。河北省各地网信、科技、健康、民政等部门推动老年人健康科普进社区、进乡村、进机构、进家庭，充分利用国家"健康中国"新媒体平台、各类短视频平台、养老机构、科普园地等阵地，为老年人提供健康科普服务，老年大学"社区网校"帮助老年人提升智能技术运用能力。开展打击整治养老诈骗专项行动，河北银行、中信银行、中国移动等多家服务企业帮助老年人提高防止电信诈骗、防止"高科技手段"诈骗等防骗意识和能力。

二 河北省智慧健康养老发展面临的问题

（一）政府部门在智慧健康养老的职能发挥上存在"重政策、轻统筹"的问题

河北省在智慧健康养老模式推进方面缺少统筹协调管理部门，存在重复投入、各自为政的现象，"信息孤岛"现象比较严重，从统筹全局角度出发的规划和设计较少，发布的政策性文件主要是分散在各领域中、较为宏观的倡导性和扶持性政策，对工作的全面开展和具体实践的指导作用有限，难以充分发挥政府部门的统筹指导作用。调研显示，相较于江苏、浙江等先进省份，河北省部分地区健康养老信息化服务平台建设较为滞后，尤其是农村地区问题更加突出，家庭、社区与健康养老服务机构之间尚未实现信息互联互通，健康养老上门服务内容较为单一、覆盖范围有限，尚不能完全实现"一体化、一站式"服务。

（二）智慧健康养老仍未形成成熟的产业发展模式

河北省目前涉及健康养老领域的信息基础设施网络仍不完善，智能产品制造产业发展不足，智能设备制造与服务提供、综合管理等环节的连接性不强，相关产品和服务的供给明显不足，尤其是提供智慧医疗、智慧出行、网上点餐、在线教育、智慧金融产品等服务的适老化科技产品或软件较少，相关产业人才相对匮乏，尚未形成支撑健康养老产业发展的成熟的产业链条，特别是市场服务者仍以中小企业为主，它们的技术基础和研发实力都十分有限，健康养老产业发展模式仍处于探索阶段。

（三）智慧健康养老缺少规范化的行业标准体系

智慧健康养老是随着互联网、大数据等信息技术的普及而兴起的新兴领

域，上海、江苏、山东等地已建立智慧健康养老行业标准，相较于这些省份，河北省起步较晚，尚未建立完整的制度体系和规范的标准体系，很多企业在提供相关服务时缺乏指导，服务水平和服务质量参差不齐，影响了整个行业的发展。随着大量社会资本进入相关行业，行业内对市场监管的需求也越来越高，亟须建立起一套完善、规范的行业监管体系。

（四）智慧健康养老的数据整合专业化程度较低

现有信息技术已经能够较为成熟地对健康养老数据进行采集和获取，但智慧健康养老产品存在分散性、多样化等特点，产品、应用和系统间互联互通还存在一定困难，数据集成度和应用程度较低，难以进行数据整合和处理，难以转化为有效的信息，同时，智慧健康养老服务日常检测数据的分析和实时处理水平还有待进一步提升。

（五）老年人健康养老的科学化水平亟待提升

与年轻人相比，老年人接触新知识、了解新发展趋势的机会日渐减少，他们的科技素养水平普遍偏低，再加上大数据、人工智能等信息技术快速发展，智能化服务广泛应用，一些新技术应用服务并未完全考虑老年人的需求，缺少个性化、针对性设计，不能充分发挥其作用。老年人面临的"数字鸿沟"问题日益凸显，部分老年人面对智慧健康养老产品和服务感到"束手无策、进退两难"。尤其是农村老年人、高龄老年人在网络预约诊疗、扫码付款、使用打车软件、网络订票等方面遭遇数字盲区，"出行难、就医难、支付难"导致部分老年人对智慧健康养老服务和产品出现无所适从或排斥抵触的现象，对新技术、新产品的无所适从已成为困扰老年群体现实生活的"绊脚石"。

三　推进科技支撑的河北省智慧健康养老模式创新

随着数字科技的快速发展，智慧健康养老模式在提升健康养老服务的精准管理和服务水平、提高健康养老资源的利用率等方面发挥着越来越重要的作用，已成为推动健康养老服务高质量发展的重要引擎。

（一）强化链式平台建设，创新智慧健康养老体系化运营模式

智慧健康养老服务平台是推进健康养老服务信息化、智能化的核心和基础载体，应构建标准统一、数据共享、协同运行的平台体系，为开展智慧健康养老服务提供数据和技术支撑。

依托智慧城市运行"一网统管"平台，开发城市智慧健康养老管理服务平台。制定统一的行业标准和数据标准，推动社会保障、社会救助、殡葬、户籍等人社、医保、民政、公安等部门信息数据共享，建立数据交换机制，建设城市涉老信息数据库，开展涉老数据深度挖掘和分析利用。与各类智慧健康养老服务平台对接，推动平台资源整合分配、全流程监管和评估，构建"互联网+智慧健康养老"生态链。

加强社区智慧健康养老服务平台建设，开展社区居家智慧健康养老服务。推动该平台与城市智慧健康养老管理服务平台对接，以社区家庭为服务主体，老龄人群为服务对象，通过配置智能终端、开展在线医疗和网络助老服务等方式，在门户网站、App、小程序中嵌入"数字健康养老地图"，聚合线上线下资源，汇集更加灵活、个性化的涉老数据，构建集健康管理、医疗服务和养老服务于一体的"平台+服务+老人+终端"服务模式，满足老年人多元化的健康养老需求。

建设基于区块链的智慧医养平台，推动医疗机构和养老机构数据互联互通，增强老年人的数据隐私安全，为老年人提供定制化、精准化服务。推动平台与城市涉老信息数据库对接，实现多平台间的数据标准统一和共享，探索智能终端数据与平台间的互通互认，推广"一站式"健康养老服务模式。

（二）注重数智实践拓展，打造河北省智慧健康养老场景应用模式

以老年人健康养老需求为中心，聚焦老年人日常生活涉及的高频事项，细化推广智慧健康养老应用场景，推动老年人数字素养教育发展，帮助老年

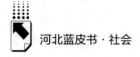

人跨越"数字鸿沟",充分释放智慧健康养老的服务价值。

研究发布河北省智慧健康养老应用场景需求清单和应用场景落地指引,引导企业和机构围绕三个层次场景,即家庭和社区健康管理、老年人健康预防与促进、康复辅助训练、"互联网+医疗健康"等智慧健康场景,家庭养老床位、社区日间照料、智慧助老餐厅、虚拟养老院等智慧养老场景,居家上门服务、智慧养老院、医养结合服务等综合场景,开发普适性强的产品及系统,提供整合性解决方案,推动产品与场景深度融合,形成一批兼具推广性、实效性的智慧健康养老服务场景,提升智慧健康养老服务的精确度和实用性。

积极推进各地智慧健康养老应用场景落地示范,推动在老年友好型社区建设、社区嵌入式养老、适老化改造等项目中加入智慧健康养老场景,实现一体化落地;培育一批具备较强科技创新力、较为成熟市场服务模式的企业,创建若干社会参与广泛、应用效果明显的示范乡镇(街道),打造一批区域特色鲜明、经济带动作用显著的示范产业园区(基地),形成可复制、可推广的智慧健康养老场景应用模式。

实施新时代老年人"数字扫盲工程",聚合政府、社会、民众等多方力量,通过成立老年科技大学、设置数字场景体验馆、开设数字技术培训课程等方式,提升老年人数字素养,帮助老年人了解智慧健康养老产品和服务,变"数字鸿沟"为"数字红利"。

(三)推进多业态融合发展,打造河北省智慧健康养老区域特色合作模式

立足河北省资源禀赋、文化基因、产业基础和区位优势,推动智慧健康养老产业与休闲旅游、文化教育、先进医疗器械和康复辅具制造等产业融合发展,深化京津冀健康养老服务协同发展,打造具有河北特色的智慧健康养老新产品、新业态、新模式。

整合特色资源推动智慧健康养老与中医药养生、健康旅游、文化教育等业态融合发展,打造"智慧健康养老+特色服务"发展模式。依托河北省自

然、人文、中医药等资源，大力开发"互联网+森林康养"、田园康养、温泉康养、海滨康养、休闲康养、文化体验康养、中医药康养等项目，培育树立特色智慧健康养老服务品牌，形成具有河北特色的多业态融合智慧健康养老服务集聚地。

依托产业基础推动智慧健康养老与先进医疗器械、康复辅具制造等产业融合发展，打造"智慧健康养老+先进制造"发展模式。坚持产品制造智能化、配置服务专业化、服务主体多元化发展方向，鼓励先进医疗器械与康复辅具制造领军企业参与智慧健康养老服务平台建设，以产品推广应用为切入点拓展智慧健康养老服务范围，实现智能产品制造与智慧健康养老服务的无缝对接、联动发展。

发挥区位优势推进河北省智慧健康养老服务与京津资源深度对接，共同打造国内最具影响力和活力的智慧健康养老发展新高地。推动京津冀智慧健康养老政策衔接、资质互认、标准互通、资源共享，探索组建京津冀区域智慧健康养老合作平台，立足京津巨大的高端康养消费潜力，借助京津资金、人才、技术等高端要素资源和医疗、养老等优质公共服务资源优势，在环京津地区规划建设一批"医、护、养、学、研"一体化智慧健康养老机构，引领全省智慧健康养老服务高质量发展。

（四）推动虚实双线并行，构建线上线下健康养老资源融合发展模式

线下健康养老服务资源是发展智慧健康养老的核心和基础，应进一步强化科技支撑和基础设施保障，加强专业服务人员队伍建设，着力提升健康养老服务质量，构建线上线下协同发展、便捷高效的智慧健康养老服务体系。

提升配套设施智能化水平，加快互联网、大数据、物联网、人工智能、5G 网络等信息技术和智能硬件在健康养老领域的创新应用，统筹推动城乡健康养老服务设施和设备智能化改造升级，促进健康养老服务设施从"基础硬件"向"基础硬件+智能软件"升级，打造智慧健康养老的数字底座。

提升科技创新能力，围绕生命健康、生物技术、人工智能、大数据等领

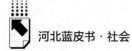

域，建设高水平技术研发基地和科研应用转化平台，加快共性关键技术联合研发，推动老年智能产品适老化改造和"老年版"App研发应用，支持健康监测、康复护理、残障辅助、慢性病治疗、智能看护、应急救援等可穿戴设备及智能终端产品开发，为开展智慧健康养老服务提供科技支撑。

提升专业人员服务能力，加强智慧健康养老服务专业学科建设，加大复合型人才培养力度，加强掌握医疗服务、康复护理、养生养老、健康管理、社会工作、数据分析等多学科知识的"养老管家"队伍建设，在智慧健康养老服务平台上为老年人提供全方位、精细化、个性化的便捷高效健康养老服务，打通智慧健康养老"最后一公里"。

参考文献

国务院办公厅：《关于切实解决老年人运用智能技术困难实施方案》，2020年11月15日。

河北省人民政府：《河北省养老服务体系建设"十四五"规划》，2022年4月14日。

河北省卫生健康委员会等十八部门：《"十四五"健康老龄化行动计划》，2022年6月30日。

邹翔：《数字社会建设既要智能化更要人性化》，《中国党政干部论坛》2020年第12期。

曹凯等：《"百千万智慧助老"公益行动的探索与启示》，《中国社会工作》2022年第23期。

《邯郸："互联网+"让老人有了贴心助手》，河北省人民政府网站，2022年11月24日，http://www.hebei.gov.cn/shoujiapp/15087087/15087127/15432111/index.html。

B.11
共同富裕背景下推进河北省
老年社会救助高质量发展研究

郭雅欣*

摘　要： 老年社会救助是人口老龄化日渐加剧、相对贫困多维治理背景下应对老年贫困的最后一道防线，对有效提升老年群体生活福祉、扎实推进共同富裕战略擘画具有重大意义。老年社会救助具有突出的必要性与紧迫性，体现在老年群体致贫因素多、脆弱性突出、脱贫难度大三个方面。河北省多措并举发展老年社会救助及养老服务事业并取得重大成效，但仍面临识别难度加大、救助标准较低、救助内容供需错配、代际贫困传递突出、"谋发展"项目偏少等五方面挑战。基于此，本报告借鉴先进省市经验，立足河北省实际，提出五大针对性举措，包括提高社会救助瞄准率、提升社会救助水平、拓展创新救助方式、制定家庭养老支持政策、推动开发式助老扶贫，以期为推进河北省老年社会救助高质量发展提供借鉴与参考。

关键词： 社会救助　共同富裕　老年贫困

党的二十大报告指出："健全覆盖全民、统筹城乡、公平统一、安全规范、可持续的多层次社会保障体系。"社会救助是社会保障体系的最后一道

---

* 郭雅欣，河北省社会科学院科研组织处四级主任科员，主要研究方向为社会保障、社会工作、社会治理。

防线，作为弱势群体的老年人，其由于脆弱因素易叠加，更需予以关注、帮扶与救助，因而老年社会救助对治理老年贫困、促进社会和谐、实现共同富裕意义重大，如何推进老年社会救助高质量发展也成为人口老龄化日渐加剧、相对贫困多维治理背景下的重要议题。

一 老年社会救助的必要性与紧迫性

老年社会救助对有效提升老年群体生活福祉、扎实推进共同富裕战略擘画具有重大意义，其必要性与紧迫性体现在老年群体的致贫因素多、脆弱性突出、脱贫难度大三方面。

（一）老年群体更易陷入贫困

老年群体更易陷入贫困的原因在于老年人具有生理层面、家庭层面、社会层面的多重劣势。"贫困生命周期理论"指出，贫困周期的曲线表现为 W 式波动，不同生命周期呈现不同的贫困风险，其中贫困风险峰值最高的三个时期分别为幼年时期、结婚时期、老年时期。[1] 进入生命周期衰老阶段后，老年人的生理机能逐渐退化导致其身体素质下降，老年人易因病致贫或因病返贫；从家庭方面来看，老年人与贫困子女的代际关联也会造成老年人贫困，老年人因向子女提供过多的支持而陷入贫困，如子代高额彩礼等带来的代际剥削导致父子两代因婚致贫。从社会方面来看，老年群体年轻时受教育机会的缺失对其工作、经济状况产生负面影响，这部分老年人更易贫困。与此同时，我国无论是政策体系、社会环境，还是个体意识，对相对低效的老年群体有着严重的歧视以及情感冷漠，导致老年人话语权缺失且被排斥在劳动力市场之外，因而老年人更易陷入贫困境地。[2]

---

① 段洪波、吴震：《河北省老龄人口贫困问题研究——基于河北省 14 个县的田野调查》，《河北大学学报》（哲学社会科学版）2018 年第 1 期。
② 孙鹃娟、杜鹏：《中国人口老龄化和老龄事业发展报告 2016》，中国人民大学出版社，2017。

（二）老年群体脆弱性突出

贫困与脆弱相互作用、相互加强，老年贫困导致老年人生理、心理、社会参与、家庭等多维度、多层面的脆弱，具体表现在：经济困难使老年人生理健康水平下降，贫困老年人面临更为严峻的看病难与看病贵的挑战，在基本医疗保障和卫生服务的可及性上，他们往往面临最困难、最不利的态势，易出现"小病扛，大病拖，重病才去住病房"的现象，以及"因病致贫、因贫致病、贫病交加"的恶性循环；经济困难往往是老年人贫困及其他各种养老困境的根源，由于娱乐资源、社交资源匮乏，其精神慰藉需求、社会参与需求难以获得满足，相比于非贫困老年人，贫困老年人的生活满意度、家庭和睦度、个人幸福感均较低，导致贫困老年人心理层面、社会参与层面脆弱性增强，并由此成为"具有显著脆弱性的弱势群体"。[①] 此外，贫困老年人易失智失能，家庭照护者由于需要对贫困老年人进行生活照料，导致其被迫减少劳动时间或者直接退出劳动力市场，从而加重家庭经济负担，增强家庭层面的脆弱性。

（三）老年群体脱贫更为艰难

对于青壮年群体而言，可通过教育、就业等途径有效提高其发展能力与脱贫能力，而对于丧失全部或部分劳动力、健康水平较低、受教育水平较低的老年人而言，其家庭经济基础较差，加之收入波动性大，通常只能维持基本生活，导致老年群体抵御风险能力薄弱和持续发展能力不强，一旦遭遇重大自然灾害、社会风险和疾病等不良情况，容易因病返贫、因火返贫，往往难以实现稳定脱贫，[②] 即老年群体自我脱贫能力较低，因而老年人脱贫更多地依赖社会救助制度，随着经济发展速度的放缓与人口老龄化程度的加深，老年社会救助制度带来的公共财政负担愈来愈重，使得老年群体脱贫事业面临诸多困难。

---

① 胡宏伟、蒋浩琛：《多维脆弱与综合保护：困难家庭老年人群体比较与反贫困政策迭代》，《社会保障研究》2020年第4期。

② 王贤斌：《中国转型期农村社会救助问题研究》，中国社会科学出版社，2016。

二 河北省老年社会救助事业的发展现状

(一)河北省社会救助及养老服务事业的发展成效

为治理老年贫困、提升老年人生活质量,河北省高度重视老年社会救助及养老服务事业的发展。截至2022年5月,全省共保障低保对象163万人、特困人员25.4万人、低保边缘人口47.5万人,实施临时救助7.8万人次,[①]有效兜牢兜实民生保障底线。如图1所示,2018~2021年河北省城乡人均低保标准逐年增长,城市人均低保标准从2018年的每月596.5元增长到2021年的每月710.3元,农村人均低保标准从2018年的每月355.9元增长到2021年的每月463.7元。此外,河北省对6类群体250余万低收入人口开展动态监测和常态化救助帮扶,不断健全完善高龄津贴、经济困难高龄老年人

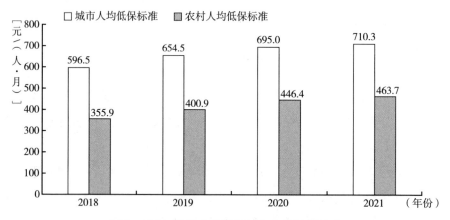

图1 2018~2021年河北省城乡人均低保标准

数据来源:根据民政部省级分季度数据整理。

[①] 《社会救助实现三个转变!河北省共保障低保对象163万人》,河北新闻网,2022年5月27日,https://hebei.hebnews.cn/2022-05/27/content_8802195.htm。

养老服务补贴和经济困难失能老年人护理补贴制度，惠及 130 余万老年人。[1] 健全农村留守老年人关爱服务体系，建立动态调整的留守老年人信息台账，加强走访探视和照料服务，提供生活照料、精神慰藉等关爱服务。[2]

完善全省养老服务设施与体系，实施社区居家养老服务能力提升工程、养老服务提质增能民生工程、特困人员供养服务设施改造提升工程。全省城镇（街道）居家养老服务中心覆盖率达到 100%，社区日间照料服务设施实现城镇社区全覆盖，农村互助养老取得长足发展，医疗服务实现全覆盖，多种老年助餐模式得到推广。[3] 积极推进特困老年人家庭适老化改造，根据河北省民政厅网站资料，邯郸、衡水、石家庄、秦皇岛、保定已分别完成 1511 户、1082 户、4614 户、1044 户、2672 户特殊困难老年人家庭居家适老化改造，为特困老年人改善居住环境、防范生活风险提供扎实保障。

大力推进养老服务供给稳步增长，如图 2 所示，2019 年第一季度至 2022 年第一季度河北省养老机构及床位数量均呈上升趋势，增速虽有所放缓，但整体上近三年河北省养老机构及床位数量均保持增长态势，养老机构数量从 2019 年第一季度的 1253 家增加到 2022 年第一季度的 1792 家，增长了 43.02%，养老机构床位数从 2019 年第一季度的 17.1 万张增加到 2022 年第一季度的 23.8 万张，增长了 39.18%，有力地推动了河北省养老服务的高质量发展。

（二）河北省老年社会救助高质量发展面临的现实挑战

河北省社会救助及养老服务事业在取得重大发展成效的同时也面临诸多

---

[1] 《河北省民政厅多措并举保障好困难群众基本生活》，河北省人民政府网站，2022 年 9 月 2 日，http：//www.hebei.gov.cn/hebei/14462058/14471802/14471750/15418978/。

[2] 《牢记习近平总书记殷殷嘱托　扎实做好民政兜底保障工作》，《中国社会报》2022 年 3 月 24 日；《省民政厅完善民生兜底保障相关措施　持续优化救助服务　保障困难群众基本生活》，《河北日报》2022 年 7 月 6 日。

[3] 《始终牢记殷切嘱托　为民爱民砥砺前行》，河北省民政厅网站，2022 年 7 月 7 日，https：//minzheng.hebei.gov.cn/detail？id＝1042773。

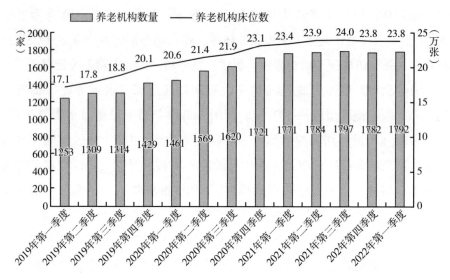

图 2　2019 年第一季度至 2022 年第一季度河北省养老机构数量及床位数

数据来源：季度民政统计分省数据。

挑战，包括在老龄化加剧与流动性增强的趋势下救助识别难度加大、救助标准低水平运行与滞后性调整导致救助效果欠佳、救助项目的相对单一性与需求的多层次性"供需错配"、老年贫困代际传递突出而削弱代际公平性与持续性、"谋发展"式的救助项目偏少而难以跳出"贫困陷阱"。

1. 在老龄化加剧、流动性增强的趋势下救助识别难度加大

一方面，河北省人口老龄化和少子化趋势加剧导致救助识别范围扩大。根据《河北省 2021 年国民经济和社会发展统计公报》，2021 年河北省 65 岁及以上人口达 1111 万人，占总人口的比重为 14.92%。出生人口 53.3 万人，人口出生率为 7.15‰，按照国际通行划分标准，河北省已进入深度老龄化阶段及超少子化阶段。河北省老年人口数量多、基数大，按照老年贫困发生率约 10.5% 进行估算①，河北省约有 116.66 万老年贫困人口。此外，如表 1 所示，全省人口总抚养比为 51.85%，已退出人口红利期，同样退出人口红利

---

① 曹清华：《老年社会救助的兜底保障问题研究》，《河南师范大学学报》（哲学社会科学版）2016 年第 3 期。

期的还有保定市、沧州市、衡水市、邢台市、邯郸市、辛集市。全省老年人口抚养比为 21.14%，大部分城市老年人口抚养比超过 20%，仅邯郸市、石家庄市、廊坊市老年人口抚养比低于 20%，说明河北省整体上人口负担较重。未来河北省人口老龄化和少子化趋势加剧会进一步导致老年贫困人口增多、识别范围扩大，而当前河北省救助面窄、人口负担较重，无论是低保、五保供养、医疗还是扶贫方面，还有部分应该享受的老年人没有享受到或者仅享受到较少的相关待遇，目前来看，对贫困老年人的"应保尽保"目标还有待实现。

表1　2021年河北省各城市人口抚养比情况

单位：%

地区	人口总抚养比	老年人口抚养比
全省	51.85	21.14
石家庄市	47.06	18.41
承德市	46.62	20.65
张家口市	48.94	26.28
秦皇岛市	45.78	23.66
唐山市	48.23	23.68
廊坊市	45.99	17.06
保定市	51.02	21.14
沧州市	57.35	22.24
衡水市	54.58	24.58
邢台市	58.90	20.59
邯郸市	60.30	19.15
辛集市	53.99	29.15

注：石家庄市数据不含辛集市，保定市数据含定州市、雄安新区。

数据来源：《河北统计年鉴2021》。

另一方面，人口高流动性与人户分离现象常态化加剧救助识别的复杂化。七普数据显示，河北省人户分离人口与六普数据相比增长 138.34%，其中市辖区内人户分离人口增长 173.86%，流动人口增长 129.71%。2021年全省平均家庭规模为 2.75 人/户，如表 2 所示，家庭规模占比前三位的为二人户、三人户、一人户，比例依次为 31.34%、21.69%、19.99%，家庭呈现核心化、原子化特征。人口高流动性与人户分离现象常态化加剧使得家庭规模缩减与家庭空间分离，并冲击了传统的家庭养老方式，带来更为丰富的代际互动模式、更为多元的致贫因素、更为复杂的跨地区贫困治理，导致对贫困老年人识别的难度进一步增大。

表 2　2021 年河北省家庭规模情况

单位：户，%

家庭规模	户数	比重
一人户	5082767	19.99
二人户	7970304	31.34
三人户	5515397	21.69
四人户	3942333	15.50
五人户	1612428	6.34
六人户	921110	3.62
七人户	262348	1.03
八人户	71919	0.28
九人户	25660	0.10
十人户及以上	25343	0.10

数据来源：《河北统计年鉴 2021》。

2. 救助标准低水平运行与滞后性调整导致救助效果欠佳

据民政部数据统计，2022 年 5 月，河北省社会救助累计支出 36.4 亿元，与四川省（67.1 亿元）、安徽省（62.7 亿元）、山东省（58.5 亿元）、河南省（52.2 亿元）相比有较大差距。河北省社会救助支出长期处于低位运行状态，也导致城乡社会救助标准较低。2022 年第一季度，河北省城市最低生活保障平均标准为 710.6 元/（人·月），农村最低生活保障平均标准为463.4元/（人·月）。全国城市最低生活保障平均标准为721.9元/（人·月），农村最低生活保障平均标准为542.2元/（人·月），河北省城乡最低生活保障标准低于全国平均水平。河北省统计局数据显示，2022年第一季度，河北省城镇居民人均可支配收入为10524元，农村居民人均可支配收入为5089元，则河北省城市最低生活保障平均标准占城镇居民人均可支配收入的6.75%，农村最低生活保障平均标准占农村居民人均可支配收入的9.11%，二者比例均低于10%，说明河北省最低生活保障标准还有较大的提升空间。此外，学者对河北省5个城市的调研发现，低保金不能满足自身需要、勉强满足自身需要、基本满足自身需要的贫困老年人占比依次为50%、37%、13%，[①] 半数贫困老年人表示低保金无法满足自身需要，体现了河北省救助标准较低且调整具有滞后性，导致其难以适应日渐上涨的物价与生活成本，造成老年社会救助效果欠佳。

3. 救助项目的相对单一性与需求的多层次性"供需错配"

老年人的需求包括生活照料需求、医疗护理需求、精神慰藉需求等，而当前老年社会救助项目以物质型救助为主，服务型救助项目偏少，导致相对单一的救助项目难以满足老年人多层次多样化的需求，从而出现供需错配，主要表现在以下几个方面。

在生活照料需求方面，生活照料主要包括帮助洗衣、做饭、打扫卫生、整理物品、购买生活物品等便民利民服务项目。据统计，2021年10月，河北省重度失能老年人约有72万人，而全省养老机构养老护理员不足2万人。[②] 据预测，2035年河北省失能老年人将达到269万人，按照1∶3的养护比推算，将需要上百万的养老护理人员。[③] 当前对护理人员的专业化素质要求较高，而河北省经过系统性专业培训的护理人员严重不足。

---

① 杨文杰、吕延青：《城市老年贫困社会救助问题分析与完善对策——以河北省五城市调研为例》，《经济研究参考》2017年第32期。

② 《养老，让事业与产业同进》，《河北日报》2022年3月10日。

③ 《养老护理行业为何留不住年轻人？》，河北新闻网，2020年12月1日，http：//yzdsb. hebnews. cn/pc/paper/c/202012/01/content_ 64022. html。

在医疗护理需求方面，医疗护理包括定期体检、上门医疗服务、提供常用药品、康复理疗、日常按摩保健、陪伴就医、紧急情况下有人及时救援等。《河北省2021年国民经济和社会发展统计公报》数据显示，2021年末河北省每千人口拥有注册护士3.02人，每千人口拥有医疗机构床位6.21张。根据《2021年我国卫生健康事业发展统计公报》，2021年末全国每千人口拥有注册护士3.56人，每千人口拥有医疗机构床位6.70张，河北省每千人口注册护士数、医疗机构床位数均低于全国平均水平，医疗资源供不应求，难以充分满足老年人的医疗护理需求。

在精神慰藉需求方面，精神慰藉包括聊天解闷、联谊活动、读书看报学习、培训讲座、公益活动、心理辅导等。河北省老年人的心理和精神状态从总体上来看是健康积极的，但仍然存在一些问题，比如老年人孤独感、空虚感、无助感较强，存在抑郁、焦虑、烦躁等情绪，甚至产生自杀念头等，这说明老年人在心理和精神健康方面需求较高，但当前河北省针对贫困老年人精神慰藉需求的救助项目偏少，导致供需缺口较大。

4. 老年贫困代际传递突出，削弱代际公平性与持续性

贫困代际传递是指贫困及致贫因素或条件在家庭内部形成代际延续，导致后代重复前代的贫困境遇，以此形成一种恶性遗传链，该现象对贫困者个人、家庭以及社会均造成严重的负面影响。① 此外，虽然当前家庭规模缩小导致家庭养老功能正在减弱，但对于农村而言，家庭依然是养老的基础，代际互动较为频繁，正是因为这种"反馈模式"，导致贫困在父辈和子辈之间恶性循环，从而使老年贫困问题在农村更加突出。具体表现为：一是贫困老年人经济基础薄弱、社会资源匮乏、社交网络脆弱等易导致子代受教育水平较低、人力资本积累不足，进而就业机会偏少及经济压力较大，子代继承祖代的贫困及不利因素而更易陷入贫困境地；二是对于失能或重病的贫困老年人，其家庭成员承担了高昂的医疗支出及照护成本，易因病致贫、因病返贫；三是针对贫困老年人抚养的未成年子女，由于家庭经济条件较差，未成

---

① 王贤斌：《中国转型期农村社会救助问题研究》，中国社会科学出版社，2016。

年子女更可能因贫辍学、因学致贫，在其成年后也更易陷入就业难、工资低等困境，以此延续来自祖代的贫困境遇。综上所述，老年贫困代际传递易导致其子辈、孙辈的多代贫困与脆弱，给脱贫事业带来更多的挑战与困难，因而需要对老年贫困治理与老年社会救助予以高度重视，阻断贫困代际传递，提升代际公平性与持续性。

5. "谋发展"式的救助项目偏少，难以跳出"贫困陷阱"

贫困并非剥夺收入的单一维度概念，而是涵盖收入、劳动能力、健康、教育、住房、社会融入等多维度的概念。对于贫困老年人而言，此前贫困老年人由于缺乏必要的劳动能力和稳定的收入来源，无法维持自身生存，于是解决贫困老年人的吃穿等温饱问题便成了社会救助的首要目标。随着社会经济的快速发展，贫困老年人的致贫因素更为多样，更表现为可行能力的减弱与缺失，贫困人群在解决温饱问题的基础上，对社会救助的需求日趋多样，对专项社会救助的需求也日益增多，而满足这些需求比解决温饱问题的难度更大，单凭贫困老年人自身难以实现，因而他们对教育、就业等专项型社会救助的需求日益迫切。[1] 研究发现教育和就业剥夺对农村老年多维贫困贡献率较高。[2] 发展型社会救助也主张融合医疗、教育和生活救助等临时救助和专项救助，打造综合性社会救助体系，并致力于消除贫困人群融入社会、参与社会活动的障碍，提高其参与社会和市场竞争的能力，[3] 但当前针对老年人就业、教育等"谋发展"式的救助项目以及开发式助老扶贫项目偏少。由于劳动力市场存在严重的老年歧视，导致部分有劳动能力的贫困老年人就业培训机会不足、受教育机会匮乏，且对就业资源、教育资源可及性较差，因而其积极老龄化、健康老龄化、成功老龄化受阻，最终这些贫困老年人难以跳出"贫困陷阱"并无法实现"老有所为"。

---

① 王贤斌：《中国转型期农村社会救助问题研究》，中国社会科学出版社，2016。

② 张昭、杨澄宇：《老龄化与农村老年人口多维贫困——基于 AF 方法的贫困测度与分解》，《人口与发展》2020 年第 1 期。

③ 余少祥：《发展型社会救助：理论框架与制度建构》，《浙江学刊》2022 年第 3 期。

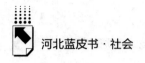

三 共同富裕背景下推进老年社会救助
高质量发展的路径

针对以上五方面的现实挑战，本报告立足河北省实际，借鉴先进省市经验，结合共同富裕战略擘画，提出五大针对性举措，包括提高社会救助瞄准率、提升社会救助水平、拓展创新救助方式、发展家庭养老支持政策、推动开发式助老扶贫，以期适应相对贫困治理需求、全面识别贫困老年人、阻断代际贫困传递、培育反贫困治理新动能、实现长效可持续脱贫，从而推动河北省老年社会救助高质量发展，促进更快更好实现共同富裕。

（一）提高社会救助瞄准率，全面识别贫困老年人

共同富裕是全体人民的共同富裕，不是少数人、部分人的共同富裕，社会救助作为兜底保障的最后一道防线，需要织密网、兜得牢，才能实现共同富裕路上"不落一人、不落一户"。应兼顾收入贫困和多维剥夺取向，从绝对贫困的瞄准转为相对贫困的聚焦，识别标准应从以收入为主的单一识别标准转向以收入、劳动能力、教育、资产、卫生为主的多维识别标准，以多维识别标准找准扶贫对象才能更好地开展精准扶贫。建议采用比较视角关注低收入人群、贫困边缘人群、临贫易贫人群等，具体到贫困老年人群，应重点关注独居老年人、高龄老年人、丧偶老年人、失能老年人人、失智老年人、无子女老年人等，尤其是高龄不能自理、丧偶且独居等具有多重弱势特征的老年人，应把他们列为扶贫减贫的重点对象，予以更多的关注与政策倾斜。

社会救助应建立救助对象主动发现机制和动态监测机制，减少"应保未保"现象发生。一方面，可借鉴重庆市沙坪坝区经验，建立"三级本土甄别体系"，形成"主动发现"标准体系，做到"整合发现""协同发现"

"多重发现""有效发现"等。[①] 另一方面，利用大数据、智慧科技、人工智能等技术，对老年贫困人群开展动态监测并进行信息实时更新，发挥预警与跟踪功能，做到"高效监测""智能监测""科学监测""实时监测"，为掌握老年贫困人群信息、高效开展社会救助、温情服务救助对象奠定数据基础，同时为人口高流动背景下老年贫困人群的跨省协同识别与救助提供重要依据，从而推动老年社会救助事业的高质量发展。

（二）适应相对贫困治理需求，推动救助水平提升

共同富裕是承认合理差距的全民富裕，不是一味求相同、求一致的富裕。由于地区之间、城乡之间发展差距较大，故需要根据各地经济发展水平、城市发展程度、财政状况、生活消费水平、家庭人均纯收入、维持基本生活必需的消费物品和服务的最低费用等多因素综合研判救助标准，做到因地制宜、从实际出发，才能最大限度地实现共同富裕与社会和谐。

建议进一步优化与居民人均收入水平、物价上涨挂钩的社会救助标准制定和调整办法，基于目前城乡居民收入来源、生活水平仍有差距的现实情况，城乡低保标准应分别以城市居民人均可支配收入的15%～35%、农村居民人均可支配收入的20%～50%来确定。从城乡统筹来看，低保标准应以居民人均可支配收入的20%～40%来确定。[②] 低保标准应适应相对贫困治理需求，推动救助水平提升，在满足困难群体基本生活的前提下避免"养懒汉"现象的发生。与此同时，考虑到贫困老年人因病致贫、因病返贫概率更高，建议加大老年医疗救助的资金投入力度，为贫困老年人适当提高报销比例，并积极发动社会力量开展社会慈善医疗救助，最大限度减少或避免老年人因病致贫、因病返贫现象发生。

---

① 《聚焦 2021 年度社会救助领域创新实践优秀案例③》，清远市民政局网站，2022 年 1 月 30 日，http：//www.gdqy.gov.cn/xxgk/zzjg/zfjg/qysmzj/mzzdlyxxgkzl/shjzxx/content/post_ 1511117.html。
② 韩克庆、郑林如、秦嘉：《健全分类分层的社会救助体系问题研究》，《学术研究》2022 年第 10 期。

（三）拓展创新救助方式，培育反贫困治理新动能

共同富裕不是单一的物质生活富裕，也包括精神生活的富裕。老年人除了要获得经济支持以外，他们还需要获得生活照料、精神慰藉等，救助的内容应更加多维化、多元化，只有这样才能更好地满足老年群体差异化、个性化的需求。每位救助对象都是独一无二的个体，每位困难老年人都有其独特的致贫原因，因此需要"一人一策""一户一策"地提供救助内容。

面对不同类型的老龄群体，应提供具有针对性、个性化的救助服务，如面对高龄老年人，应当送医下乡、上门体检、提供节日补贴或实物，送轮椅和藤椅等助老器具，提供预防失能、健康科普、精神慰藉等服务；面对失能失智老年人，应提供残疾人两项补贴、护理用品，提供特定辅助器具、家庭适老性改造；面对失独老年人，应给予节日慰问、组织旅游、心理关爱、搭建文化娱乐活动平台；面对特困供养老年人，应当提供帮困粮油卡（针对散住老年人）、生活补助金、生活照料服务、疾病治疗、丧葬办理；面对重病大病老年人，应予以医疗救助、医疗补助、医保综合减免，[1] 多措并举为贫困老年人提供多元化服务。此外，可借鉴山东省荣成市"海螺姑娘"分散供养特困人员精准服务项目经验、上海市长宁区"社区救助顾问"制度经验，[2]为贫困老年人提供个性化、陪伴式服务，满足其多样化、多层次需求，推动贫困老年人实现"老有所养""老有所依""老有所安""老有所乐"。

（四）发展家庭养老支持政策，阻断代际贫困传递

共同富裕是人的全生命周期公共服务优质共享的社会形态，对社会救助的要求在于，一方面，我们需要结合生命历程视角，关注社会变迁对个人社会生活产生的影响，做到全生命周期共享优质公共服务；另一方面，还需要

---

[1] 曾莉：《特殊困难老人服务供需失衡及其治理——基于需求管理视角的调查分析》，《中州学刊》2022年第6期。

[2] 《聚焦2021年度社会救助领域创新实践优秀案例①》，民政部网站，2022年1月20日，https：//www.mca.gov.cn/article/xw/mtbd/202201/20220100039367.shtml。

注重代际的公平性、持续性和共同性，实现祖辈、父辈、子辈多代之间的共同富裕。因此，在制定老年扶贫对策时应围绕以下两个目标进行。第一，实现老年群体的可持续发展。对于已经处于贫困状态的老年人，既要消除贫困，还要防止其脱贫之后再次陷入贫困。对于处于贫困线边缘的老年人，要预防其陷入贫困。第二，实现代际可持续发展。既要避免贫困的代际延续（父母的贫困导致子女的教育资源、生活资源缺失而使其陷入贫困），也要避免贫困的代际关联（子女的贫困导致父母资源向下转移而使其陷入贫困）。①

建议发展家庭养老支持政策，保障代际公平，防止代际贫困延续与关联，在开展工作时应将家庭作为一个整体来考虑，对贫困老年人的家庭成员予以综合救助，避免其因学致贫、因贫辍学、因病致贫与因贫致病等。具体而言，一是对贫困老年人的下岗失业子女开展免费职业技能培训、提供安置公益性岗位及补贴等优惠措施，提升子代经济水平并增强家庭赡养能力；二是对贫困老年人的日常照护者予以照料补贴，避免非贫困子女因长期照顾老人而产生经济压力，建议进一步推广长期照护保险制度，增强老年人生活护理技能培训，加强养老护理人才队伍建设，推动社会化养老照护；三是对贫困老年人抚养的未成年孙子女进行教育救助，可采取减免学杂费或提供教育资助等方式保障孙代正常接受教育，阻断贫困代际传递。

（五）推动开发式助老扶贫，实现长效可持续脱贫

共同富裕是一个长远的目标，实现共同富裕需要漫长的过程，社会救助应提供更多"授人以渔"式的救助，从"保生存"转向"谋发展"，从"现金输血"转向提高造血能力。这需要相关部门科学、全面地评估困难群体的综合信息与能力，设计针对性的促发展救助方案，并与其他相关部门形成资源整合、信息整合的多部门协同社会救助递送机制，打造具有高度耦合性的救助体系，避免出现社会救助部门"各自为政"、社会救助递送"碎片

---

① 孙鹃娟、杜鹏主编《中国人口老龄化和老龄事业发展报告 2016》，中国人民大学出版社，2017。

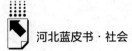
化"、困难群众"多头求助"、"悬崖效应"等问题。

相对贫困视角下，社会救助应更加重视救助对象主体意识与主体价值驱动，让救助对象由消极被动者转变为主动参与者，实现由"外力支持"向"内力自助"的转化。① 针对老年贫困治理，需要出台促进老年人力资源开发利用的政策措施，推动开发式助老扶贫，对低龄、健康、具有劳动能力与劳动意愿的贫困老年人，尤其是农村贫困老年人，采取发展式扶贫救助的办法，开发引进适合贫困老年人的扶贫项目，对项目予以税费减免、简化用地审批手续等优惠措施，积极吸收贫困老年人就业，并为贫困老年人提供职业介绍、技能培训、创业辅导等服务。此外，推进老年大学扩容提质，鼓励有意愿的贫困老年人积极就读老年大学，为贫困老年人减免学费，为其提供健康科普、技能培训、兴趣培训、运动健身、医学常识等个性化定制服务，利用老年教育助力贫困老年人实现"二次社会化"，拓宽他们的社交网络并提高他们的生活品质，增强其融入主流社会、参与社会竞争的能力，推动实现长效可持续脱贫。

---

① 陈业宏、郭云：《新发展阶段社会救助的目标转向与改进》，《贵州财经大学学报》2022 年第 6 期。

B.12
引领、组织与撬动：重塑河北乡村
共同意识的探索

刘丽敏*

摘　要： 党的二十大报告提出"采取更多惠民生、暖民心举措，着力解决好人民群众急难愁盼问题"。在解决农村老人用餐问题方面，河北一些村庄闯出了新路，走在了前面。本报告选取唐山市滦南县西胡各庄村、石家庄市井陉县东南正村、保定市清苑区西林水村创办农村老年食堂的事例，展示各村以党建为引领、组织村民合作、内化社会力量的"三位一体"实践模式，为河北省广大农村开展为老服务提供有益借鉴，也为增强乡村内生发展动力、推进全面乡村振兴和农民共同富裕提供重要启示。

关键词： 共同意识　内生发展动力　老年食堂　为老服务

河北省实施新农村建设、脱贫攻坚、乡村振兴等重大战略以来，广大乡村在基础设施、生态环境、公共服务、居住条件等方面有了很大改观，正朝着全面推动乡村产业、人才、文化、生态、组织振兴，扎实推进农民共同富裕的目标迈进。但是受长期以来城乡发展不平衡的影响，城乡区域发展和收入分配差距仍然较大；农村青壮年大量向城镇流动、农户生产能力持续弱化；农业发展后劲不足、小农户与现代农业发展脱轨等问题越发凸显，成为影响和制约农业农村发展的主要因素。

---

* 刘丽敏，河北省社会科学院社会发展研究所副研究员，主要研究方向为社会政策与社会管理。

2022 年 8 月，河北省社会科学院社会发展研究所深入乡村，倾听村支书、农民代表以及支持他们的党委、政府和社会组织的故事，记录他们的经验、做法和有价值的问题，总结他们为老服务的实践经验，为河北省全面推进乡村振兴提供可借鉴的机制与路径。本报告所选取的事例特色鲜明，关键之处在于各村以党建为引领、组织村民合作、内化社会力量，激发村民参与乡村发展的内生动力，既有传统文化的思想底蕴，又有改革创新的自觉和勇气，不仅进行乡村为老服务的尝试，也为全省乡村振兴和农民共同富裕提供了重要启示。

一 创办农村老年食堂的经验

（一）唐山滦南县西胡各庄村"四个一点"模式

1."没人做饭"成为农村空巢老人生活中的大问题

西胡各庄村地处滦南县南部，现有人口 1138 人，60 岁以上的老人 363 人，75 岁以上的老人 69 人，其中空巢老人占到了 50%。由于村里没什么产业，年轻人基本上离开了村子，许多高龄空巢老人行动不便，冷锅冷灶顿顿凑合，老人生活中普遍存在的问题不是"吃不起饭"，而是有钱也"吃不上饭"。

> 我是 2014 年任支部书记的，2018 年底，我花了 5000 块钱，买了两头猪杀了去慰问村里的老人，快过年了，50% 的老人没人照顾，冷饭就在锅台上搁着呢。最可怕的是啥情况呢，有的老人在床上起不来，想起来就得拽着从房檐上拴下来的绳子，这么搋（拉住）起来，老人见我来送肉，掉着眼泪说，你给我送肉来是好事，但是我也吃不成，没人做饭。当时我就萌生了办食堂的想法。[1]

---

[1] 西胡各庄村党支部书记郝荣刚访谈。

2.多措并举，建立常态化运营保障模式

经过一番调查，村里86%的老人支持创办老年食堂。村委对原来的旧房进行了翻新，购置了一套厨房设备，凑齐了吃饭的桌椅。但"谁来运营？""运营资金从哪来？""老人就餐过程中发生意外咋办？"也是困扰每个村庄创办老年食堂的难题。

> 当时村里还拉着饥荒（欠账），没钱怎么办？我工资一年开4万元，捐了，我姐有企业，捐2万元，附近的几个纺纱厂，一年捐1万元，够了。村里正进行村委一期（改造），我就和民政的沟通，把旧房子留下来办食堂。说实话，谁都害怕老人吃饭出意外，为这事想了一个多月，最后定下了，给老人上保险，这个钱不让个人出，由养老中心出。[1]

在人力服务方面，村里从挖掘自身潜力入手，成立了由55人组成的志愿服务队，分成帮厨、送餐和管菜园三个组，形成常态化志愿服务模式。"十几年前我就搬到县城了，前年听说老家办了小食堂，需要人做饭，就报了名"，说起自己的志愿行动，51岁的郝英莲只有一个解释，"谁都有老的那天"。

西胡各庄村在实践中不断探索、多措并举，形成了"四个一点"的食堂运营保障模式：一是政府补一点，县民政局每年补贴食堂3万元；二是个人出一点，就餐老人每日三餐交5元；三是社会捐助一点，包括社会组织、热心企业、爱心人士的捐款捐物和村民自发的捐油捐粮；四是志愿者奉献一点，志愿队轮流提供助餐服务。就这样，西胡各庄村40多名75岁以上的老人和特困人员每天都能吃上热乎乎的三餐，老年食堂越办越红火。

3.解放劳动力，对接养老服务产业发展

老年食堂开办3年来受到了村民的欢迎。村民闫桂春常年在外打工，很

---

① 西胡各庄村党支部书记郝荣刚访谈。

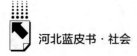

少回家，"村支部把老人照顾得相当好，饭菜也特别好，到点饭就送来，还能天天看看老人有什么情况"。村民张会芳的父亲得了脑血栓，母亲做了心脏支架手术，自从开了老年食堂，她又能去上班挣钱了。

从前的西胡各庄村人心散，矛盾多，办食堂以后群众稀罕我，服我，感到我们这届班子真为他们办事，拆违建，我先拆，亲戚拆，党员拆。土地流转时大家都非常齐心，现在，一亩土地多收入 200 元，村集体一年多收入 17 万元，村民多收入 36 万元，这是个天大的变化。[①]

谈到未来村庄的发展，郝书记有个很大的目标。

我们村现在有 1/3 的房子闲置着，现在谋划把周边村里没劳动能力的老人，全部集中过来，啥模式呀？包括医养结合，再利用我们解放出来的劳动力，成立一个团队，让老人能拿得起（服务费用），我们的房屋也能用上。[②]

4. 讨论

村支书从发现"没人做饭"到组织村民解决问题，把村民个人利益和集体利益联系在一起，这种兼顾公共服务与劳动效率的方法带有明显的公共性。正如村民郝英莲所说的"谁都有老的那天"，把自己、老人、食堂、村子都联系在一起，使整个村落形成一个同生共存的整体，从而激发村民的共同意识。这种共同意识淳化了乡风，让"大家都非常齐心"，让大家把主要精力放在集体的发展上，这就拓宽了农民共同富裕的渠道。西胡各庄村的例子表明，农民发自内心的共同意识是村庄建设的思想和文化基础，也应该是乡村振兴的题中应有之义。

---

① 西胡各庄村党支部书记郝荣刚访谈。
② 西胡各庄村党支部书记郝荣刚访谈。

（二）石家庄市井陉县东南正村"协会+"合作模式

1. 成立互助组织和志愿服务队

井陉县东南正村位于井陉县西北部，是井陉拉花发源地之一，全村共有405户1278人，60岁以上老人262人，空巢家庭23户，受自然条件的制约，集体经济一直比较薄弱。

> 俺们这儿的老人困难特别多，家里弄得乱七八糟的，思想也不开放，撵他（去养老院）也不去，上孩子家住上两天就又回来了，好像吃惯村里这个咸菜、米汤了。平时吃饭都是做一顿吃三天地对付，能有什么办法？多少年了都是这样。①

2018年11月，石家庄护航社会工作服务中心通过政府购买服务来到东南正村。他们跟村干部沟通，挨家挨户走访，帮助东南正村成立了老年协会、妇女协会等互助组织和腊梅志愿服务队。老人的生活渐渐有了起色，但做饭难、吃饭难的问题始终没有得到解决。

2. 多方合作，老年食堂实现自行运转

随着工作的不断深入，老年协会和妇女协会感到"给老人送点米面油，还是解决不了问题，不如集中起来办个食堂"。2021年4月，社会工作服务中心为他们争取到了河北省荷花公益基金会与中国老龄事业发展基金会"爸妈食堂"项目。村委腾出了几间房，村老年协会抓组织管理，妇女协会和志愿服务队抓日常运营，形成了"协会、村委、基金会、社工、志愿者"五方合作的老年食堂运营模式，村里50名72岁以上的老人和特别困难的村民都吃上了可口的午餐。

2021年12月，基金会项目赞助到期，食堂面临断炊的风险。村委、社工和老年协会组织村民开会协商，大家决心把食堂继续办下去。

---

① 东南正村党支部副书记、老年协会会长武凤文访谈。

　　大伙儿还愿意在这儿吃饭，不愿意解散这个，刚开始我就找企业家、大老板、好心人士，来咱们这儿资助咱们，俺们辛苦点无所谓，愿意帮老人干点尖（活）儿。有的家里边自己种点菜呀，都拿到这儿，放伙房里大伙吃吧，豆面、山芋面都有，拿来一起吃。有孩子在外面打工的也经常捐个50块、100块的，再加上一顿饭象征性地收个一两块钱，水电费村里也包了，老人（用餐）标准一点都没有下降。①

就这样，老年食堂在大家的共同努力下开始自行运转。

3. 减轻村民负担，解放更多的劳动力

老年食堂开起来了，志愿服务也组织起来了，村风村貌发生了显著变化。办食堂不光解决了老人吃饭问题，还解决了老人理发、聊天儿、文化娱乐等问题，食堂成了老人的精神依托。邻里关系更融洽了，如果哪个老人今天没来吃饭，大家会集体上门看望。

　　大伙儿觉得这个确实是好事，老人的精气神确实好了，以前邻里之间有什么矛盾了，有的吵有的闹，现在没有，现在什么事也愿意跟村委说了，像疫情防控值班、扫码，都不用动员，大家抢着去。这个志愿者带动的力量是特别大的。②

村民对集体的事业更关心了，2022年村里又筹措了40多亩地，开始谋划集体种植养殖项目，还规划把村里的粉条、核桃、花椒深加工发展起来。村委还计划把没劳动能力的老人都集中起来赡养，解放出更多的劳动力。

---

① 东南正村党支部副书记、老年协会会长武凤文访谈。
② 东南正村党支部副书记、老年协会会长武凤文访谈。

取暖也是个问题，在山里边用煤炉子不安全，下一步计划把没劳动能力的老人都集中到老年关爱服务中心去，彻底解决养老的问题，减轻有劳动能力（村民）的负担，使他们把主要精力放到抓合作生产、抓集体经济上去。[①]

4. 讨论

从为老人"送米面油"到为老人"创办食堂"的转变可以看出，政府和社会公益组织等外部力量从"输血"到"造血"进行了适应性改变，帮助乡村进行主体性的重塑和主动性的再造，从而激发村庄自有的内生发展动力，让"多少年了都是这样"的村庄焕发出勃勃生机。从"大伙儿不愿意解散这个"可以看出，老年食堂已经成为将村民个人利益与村庄集体利益密切相连的平台和纽带，促使村民关心集体、走合作发展之路。东南正村的实践证明，外部力量要注重在组织制度、人才培养、日常运作和资金链接等方面为村庄全方位赋能，只有把社会公益转化为全体村民的自觉行动，才能增强村民维护公共利益的意识，激发村民主动参与公共事务的热情。

（三）保定市清苑区西林水村"集体承办"模式

1. 村庄的集体经济不断发展壮大

西林水村是典型的冀中平原村，全村共有 509 户 1985 人，60 岁以上老人 383 人，耕地面积 3000 亩。30 多年来，西林水村在党支部的带领下，坚持整体规划和集体运营，在环境改造、社会治理、乡村产业发展各方面治乱、治穷，村庄的集体经济不断发展壮大。

原先村里就是种植粮食，全是靠天吃饭，（1984 年）人均收入也就200 元左右，年轻人也都出去打工不回村。当时村里牲畜满地跑，垃圾

---

① 东南正村党支部副书记、老年协会会长武凤文访谈。

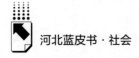

到处倒，街头巷尾堆放的柴草垛让人进不了村。从 2004 年开始下决心整治村容村貌，村里整体上才有了改观。①

村内环境的改变，犹如植出了"梧桐树"，引来推动经济发展的"金凤凰"。2016 年，天津创世生态景观建设股份有限公司与西林水村达成协议，"好梦林水"特色小镇项目落地，直接创造就业岗位 500 多个，村民不仅实现了家门口就业，年村集体收入也从过去的不足千元提高到 60 多万元。全体村民喜迁新居，搬进了 7 层带电梯的安置小区，过上了"城里生活"。

2. 依靠集体经济着力提升公共服务水平

产业兴旺带动了生活品质的提升，西林水村不仅免除了村民的物业费、采暖费、水费、新农合等费用，还建起了文体广场，开办了文化礼堂、村史馆、图书室、村民大食堂，将村里的公共服务设施与休闲旅游、生态环境、农业体验、文化教育、健康养生等产业要素相结合，形成了配套完整、地域特色鲜明、乡土气息浓厚、具有强烈外辐射力的村庄景区，吸引各地游客纷至沓来。2018 年，村里借全省推广建设养老互助幸福院的契机，投资 20 多万元对空闲院落进行装修改造。2019 年 1 月，村里的"幸福食堂"正式开张，配备专门人员进行管理，产生的费用全部由村集体承担，村里 60 多名孤寡病残老人每天都来享用免费的午餐。

3. "幸福食堂"进一步促进了"老有所为"

西林水村的土地基本进行了流转，年轻人可以就近就业和创业，而干惯了农活的老人反而有些不适应。"在家里也闲得慌，没事儿就愿意下楼找老姐们儿说说话，听到谁家有事也都愿意帮个忙。"村里安排一些尚有劳动能力的老人负责保洁、绿化等工作，也让老人有了一份收入。

孩子们都忙，中午都不回来，我们以前吃点剩的就对付过去了。现

---

① 西林水村党支部书记孙国明访谈。

在都去食堂吃饭，大家不光在一起聊聊天、打打牌、唱唱歌，还一块儿扫院子、擦栏杆、种花，有了一份收入。[①]

我们村里的老人不再局限于在家怡儿弄孙，也不止步于在家颐养天年，他们更期待"老有所乐、老有所得"，村里也尽量创造条件为他们解决后顾之忧，安排他们做一些力所能及的事情。[②]

4. 讨论

西林水村几十年来专心发展产业、壮大集体经济，在健全村集体经济的基础上，统一规划、分步实施、综合推进各项公共服务，取得了明显的成效。同样，西林水村"幸福食堂"能够办起来，不仅得益于乡村文明建设，更得益于强大的村集体经济。但是具备西林水村这样条件的村在全省少之又少，当国家和集体财力还难以完全覆盖乡村养老等公共服务，社会力量介入也比较有限时，发展集体经济、增加集体收入，用集体的力量实现自我服务应该是满足农村养老服务需求的主要方向。

二 重塑乡村共同意识的探索

改革开放以来，我国走出一条有中国特色的城镇化道路。自 20 世纪 90 年代后期开始，大量的劳动力和资本集中到城市，推动并加快了城镇化进程。在这一过程中，农业经营、农村治理和农民的生活方式经历了巨大的变化，农村家庭规模日益退缩至核心家庭层次，家庭边界日趋固化，家庭的私域性越来越明显，农民越来越不愿意管别人家的"闲事"，农民分化、分散也在加速，一些乡村公德淡薄、伦理式微。外部的颓势是其主体精神丧失的反映，主体精神丧失不仅是做好农村为老服务的障碍，也是实现乡村振兴、农民共同富裕需要解决的重大问题之一。

---

① 西林水村 65 岁村民孙建国访谈。
② 西林水村党支部副书记赵娜访谈。

三个村庄创办老年食堂的事例带给我们很好的启示，尽管它们的投入方式不同，模式上也有差别，但它们也存在共同之处，都是通过村集体和社会的公共力量，在实践中有意识地培育乡村的共同意识，引导农民发现公众的利益，认同集体的价值。这种做法不仅提升了公共服务水平、改善了乡风，也推动了本村其他工作的开展。以村庄为主体，有效融合传统与现代、集体与个人的价值理念，注重开掘传统的共同体伦理价值，重塑乡村现代共同意识，不仅是乡村发展的基础和原动力，也是实现乡村振兴和农村共同富裕的必由之路。

（一）乡村共同意识是乡村发展的基础

任何一个村庄，都是村民与其所依附的"山水林田湖草"一同构成的具有整体性、系统性的生命共同体。村民一代代繁衍生息，相互依存，共同抗击自然灾害和外部掠夺。共同的利益将人们连接在一起，使人们具有了共同的归属感和认同感，并逐渐形成共同意识。这种共同意识成为传统村庄得以生存的核心内容。共同意识与共同利益的实现是互相促进、不可分割的，以共同利益为取向的共同意识构成了乡村得以存续和发展的基础。

在我们走过的一些村庄，年轻人大都外出打工，留下的人也逐渐"躺平"，在村庄的发展上宁愿当观众，坐等党和政府的支持和外来力量的"施舍"。西胡各庄村支书为了办好老年食堂，挨家挨户做工作，从找厨师到找志愿者，把一个个"散兵"拉进了团体；护航社工为了一个方案开会20多次，反复征求群众意见，在互动中把村民从项目的局外人转化成项目的参与者，开启了村民共同意识的重塑过程。这些公共项目把村民的共同意识找了回来，集体利益和村民的个人利益越来越紧密，大家愿意为村集体的事业出力气。如西林水村，村民经过长期的文明教育，具备了较为强烈的共同意识，大家团结合作，共谋乡村发展，在几天内就顺利地完成了3000亩土地的集中流转，把大开发项目落地的机会争取了过来，不仅创造了村庄奇迹，也实现了由小富到共富的华丽转变。这些事例都表明，乡村发展首先要凝聚人心，有了人心才能有合作，有了合作才能实现共同富裕。

在河北广大农村，农民并不缺乏共同意识，而是缺乏挖掘和培育。在许多地方，由于放松了对农民的引领和共同意识的培养，尤其是共同利益弱化，农民个体还处于各自为战的状态，共同意识的重塑还任重道远。

（二）乡村共同意识是乡村振兴的原动力

乡村振兴是为农民服务的，农民不仅是乡村振兴直接的受益者，更是建设乡村的重要力量。当前，河北省全面推进乡村振兴，各级各部门组成乡村服务队，带任务、带资金、带政策、带关系入村，开展乡村振兴的前期工作。但外部力量撤出后，村庄该如何把前期成果巩固好，如何持续发展下去？最好的办法就是让农民全程参与，把乡村振兴真正当成自己的事情，自觉主动地去干。"当成自己的事情"就是乡村的共同意识，这既是乡村振兴的关键，也是乡村振兴的原动力。

"自己的事情"自己干。西胡各庄村支书看到了本村老人的困境，在没有特殊政策支持的情况下，把村民组织起来，开展助餐服务，老人的生活状况得到改善，干部群众普遍感觉到了集体的力量，精神面貌焕然一新，这是个十分可喜的变化。东南正村先是组织了老年协会，然后开始考虑为本村老人做些事情。他们从最迫切的问题入手，依托社会力量解决问题，在社会力量撤出后，仍能持续服务，靠的就是村民自己的力量。更为可贵的是，三个村庄都意识到了"小食堂"连着"大社会"，把解决村民的后顾之忧当作"解放劳动力，壮大生产力"的有效手段，激发广大村民的"认同感"，调动村民自觉参与家乡建设的积极性。这也是实现乡村振兴、共同富裕的强大组织基础和动力源泉。

乡村共同意识不仅是文化的，也是政治的、经济的，它能够集中集体的智慧和力量，促使广大农村走自我发展、自我加强的道路，也是实现乡村振兴、永葆村庄活力的根本所在。

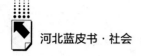

（三）乡村共同意识是实现农民共同富裕的必由之路

习近平总书记指出，促进共同富裕，最艰巨最繁重的任务仍然在农村。[①] 广大村干部、村民都想富起来，但是一些地方单打独斗的模式只会让贫富差距越来越大。农民共同富裕首先是人心的合作，其次才是利益的合作，只有精神的富裕与物质的富裕同步推进、共同实现，才能真正实现农民共同富裕。

集体经济发展得好的乡村，不是有特殊条件，就是有区位优势，并不能给大多数的农业村庄带来启发。多年的实践也表明，只有培养乡村共同意识，促进农民间的合作，才能让广大小农户在融入共同奋斗的过程中找到共同富裕的突破口。西胡各庄村在老年食堂上尝到了把村民组织起来的甜头，开始有了把村里闲置的房子利用起来、组织村民发展养老产业的信心；东南正村通过办食堂让村民变得更加团结、对集体更关心了，已经开始谋划村民合作种植养殖项目和农产品深加工项目；西林水村始终把改善乡村风尚、提升村民认同、加强乡村文明建设作为重点，紧紧依靠集体的力量追求大发展、大进步，确保了每一次改造提升的顺利推进。

乡村共同意识有强大的公共意涵和行动空间，根植于农村，不仅与人文背景和自然资源紧密相关，具有浓郁的乡土特色，而且具有连接小农户的能量，特别是依托多种类型相互合作的载体，能够发挥规模优势，为村庄提供更多的发展机会，创造新的收入来源，从而遏制贫富分化，推动农民共同富裕。

三 拓展乡村共同发展新思路

我们在调研的 43 个村庄中选取了具有不同基础条件且具有代表性的 3 个村庄作为案例，但河北省乡村具有多样性的特点，每个村庄的发展基础千

---

① 《在高质量发展中扎实推动共同富裕》，人民网，2022 年 5 月 21 日，http：//finance. people. com. cn/n1/2022/0521/c1004-32426628. html。

差万别，发展中所面临的问题也不尽相同。有的村庄未必需要办老年食堂，3个村庄办老年食堂的经验也未必适合所有的村庄，但3个村庄办老年食堂的经验告诉我们：通过党建引领，在实践中有意识地培育乡村的共同意识，引导农民发现公众的利益，认同集体的价值，并在这个基础上进一步发动群众、组织群众，将激发出的乡村内生动力与政府和其他社会组织等外部力量融合，使之成为农村为养老服务的强大合力，不仅能够改善乡村为老服务，又能推动其他工作的开展。重塑共同意识、增强乡村内生发展动力的根本性力量，就存在于乡村自身。

（一）党建引领，推动乡村善治

农村基层党组织扎根农村，贴近群众，在农村发展中有独特的天然优势。但一些农村基层党组织工作还习惯于读文件、贴标语，在思想上认为发展农村要靠能人，基础设施、公共服务、社会保障、乡村治理要靠财政资金，党建工作很容易形式化。

西胡各庄村以前是一个非常乱、非常穷的村，集体欠款27万元，土地、房屋遗留问题较多。从2015年开始，村党支部"治穷先治乱"，党员带头拆自家违建，带头参加志愿活动，把"涣散的人心拢起来"，把"失掉的公德找回来"，把"集体的经济发展起来"，如今的西胡各庄村，成了名副其实的全国乡村治理示范村。东南正村是一个基础条件比较落后的村，至今仍处在发展探索阶段，村党支部坚持入户走访制度，着力解决好村民急难愁盼问题，村民幸福指数显著提升，也为集体经济不强的乡村提供了良性发展的经验。西林水村在改革开放之初是个典型的贫穷落后村，20世纪90年代以来，西林水村每遇到大事，便会召开村民代表大会。村支书孙国明说，开会不是负担，更不能流于形式，而是干部与群众交换思想的场所，是不同理念碰撞的平台，是干部与群众互动、参与决策、做主的阵地。村党支部成员从村民的居住环境抓起，带头坚持每天清扫卫生，培养村民"屋净、院净、街净"的共同意识。村党支部还从解决用电难、吃水难、行路难问题入手，提升村庄的综合服务能力，赢得广大村民的信赖和支持，走出了一条具有西林水村特色的乡村振兴之路。如今西林水村已成为远近闻名的全国文明村镇。

三个村的党支部，以自己的政治优势和与村民直接接触的优势加强与村民的互动交流，通过创办老年食堂等集体事业，抓住村民最关心最直接最现实的利益问题重构共同意识，让村民有了主心骨，凝聚了人心，使村庄恢复了生机与活力，创建了通过农村基层党建引领农村特色发展的典型村、示范村。

（二）组织振兴，提升农民合作信心

乡村振兴和农民共同富裕完全依靠农民自发参与是远远不够的，需要创建以农民为主体的新型合作组织。只有通过合作的办法，凝聚广大小农户的能量，克服农村发展中组织缺失、服务缺失、方式方法缺失的问题，才能发挥适度规模经营的优势，创造实现产业兴旺的机会。因此，当村干部动起来以后，首先要做的就是建立村民合作干事的平台，这个平台就是动员广大村民参与的新型合作组织。

西胡各庄村在村域范围内依靠志愿团队组建养老服务综合体，逐步实现由养老服务向聚集性规模化养老产业发展，利用村庄大量的闲置房屋，通过几年的实践积累起养老服务组织能力，形成了向外扩散的影响力。东南正村在社工组织的帮助下成立了老年协会和妇女协会，通过协会把一家一户分散的力量组织起来，寻找提升生活品质的突破口，也实现了差异化养老服务的最优选择。西林水村在 20 世纪 80 年代就保留了部分集体经济，始终坚持集中经营与分散经营并存的发展方式，将人、物、信息、通道都集中起来，推动全村生产和经济的高效运营，带动了公共服务的提升。这三个案例，方式不同，规模不同，发展的领域不同，但都成功地实现了市场经济环境下农民群体的抱团发展，都成功地做好了个体做不到和做不好的事情。

从社会学的视角看，它们都运用合作的机理有效地改善了成员间的社会关系，并让这种以合作为原则的机制发挥出整体效益和规模效益，让农民获得了实实在在的益处，提升了小农户间的合作信心。通过组织的力量实现小农户与现代农业发展有机衔接是促进河北省乃至全国"三农"发展的有效方法之一。

（三）内化社会力量，提升村庄主体性

解决乡村发展过程中诸多问题的根本性力量，就存在于乡村自身，自身力量激发不出来，就需要外力的撬动。当前，全面推进乡村振兴和坚持农业农村优先发展已经列入国家发展战略，各级政府、各类社会组织和企业带项目、带资金、带技术、带人员下乡的力度不断加大。这些外部资源不等同于商业资本，其应当聚焦于撬动村庄内部资源、把发展的模式内化于村庄之中，从而提升村庄的主体性，增强村庄内生发展动力。

西胡各庄村创办老年食堂"四个一点"模式中，政府和社会捐助并不是简单的社会救济，而是与村庄内生力量形成配套，通过配套增强下乡资源的作用，与乡村力量形成合力。东南正村从老年协会、妇女协会等组织建设到初期资金支撑，都依赖社工组织和慈善基金会，在社会力量撤出后，仍能持续服务，靠的就是村民自己内生的动力。这种外力内化的效果，推动了村庄朝农民合作、发展集体经济的方向发展。西林水村的发展更是如此，天津创世生态景观建设股份有限公司"好梦林水"项目极大地促进西林水村朝农商工文旅融合方向发展，使乡村资源的自有价值在市场机制中得到充分的体现。三个村庄的经验充分说明，只有内化社会力量，以实现村庄自身发展为目标，转变乡村发展思维方式、行为方式，激发村庄活力，产业、人才、文化、生态、组织等各项工作才能取得突破性进展。

村庄要走共同富裕的共享式发展道路，不仅需要党建引领和集体组织的全面带动，还需要引进外部的力量，承接外部资源，对接外部的社会需求，从而找准自身的目标定位，通过提供独特的产品和服务实现自身价值，推动农业农村朝现代化方向发展。

四　建立村民合作组织机制、建立"一体联动"的服务模式、打造乡村振兴的"软基建"

党的二十大报告提出"紧紧抓住人民最关心最直接最现实的利益问题，

坚持尽力而为、量力而行"。在国家财力有限的情况下，面对农民保障水平低、留守老人比例高、农业农村发展受限的现实状况，如何精准发力、如何有所作为，成为考验河北省各级党委和政府智慧的重大挑战。三个村庄办老年食堂的事例说明：以党建为引领，组织村民合作，内化社会力量，推进"三位一体"，重塑乡村共同意识，让乡村自身成为发展的根本性力量，对于全面推进乡村振兴能够起到重要作用。为了进一步显化这一作用，提出以下建议。

（一）村党支部走上前台，建立村民合作组织机制

村党支部是改变村庄面貌的一号资源，是带领全体村民跟着党走的核心力量。近年来，随着推进乡村振兴的力度不断加大，各类专项资金和配套资金覆盖了绝大多数村庄，但个别地方的农村基层党建工作容易蜕化为"要钱要物"的活动，因此，需要进一步拓展党建工作，让党支部走上前台，建立村民合作组织机制，带出一批想干事、能干事的群体。一是要组织动员。运用党组织的资源及影响力，吸引乡村创业能人、技术能人成立各类合作组织，动员村民自愿参与合作生产、合作经营、合作养老，形成共谋发展、共同奋斗的运行机制。二是要组织培养。通过各类组织和协会的工作发现一批懂经营、会管理、有特长的人才，培养他们的事业心和社会责任感，使其成为带动乡村建设的骨干力量。三是要团队支持。党支部要着重解决各类组织在发展道路上遇到的困难，鼓励志愿队伍在公共服务、灾害防控、安全维稳方面发挥更大的作用。四是要领导支持。发挥基层党支部与上级党委有组织及工作联系的优势，加强联络与沟通，取得政府以及其他机构的广泛支持。

（二）创新政府资源下乡方式，建立"一体联动"的服务模式

政府各业务部门分管下乡资源，对带动乡村发展起到了关键作用。但一些给钱给物的方式犹如蜻蜓点水、撒"胡椒面"，并不能将资源沉淀下去回应农民诉求。因此，想让政府资源产生持续效果，就需要创新服务方式，打

破政府部门和层级阻隔，建立"一体联动"的服务模式。一是打破层级阻隔。减少以往各层级政府部门各自召集村干部开会的方式，定期组织县乡各部门联合下乡，以村党支部为需方，在一张桌子上讨论如何解决该村的各种问题，以政府各部门的合力助推乡村靠自身的力量化解发展中的淤点、堵点。二是连接农民需求。各业务部门不能只当政策的"二传手"，要深入农村和农民交朋友，将政策与农民的实际需求结合起来，减少资源分配中的盲目性，避免吃"大锅饭"，提升资源下乡服务的针对性。三是政府资源适当向农民合作组织倾斜。农村需求不只是物质层面的，更重要的是精神层面、合作层面。政府相关部门在为基础设施建设、项目发展提供支持的同时，要在制度建设、组织建设和教育培养方面提供更多的支持，通过送技术、送人才、送服务的方式支持农民成立合作组织，增强村庄的主体性和自我发展能力，为村庄求兴求富求发展塑魂。

（三）公益力量为合作赋能，打造乡村振兴的"软基建"

乡村振兴和农民共同富裕的根本性力量就存在于乡村自身，社会公益力量要侧重于激发乡村内生发展动力，不仅要提供包括公益资金在内的硬资本，更要提升包括组织、人力、技术、文化的软资本的比重，增强乡村的应变能力和适应能力。一是公益力量要侧重于为乡村合作赋能。各类社会基金和民间捐助要以增强乡村发展能力为目标，向支持乡村完善组织制度、培养人才、管理运作、激励成员等方面拓展，推动以乡村为主体的自我发展。二是深度挖掘乡村资源自有价值。各类组织和协会要帮助乡村对接外部市场，按照社会需求寻找和修复乡村存量资源，通过发展农民合作组织，整合、重组、利用这些资源，实现外部市场和广大农民的双赢。三是重视专业社会工作。加大政府购买农村服务项目的力度，充分发挥社会工作在孵化组织、链接社会资源、赋能农民方面的专业作用，打造乡村振兴的"软基建"，增强乡村自我发展的能力。

B.13
河北省生态共享发展机制研究[*]

赵乃诗[**]

摘　要： "共建共治共享"是新时代社会治理的发展方向和治理范式。共享发展是包括生态共享在内的全面共享，生态共享是共享发展理念的内在要求和重要内容。生态共享是指生态环境方面的责任、利益由全体人民共同承担、共同拥有和共同享用。本报告通过对生态共享与生态共享机制的相关研究的系统梳理，阐明生态共享的科学内涵、生态共享机制的构成以及推进生态共享机制建设的基本原则，分析河北省生态共建共享面临的困境，进而提出构建生态共享发展机制的实现路径。

关键词： 生态共享　共享发展　河北

2017年，党的十九大报告正式提出"打造共建共治共享的社会治理格局"。2022年，党的二十大报告明确提出"建设人人有责、人人尽责、人人享有的社会治理共同体"。"共建共治共享"成为新时代社会治理的发展方向和治理范式。生态共享是共享发展理念的内在要求，是生态建设和社会建设的连接点、出发点与本质要求，为了加快实现人与自然和谐共生的现代化，实现生态环境的公平正义与生态成果共享，必须尽快建立健全生态共享发展机制。然而，目前学术界对生态共享发展机制的研究还处于起步阶段，系统性、综合性研究较少，关于生态共享发展评价体系的研

---

　* 本报告系赵乃诗主持的河北工程技术学院科研课题"河北省生态共享发展机制研究"的研究成果。

　** 赵乃诗，河北工程技术学院教学科研部干事，主要研究方向为环境治理与环境社会学。

究更少。为了加快生态共享的发展进程，需要加强对生态共享机制的理论构建与实现路径的研究。本报告通过对生态共享与生态共享机制的相关研究的系统梳理，阐明生态共享的科学内涵、推进生态共享机制建设的基本原则，分析河北省生态共建共享面临的困境，进而提出建设生态共享机制的实现路径。

一 生态共享的科学内涵

生态共享在我国尚属于新兴研究领域，作为跨学科研究领域，不同学者对生态共享有不同的研究视角和阐释。科学界定生态共享的基本内涵，是深入推进生态共享机制建构的基础和前提。

（一）共享发展的基本内涵

共享发展是包括生态共享在内的全面共享。[①] 生态共享是共享发展的重要内容，科学理解生态共享首先需要对共享发展有明确的认识。正确认识共享发展的内涵，是研究共享发展的逻辑起点。目前，国内学术界从不同的研究领域和研究视角对共享发展进行了四个方面的研究。一是对共享发展的基本内涵进行了全面解读，从全民共享、全面共享、共建共享和渐进共享四个维度阐释了共享发展的基本内涵。二是对共享发展的理论意义和实践价值进行了深入探讨。三是对影响共享发展的各种因素进行了分析。四是对共享发展的实现路径进行探索，为共享发展的实现提供了有效途径。

陈雪、王永贵以全民共享、全面共享、共建共享、渐进共享为理论维度分析了共享发展理念，认为全民共享作为共享发展理念的重要组成部分，彰显了人民至上的价值追求。全面共享是发展权利、发展条件与发展成果共享的统一。共建共享是发展动力与发展目标的统一。渐进共享是渐进性与飞跃

---

① 罗健、梁德友：《生态共享：习近平共享发展理念的逻辑要求及实现理路》，《广西师范大学学报》（哲学社会科学版）2019 年第 2 期。

性的统一，中国的国情决定了共享发展不可能一蹴而就，共享发展必将经历由低级到高级、由不均衡到均衡的过程。共享发展作为新发展理念的出发点和落脚点，是引领新发展理念的核心理念。[①] 胡志平、甘芬主要从共享的全民性、全面性、差异性、参与性四个维度评述了有关学者对共享发展基本内涵的理解。[②]

罗健认为，共享发展理念的科学内涵包含了发展的价值旨向、动力来源、成果分享三个层面的内容。共享发展是中国特色社会主义的本质要求，三个层面的内容构成有机统一的理论整体。其中，为了全体人民是价值旨向，指明了共享发展的根本目的；依靠全体人民是基本动力，明确了共享发展的实现方式；人民共享是成果分配，明晰了共享发展的实践效果。共享发展是可持续发展的逻辑必然，也是中国特色社会主义科学发展的目标与归宿。[③]

学界对共享发展理念的研究虽然取得了一些成果，但尚处于起步阶段。研究还处于比较分散、零星的阶段，研究的系统性、整体性还不够，共享发展的基本概念、理论演进、中国经验、时代价值、现实困境、实践路径等重要问题的研究深度还不够。涉及具体层面、操作层面的研究还较少，特别是关于共享发展评价体系的研究更是鲜见。

（二）生态共享的基本内涵

生态共享是共享发展理念的内在逻辑要求，共享发展是包括生态共享在内的全面共享。共享发展的前提、动力、价值、目标等均与生态共享有紧密联系。没有生态共享，共享发展就是不完整、不全面的，是从根本上难以实现的。罗健、梁德友认为，生态共享主要指社会发展到一定时期，在人们共同参与、协作下，尽力保持人与自然的和谐关系，保障人们生态权益公平地

---

① 陈雪、王永贵：《全面把握新时代共享发展理念的理与路》，《南京工业大学学报》（社会科学版）2020 年第 5 期。
② 胡志平、甘芬：《国内共享发展若干问题研究述评》，《当代世界与社会主义》2016 年第 4 期。
③ 罗健：《共享发展的科学内涵与实现机制探析》，《中共天津市委党校学报》2016 年第 4 期。

实现，促进人群间的平等共享、区域间的均衡共享、代内与代际的可持续共享、现实与未来的永续共享，从而让人们能够公正平等地享有环境公共资源，共同享受美好自然环境。①

耿煜周、曾坚认为，生态共享是共享发展理念的重要内容，它以生态资源共享、生态责任共担、发展成果共赢为根本路径，以客观、公平、弹性、协调为基本原则，是一种在城市发展过程中指导生态文明建设的发展模式。② 周鑫认为，生态文明成果共享是生态建设的内在要求。生态共享是指生态方面的责任、利益由全体人民共同承担、共同具有和共同享受，是社会建设的重要议题。推进生态共享必须坚持社会正义和环境正义的统一，走生产发展、生活富裕和生态良好的文明发展道路。③ 彭文英界定了生态共建与生态共享的内涵，认为生态共建指共同进行生态建设，对生态保护与治理做出贡献；生态共享指共享生态环境和生态保护成果。生态共建共享应立足生态文明建设新思想新战略，尊重生态系统演变规律和经济发展运行规律。④

概括上述观点，本报告认为生态共享具有三个方面的内容：第一，生态共享是共享发展理念的内在规定性和其在环境保护领域的深化展开，共享发展是包括生态共享在内的全面共享。第二，生态共享是指全民共享环境治理和生态文明建设成果，其实质是生态环境方面的责任、利益由全体人民共同承担、共同拥有和共同享用。第三，优质的生态产品与良好的生态环境的公共性是生态共享的基础和前提。习近平提出的"良好生态环境是最公平的公共产品，是最普惠的民生福祉"⑤，阐明了生态文明建设的成果具有社会性，是属于全体人民的社会共同财富（即社会公共产品）。

---

① 罗健、梁德友：《生态共享：习近平共享发展理念的逻辑要求及实现理路》，《广西师范大学学报》（哲学社会科学版）2019 年第 2 期。
② 耿煜周、曾坚：《生态共享视角下城市水系规划策略研究——以美国城市河流复兴为例》，2018 中国城市规划年会，2018 年 11 月。
③ 周鑫：《社会主义社会建设视域下的生态共享》，《理论界》2010 年第 8 期。
④ 《探索京津冀生态共建共享机制》，人民论坛网，2018 年 12 月 28 日，http://www.rmlt.com.cn/2018/1228/536299.shtml。
⑤ 中共中央宣传部：《习近平新时代中国特色社会主义思想学习纲要》，学习出版社、人民出版社，2019，第 170 页。

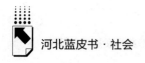
二　推进生态共享发展的基本原则

中国式现代化是人与自然和谐共生的现代化。推进生态共享发展既是谋求人与自然和谐发展与共生共进的有效途径，也是其价值遵循。为了深入推进生态共享发展，必须坚持以下三个基本原则。

（一）坚持公平正义原则

公平正义是共享发展的核心理念和基本原则。共享发展包含对公平正义的价值追求。只有坚持共享发展，才能为人们提供公平的发展机会，保障人们平等参与发展的权利，保证人们公正享有发展的成果。生态正义主要指国内所有公民不论性别、年龄、种族、民族和教育程度、贫富程度，均有公平参与生态实践活动并承担环境保护、生态建设的责任与义务，平等享有生态环境权益。生态共享是生态正义的实际践行，推进生态共享必须在全社会确立生态正义理念，引导人们正确认识和对待生态共享。①

从共享发展的价值旨向看，生态共享所蕴含的生态公正是共享发展的内在价值遵循。习近平指出："加快改善生态环境质量，提供更多优质生态产品，努力实现社会公平正义，不断满足人民日益增长的优美生态环境需要。"② 共享发展本身包含了对生态公平正义的价值追求，离开了生态公正，社会正义的内容是不完整的。生态共享必然要求坚持生态公正，而生态公正关系不同人群间、不同区域间、代内与代际生态、经济等利益的正当满足。只有倡导生态共享，实现生态公正，做到生态责任、权利与利益的统一，才能保证人们公正地享有生态权益，并在此基础上更好地保障人们平等享有经济权益、政治权益、文化权益等其他权益，也才能更好地实

---

① 罗健、梁德友：《生态共享：习近平共享发展理念的逻辑要求及实现理路》，《广西师范大学学报》（哲学社会科学版）2019 年第 2 期。

② 习近平：《推动我国生态文明建设迈上新台阶》，《求是》2019 年第 3 期。

现社会的公平正义。总之，生态共享所蕴含的生态公正是共享发展的内在价值遵循。①

（二）坚持"四维治理"原则

党的十八大以来，习近平总书记在一系列重要讲话中不仅反复强调了要坚持系统治理、依法治理、综合治理、源头治理的治理模式，而且深刻阐述了"四维治理"的科学内涵和重要意义。②"四维治理"充分体现了新时代社会治理的理论创新与实践创新，也成为推进生态共享深入发展必须坚持的主要原则。

系统治理强调社会治理的系统性、整体性、关联性、协同性，既要求环境治理体系与其他治理体系相协调，又要求生态环境治理内部的协调性与良性发展。依法治理就是要重视法治在环境治理中的根本性、保障性作用，提高环境治理的法治化水平。综合治理就是综合运用法律法规、制度性规则与非制度性道德习俗约束，多措并举改善人的环境行为，协同推进生态保护和环境污染治理。源头治理就是要抓住环境问题产生的源头和本质，从源头上解决生态问题，治理环境污染，强调标本兼治、重在治本。③

"四维治理"抓住了环境治理的本质和关键，是我国环境治理实践和生态文明建设的科学总结与理论凝练。"四维治理"不是四种治理方式的简单组合，而是四种治理方式互相联系，具有整体性、引领性的治理原则与治理范式。

（三）坚持精细化原则

2015 年 10 月，党的十八届五中全会首次提出"要加强和创新社会治理，推进社会治理精细化"。社会治理精细化是一种由粗放型向精细化转变的社会治理模式转型。④ 精细化治理是政府职能转变与共享治理转型的题中

---

① 罗健、梁德友：《生态共享：习近平共享发展理念的逻辑要求及实现理路》，《广西师范大学学报》（哲学社会科学版）2019 年第 2 期。
② 张文显：《新时代中国社会治理的理论、制度和实践创新》，《法商研究》2020 年第 2 期。
③ 张文显：《新时代中国社会治理的理论、制度和实践创新》，《法商研究》2020 年第 2 期。
④ 南锐、康琪：《社会治理精细化的理论逻辑与实践路径》，《广东行政学院学报》2018 年第 1 期。

应有之义。共享发展的精细化原则强调的是治理政策、治理目标与治理对象的精准性及服务的精细化。作为国家治理变革的重要突破口，共享机制的精细化治理主要依托现行权威性体制，以公民需求为导向，在体制改革中精准施策，最终形成精细化的治理机制。共享治理的精细化并不是单一的技术化治理，它涵括了宏观制度、中观机制和微观实践等多个层面。[①]

生态共享是共享发展理念的重要内容，推进生态共享应该坚持精细化原则，环境治理也应该坚持环境治理政策、环境治理目标与环境治理对象的精准性，坚持生态服务的精细化，只有这样才能提高环境治理质量和环境治理成效。

三　河北省生态共享建设面临的现实困境

近些年来，河北省虽然在大气污染治理、水环境治理、固体废物治理、农村生态环境治理、绿化与荒沙治理等方面取得显著成效，城乡居民享受到更好的生态环境，但进一步推进生态共享还面临许多现实的困境。

（一）生态共享意识薄弱

全社会生态共享理念的缺乏，影响了人们共建共享实践活动的自觉开展。人的行动自觉源于先进理念的指导。生态共建共享作为人们共同的实践活动，若想在现实中自觉展开，需要以全社会树立先进的生态共享理念为前提。生态共享理念包含但不等同于生态保护、生态建设理念。生态共享理念主要体现为：在共生共存利益共同体基础上的生态权益、生态公正、生态责任、生态共建等具体的价值观念与思想意识。[②]

[①] 欧阳康、熊翔宇：《迈向共享：新时代国家治理的价值范畴、行动逻辑与实现机制》，《河南师范大学学报》（哲学社会科学版）2018年第6期。

[②] 罗健、梁德友：《生态共享：习近平共享发展理念的逻辑要求及实现理路》，《广西师范大学学报》（哲学社会科学版）2019年第2期。

（二）环境制度与治理机制不完善

环境治理体制不够协调所产生的条块分割容易使环境治理各主体相互掣肘，难以形成合力。虽然我国的环境治理市场机制和社会机制得到了较大发展，且正在与行政机制融合，但各治理主体的责任界限还存在不明晰之处。环境治理主体责任模糊不仅影响治理主体关系的公平性，还缺乏自我调节和自我完善机制，造成环境治理主体关系的固化。[①] 部分地方政府为了当地的经济发展，有时忽视环境规制，导致国家环境政策落实难。

（三）生态环境大数据的建设与共享面临诸多问题

生态环境大数据建设面临的主要问题就是缺乏数据共享，其主要原因如下。一是生态环境数据复杂多样。二是数据没有规范化、标准化。三是生态环境数据开放严重不足、数据开放总量偏低。四是存在敏感性问题。判断哪些数据可以公开、哪些数据需要脱敏，对各机构来说都是困难。因此，对生态环境大数据进行标准化处理以及推动同类数据的对接平台建设是目前迫切需要开展的工作。[②]

（四）生态共享的社会支持体系不健全

社会组织与公众参与制度不完善，渠道不畅、能力薄弱。现行环保公益类社会组织管理制度不够完善，环境信息不够透明，社会组织与公众参与渠道不够畅通，参与领域有限。各级政府对生态环境保护方面的公众参与制度建设重视不够。[③]

环境治理主体自身意识、行动能力与职能定位不匹配。从政府的角度来看，一些地方政府对环境保护与经济发展的辩证关系认识不高，推动绿色发

---

①　昌敦虎、白雨鑫、马中：《我国环境治理的主体、职能及其关系》，《暨南学报》（哲学社会科学版）2022 年第 1 期。

②　张洋、贺斯佳：《共享生态环境大数据》，《中国科学报》2019 年 1 月 15 日。

③　解振华：《环境保护治理体制改革建议》，《中国机构改革与管理》2016 年第 10 期。

展的动力不足，行动不实。从企业的角度来看，地方政府在对经济发展和生态环境质量的平衡把握上容易产生环境治理中政府—企业关系的异化，进而影响公众参与。[①]

四　河北省生态共享发展机制的实现路径

在构建生态共享发展机制时，应该充分发挥政府在环境治理与生态建设中的主导作用，对企业、社会组织和公众的环境行为进行规范、引导和监督，构建多渠道公众参与机制，形成"党委领导，政府主导，企业主体、社会组织配合，公众广泛参与"的有效机制。

（一）生态共享发展机制

生态共享发展的实现机制主要指遵循人与自然和谐共生的发展理念，尊重生态发展规律，采取多种途径建立"人人参与、人人尽力、人人享有"的生态共建共享的发展机制。它主要包括理念认同、制度保障、平等参与、利益协调、监督约束等机制。

理念认同机制。思想是行动的指南，理论是实践的指导，构建生态共享发展机制首先应该建立理念认同机制。习近平生态文明思想是新时代生态文明建设的理论指南和根本遵循，是全面指导我国建设生态共享发展机制、实现人与自然和谐共生的中国式现代化的理论指南和行动纲领。生态共享发展的理念认同机制是指遵从生态发展与社会发展的客观规律，以中国特色社会主义生态文明理论为指导，逐步形成对生态共享发展的理念共识，进而引导全体人民认同并自觉践行生态共享发展理念。

制度保障机制。建构完善的生态环境制度体系，是促进生态共享发展的重要抓手和有力保障。只有坚持用最严格制度最严密法治保护生态环境，推

---

① 昌敦虎、白雨鑫、马中：《我国环境治理的主体、职能及其关系》，《暨南学报》（哲学社会科学版）2022年第1期。

进生态共享的发展进程才能有强有力的保障。生态共享发展的制度保障机制是指通过制度保障和法律约束，促使生态共享发展得到深入持久的推进，进而形成充分保障人民群众合法环境权益的机制。

平等参与机制。生态共享发展的平等参与机制是指在环境保护与生态建设中，从满足人民的生态需求出发，坚持生态公平正义原则，通过构建合理的生态环境制度体系，调动人民参与环境保护的主动性与能动性，形成环境治理的全民行动体系，合力推动生态共享发展的机制。

利益协调机制。生态正义涉及不同人群间、不同区域间、代内与代际生态与经济等利益的正当满足。生态共享发展的利益协调机制是指在环境治理与生态文明建设中，从不同社会主体之间的生态利益需求出发，在满足人民日益增长的对良好生态环境与美好生活需要的过程中，维护不同群体的生态利益的动态均衡，促使人们平等享受生态文明建设成果的机制。

监督约束机制。生态共享发展的监督约束机制是指通过法律监督、纪律监督、环保督查、社会监督等多种监督形式，对各类社会主体的环境行为进行全面、全方位的监督，对违背生态共享发展的行为给予相应的惩处，从而规范推进生态共享发展的一种机制，以最大限度地保证生态共享发展过程的公平正义。

（二）生态共享发展的实现路径

生态共享关涉共建问题，又关系共享命题。实现生态共享，需要以公平正义理念引导全民参与生态共享、以整体建设全面保障生态共享、以人际合力的激发推进生态共享、以制度体系的完善渐进推动生态共享。①

1. 构建生态共享的理念认同机制

加强生态文化体系建设，培育新型生态共享意识。建立健全以生态价值观念为准则的生态文化体系。要将培育生态文化作为现代公共文化服务体系

---

① 罗健、梁德友：《生态共享：习近平共享发展理念的逻辑要求及实现理路》，《广西师范大学学报》（哲学社会科学版）2019 年第 2 期。

建设的重要内容，积极培育生态文明主流价值观，在全社会倡导勤俭节约、绿色低碳、文明健康的生产生活方式和消费模式，培育中国特色的生态文化自信与自觉，为推进生态共享发展提供内生动力。

加强环境宣传与教育，针对政府、企业、社会组织和公众的不同特征和不同层次分类施策，提高各主体的生态环境保护责任意识和行动意愿，促进环境治理主体间的信息畅通，提升各主体共同参与环境治理的有效性。[①]

2. 构建生态共享的制度保障机制

持续完善环境治理制度，健全生态共享发展的体制机制。制度问题是带有根本性和全局性的问题，要想顺利推进生态共享发展，必须要有完善的制度体系和体制机制作保障。环境治理制度的制定应当以和谐、制衡、稳定、公平、效率为识别环境治理主体关系良好运行的标准，通过明确治理目标，理顺主体间的关系，形成责任约束。环境治理制度的设计应当同生态环境问题的长期性、全局性和累积性契合，针对各类环境治理主体，健全生态环境保护责任追究制度和环境损害赔偿制度，强化制度约束作用。[②]

改革环境治理基础制度，建立覆盖所有固定污染源的企业排放许可制，实行环保机构监测监察执法垂直管理制度。建立全省统一的实时在线环境监控系统。健全环境信息公布制度。开展环保督察巡视，严格环保执法。

3. 构建生态共享的协同治理机制

环境治理是实现生态共享的重要任务、核心内容和主要途径。新时代提高环境治理质量的策略包括五个方面的内容。一是持续打好蓝天保卫战。加强大气污染的综合治理与污染物协同控制，基本消除重污染天气。二是持续打好碧水保卫战。统筹水资源、水环境、水生态的协同治理与综合治理。健全城市黑臭水体治理长效机制，保障人的饮用水安全。三是持续打好净土保卫战。加强土壤污染源头防控，从源头上保障土壤安全，为维护食品安全提

---

① 昌敦虎等：《推进中国环境治理体系和治理能力现代化——PACE 2019 学术年会会议综述》，《中国环境管理》2019 年第 5 期。

② 昌敦虎、白雨鑫、马中：《我国环境治理的主体、职能及其关系》，《暨南学报》（哲学社会科学版）2022 年第 1 期。

供基本条件。四是持续治理农村农业环境污染。强化乡村环境基础设施的共建共享，建设生态宜居新农村。五是提高环境综合治理与系统治理能力，健全现代环境治理体系，促进环境治理的科学化与现代化。

4. 构建生态共享的利益协调机制

维护公民的环境权是构建生态共享利益协调机制的有效途径。环境权是生态文明时代的标志性权利，是促使生态文明由抽象的价值理念转变为广大民众普遍的环保意识和广泛的环保行动最为切实有效的制度工具。维护公民环境权是生态文明建设的首要任务。从法律的角度来看，确保环境质量的良好，最直接、最有效的办法是确认环境权，赋予公民同污染和破坏环境的行为坚决斗争的法律武器。[①]

共建生态环境基本公共服务体系，确保人人拥有平等的环境权益，让生态环境基本公共服务成为最普惠的公共产品和公共服务。一是为公众提供饮用水安全、污水处理、垃圾处理等基本环境民生服务；二是为公众提供环境监测和信息发布等基本环境信息服务；三是为公众提供污染事故预防及应急处理的基本环境安全服务，最大限度保障人民群众的生命与财产安全。[②]

5. 建立健全生态共享的监督机制

构建多元的生态共建共治监督体系。综合运用多种监督监管手段，建立健全生态成果共享监督机制。需要综合运用经济、法律、行政等多种监督监管手段来建立健全生态成果共享监督机制。政府的监督体现在事前制定政策、事中监督执行、事后评估总结。政府的生态环境监管应吸收应用全社会的创新成果，开发预警化、信息化和便携化生态环境监测技术体系，并促进其他主体环境治理能力的提升。[③]

6. 建立生态共建共享大数据中心，形成生态资源信息共享机制

整合全省生态环保、社会经济等信息数据，搭建全覆盖、全过程、全系

---

① 杨朝霞：《环境权的理论辨析》，《环境保护》2015 年第 24 期。
② 王磊峰、李佳佳：《试论共享发展理念下生态文明治理路径》，《老区建设》2020 年第 24 期。
③ 昌敦虎、白雨鑫、马中：《我国环境治理的主体、职能及其关系》，《暨南学报》（哲学社会科学版）2022 年第 1 期。

统的河北省生态信息管理平台，建立生态共建共享大数据中心，为全省生态环境系统的常态化监测、评估、动态维护奠定基础，为跨区域生态补偿提供技术支持。数据库建设应在统计信息、部门数据公报等基础上，统一数据标准、统一更新时间。完善信息公开机制，形成生态资源信息共享机制。[①] 充分运用数字化技术创新生态治理模式，提升生态治理效率，实现生态环境的智能监测、协同治理与智能治理。

7. 构建绿色生活方式，培育生态共享的社会行动机制

消费模式的生态化、绿色化是推进生态共享发展的一个重要切入点和突破口。为了构建绿色消费模式，需要加强资源环境国情和生态价值观教育，在全社会倡导合理消费，力戒奢侈浪费，制止奢靡之风，倡导和推广勤俭节约、适度消费、绿色消费、可持续消费的理念，培养公民的环境意识与生态共享理念，引导全民参与绿色低碳的生产方式和生活方式，在日常生活和日常行为中根植人与自然和谐共生的意识，使绿色消费和绿色生活成为人的自觉行动。逐步形成符合生态共享理念的新型消费模式——绿色生态消费模式。

参考文献

田翠琴、赵乃诗：《经济变迁与环境治理转型的社会学研究——以河北省为例》，河北人民出版社，2021。

吴舜泽：《加快环境社会治理体系建设》，《社会治理》2015年第3期。

---

① 《探索京津冀生态共建共享机制》，人民论坛网，2018年12月28日，http：//www. rmlt. com. cn/2018/1228/536299. shtml。

B.14
社会保障视野下促进大学生就业的对策研究

车同侠*

摘　要： 因为三年疫情以及世界经济发展整体低迷，大学毕业生就业变得困难。除一些考研、出国留学以暂缓就业的大学生以及少量在国企、机关事业单位就业的大学生外，大部分大学毕业生需要在中小微企业就业、灵活就业以及创业就业途径上寻求出路。比起以往经济高速发展时期，大学毕业生整体出现了就业竞争压力大、就业难度大、就业收入水平低、失业率高的特点。虽然政府在就业社会保障方面出台了一系列政策来加大企业招聘力度，但是仍然不能满足大学毕业生的就业需求。这需要引起各级政府的高度重视，青年学生的就业问题既是民生问题，也是政治、安全和社会保障问题，要充分利用政府政策包激励企事业机关单位、基层政府及组织、中小微企业、基层社区、社会组织等开拓就业岗位，保障大学毕业生充分就业。

关键词： 大学生就业　社会保障　促进就业

一　大学生就业问题需要置于社会保障视野之下研究

党的二十大提出我国民生保障还存在不少薄弱环节，其中群众在就业方

---

* 车同侠，河北省社会科学院社会发展研究所副研究员，主要研究方向为社会治理、就业创业。

面存在不少难题，要实施就业优先战略，强化就业优先政策，把就业问题作为民生问题的重要内容，大学毕业生的就业问题成为新时期我国就业问题的主要内容。更好健全就业公共服务体系，加强大学毕业生群体就业兜底帮扶，解决大学毕业生就业问题体现了我党以人民为中心的发展思想。充分发挥市场在资源配置中的决定性作用与更好发挥政府作用，在社会保障与市场结合的基础上破解大学毕业生就业难题，是马克思主义科学理论在我国就业领域的具体理论指导和生动实践。

本报告选择社会保障视野下的大学生就业是基于以下几个方面的考虑。

其一，大学毕业生就业越来越难反映了民营经济发展困难。一般而言，国民经济发展处于顺周期，就业形势就会相对较好，国民经济处于逆周期，就业形势就会相对困难。全球经济整体处于低迷状况，疫情增加了经济增长的难度，加大了就业难度。民营经济具有显著体现经济发展整体质量的作用。众所周知，民营经济在促进就业和提振经济方面的作用巨大，在拉动经济发展，特别是在促进就业、出口和增加税收方面的作用不可小觑，是重要的市场主体组成部分，为市场注入活力。2022年末的中央经济工作会议进一步肯定了民营经济的"56789"作用，坚定两个毫不动摇是中央长期的政策方针。2023年在进一步促进民营经济发展方面的信心将有助于解决大学毕业生就业问题。

其二，社会保障的好坏直接影响大学生就业偏好。首先，体制内的岗位，大学毕业生供大于求。从最近全国以及河北省的公务员考试热度以及考研的热度，我们可以看到大学生就业越来越难的现实，大学毕业生特别是国内外名牌学校的大学毕业生报考公务员的热情高涨。除了就业难以外，另外一个重要因素是国家机关、事业单位的社会保障制度相对比较完善，保障水平也比较高，相比较而言，民营中小微企业的社会保障水平较低，甚至岗位本身就很不稳定。其次，发达地区和城市，大学毕业生供大于求。各地区经济发展水平各异，城市发展状况差距明显，一般经济发展比较好的地区和城市往往容易获得大学毕业生的青睐，其中一个重要原因就是这些地区和城市社会保障水平往往较高。

其三，大学毕业生就业水平能够直接体现政府就业公共服务水平。就业水平是国民经济发展最重要的指标之一，它不仅反映了经济运行的宏观形势，也反映了企业发展的微观发展现状。经济发展强劲往往伴随着民间投资增长，从而带来充分就业，经济发展缓慢会出现中小微企业发展困难，导致就业创业低迷，造成新增就业人口就业困难以及就业人口失业的双重困境。就业大学毕业生是每年就业新增人口的重要组成部分，其就业程度以及保障水平直接关系就业数量和质量，是反映民生的重要内容。中美贸易摩擦、逆全球化以及美元加息给我国经济整体带来了负面的影响，连续 3 年的新冠疫情给企业投资发展和居民消费、旅游带来了强烈的冲击。经济下行，中小微企业发展受到限制，导致出现了一些失业，新增劳动力的就业创业受到了经济发展环境影响。这些都对政府公共服务提出了考验，即应对新形势和新变化，保障大学毕业生的就业率和就业质量。

其四，要重视大学毕业生社会保障工作。根据已有的研究，社会保障制度可以在一定程度上对社会成员起到社会保障的作用，其中包含失业就业保障，可以有效保障社会成员基本生活，具有依法强制和经济福利性质，确保群众生活和社会稳定。社会保障功能之一就是在劳动力再生产遇到困难时给予劳动者及其家属基本生活必要保障。大学生就业难反映了经济低迷，社会保障特别是就业失业社会保险缺乏或者发展滞后的问题，在大学毕业生就业群体中较为严重。如何做好政策应对，做好大学毕业生社会保障工作成为社会保障工作中的一个新问题。

另外，大学毕业生作为朝气蓬勃的年青一代，充满激情，有知识，有力量，是中国特色社会主义建设的生力军，科学引导和保障大学毕业生就业，是重大民生问题。

二　河北省大学毕业生就业整体形势及政府应对策略

（一）更多大学毕业生应聘从线下转移到线上

受疫情影响，很多用人单位无法正常招聘大学毕业生，大学毕业生也无法去全国各地应聘，因此网上招聘变得更加火爆，特别是政府主办的网上招聘、招聘App成了大学毕业生就业的主要途径。政府主办的中国国家人才网、各省的人才服务云平台，以及91job智慧就业、智联招聘、前程无忧、智通人才通等，都成了大学毕业生就业的重要渠道。

河北省人社部门、教育部门等相关部门及高等院校先后多次组织大学毕业生云就业活动，尽最大可能满足商家及大学毕业生的就业供需需求。通过云招商云就业活动，为大学毕业生提供见习就业岗位，为企业提供稳企扩岗促就业机会。三年来，疫情对高校毕业生提出了一个新的要求，即积极应对疫情参加线上招聘，克服困难，提升综合素质。教育部门和企业等联合发力，在做好就业服务的过程中，做好大学毕业生就业的合理预期，从供需双方探索沟通渠道，提供沟通支撑，为大学毕业生就业提供更广阔的舞台。

（二）高校更加重视大学生就业促进计划

大学毕业生就业率反映了高校的整体教学水平和市场欢迎程度，也是检验学校成果的重要标准。高校历来重视大学毕业生就业率，在就业率压力下，高校大学生就业指导中心确实起着越来越重要的作用，特别是在指导大学生就业方面具有举足轻重的地位，一方面为大学毕业生与用人单位搭起桥梁，建立起直接的供需对接渠道，另一方面为大学毕业生就业创业提供间接的就业服务，包括宣传就业政策、就业市场调查分析、就业专业指导、推荐实习等综合性就业相关服务。

（三）更多大学毕业生采取了灵活就业形式

近年来灵活就业成为吸纳就业的重要途径。网购、点外卖成为人们的消费方式，互联网平台公司在灵活就业岗位创造方面发挥了重要作用。

直播行业兴起，就业创业门槛较低。SAAS（Software-as-a-service）是一种软件即服务的企业运营模式，用户直接利用成熟的社交软件系统或者App，销售产品或者提供服务。尤其是对于小微企业、个体户来说，SAAS

是一种非常便利的先进技术应用，企业不需要基础设施投资，也不用维护软硬件，能节省很多资金，有利于促进就业和创业。根据《中国互联网络发展状况统计报告》（以下简称《报告》），我国网民规模已经在 2021 年 12 月达到 10.32 亿人，互联网普及率达到 73%。其中农村上网人口达到 2.84 亿人，互联网普及率为 57.6%；60 岁及以上老年网民规模达到 1.19 亿人，互联网普及率达到 43.2%；在线办公 4.69 亿人，用户规模增长最快，同比增长 35.7%。① 人口行为方式的改变对社会经济运行和就业产生了很大的影响，疫情防控使得长久以来约定成俗的物理市场变得不稳定，在物理空间上阻隔了市场活动，互联网产业得以发展壮大，其中发展最为强劲的是视频直播产业，各个行业产业的很多企业盯住了产品和服务新的平台——短视频及直播平台。《报告》显示，在网民中，即时通信、网络视频、短视频用户使用率分别为 97.5%、94.5% 和 90.5%，用户规模分别达到 10.07 亿人、9.75 亿人和 9.34 亿人。② 随着商业活动空间的变迁，不同产品服务商掀起互联网创业活动的浪潮，具备各种行业经验的企业家凭借行业管理经验，开始借助短视频及直播 App 等各类互联网平台打造行业"连锁店"，也就是主播孵化基地。根据《今日头条》报道，短视频 App 的人均单日使用时长为 125 分钟，较长视频长 27 分钟，且差距呈扩大趋势；53.5% 的短视频用户每天都会看短视频节目，并且时间超过 1.52 小时。③ 巨大的浏览量为网上销售和购物提供了便利条件，新的消费方式催生了新的就业业态。短视频带货主播有大量的网络流量，主播依靠直播吸引粉丝，进一步把粉丝转化为消费者，形成网上商业活动的闭环。产品和服务涉及各个方面，有教育、宠物、功能性营养产品、服装、土特产等。

随着短视频平台发展相对成熟，带货主播就业竞争压力明显加大，只有具

---

① 崔爽：《第 49 次中国互联网络发展状况统计报告显示：我国网民规模达 10.32 亿》，《科技日报》2022 年 2 月 26 日。
② 崔爽：《第 49 次中国互联网络发展状况统计报告显示：我国网民规模达 10.32 亿》，《科技日报》2022 年 2 月 26 日。
③ 《我国短视频用户规模 8.88 亿！互联网发展状况统计报告发布》，澎湃新闻网站，2021 年 8 月 27 日，https：//m.thepaper.cn/uc.jsp? contid=14236742。

备创新思维并且有大主播指导带动，流量才足以支撑起灵活就业，否则还是无法持久。根据职友集对带货主播就业前景的市场需求调研，2022年前9个月企业需求增长29%，但是工资待遇较2021年下降13%。① 直播行业符合文化传媒发展的大势，但是主播需要具备专业知识以及灵活思辨、把控场面的能力。从这个角度来讲，有志从事直播行业的大学毕业生可以考虑在该行业就业。

（四）创业政策支持大学毕业生创业就业

在就业岗位稀缺的情况下，创造就业岗位成为政府就业公共服务的一项重要内容。创业最需要的是资金。政府对创业的大学毕业生一次性给予5000元初次创业补贴，不超过20万元的创业担保贷款，设立创业贷款担保基金，由指定担保机构承诺担保，政府贴息，银行发放政策性贷款。为进一步加大创业担保贷款发放力度，支持创新创业，省人力资源和社会保障厅与金融机构深入合作并签署协议，为符合条件的创业者以及吸纳一定比例符合条件人员的小微企业，开辟贷款和担保渠道，创新贷款担保经办模式、办理流程、管理运行、风险防控等举措，共同构建助力创业、合作共赢的创业就业机制，放大金融政策叠加效应，全力保障广大创业者和小微企业融资需求。2022年1~9月，全省新发创业担保贷款4318笔14.88亿元，发放额度比上年同期增长17.7%，促进1.84万人创业就业。②

（五）鼓励企业扩大招聘规模

河北省多部门联合发布促进大学毕业生就业的政策，有直接招聘政策以及间接的激励企业吸纳大学毕业生就业的政策，两者相辅相成，努力为大学毕业生就业扫除障碍。省人社厅、省教育厅和省财政厅三个部门联合印发的《关于加快落实一次性扩岗补助政策有关事项的通知》，与2022年应届大学毕业生签订劳动合同并缴纳1个月以上的失业保险费就可以享受每人1500

---

① 职友集统计数据，截至2022年9月30日。
② 《"创业担保贷款"签约仪式成功举办》，河北人社网，2022年10月12日，https://rst.hebei.gov.cn/a/news/tupian/2022/1012/12385.html。

元的一次性扩岗补助资金。"免审即享"是由失业保险经办机构将当地新参保人员信息与国家"普通高校应届毕业生身份核验接口"比对，发放给企业一次性扩岗补助资金。截至 2022 年第三季度，全省已为 2448 家单位发放一次性扩岗补助资金 1220.3 万元，惠及高校毕业生 8135 人。[①] 为了进一步稳经济、促进大学毕业生就业，省人社厅将受惠范围扩展到年龄 16~28 岁离校两年内尚未就业的高校毕业生。截至 2022 年 12 月 5 日，全省已为 6229 家企业发放一次性扩岗补助 3953.9 万元。[②] 为了贯彻落实二十大关于就业工作的最新指示精神，省人社厅于 11 月 20 日启动了为期一个月的系列活动推进公共就业服务工作，组织 3300 多家用人单位提供 5.7 万个就业空缺，促进河北省就业供需对接。

对于灵活就业大学毕业生毕业后缴纳的社会保险费，给予一定数额的社会保险补贴，原则上不超过其实际缴费的 2/3，高校毕业生社会保险补贴期限最长不超过 2 年。

（六）政府组织的拓展高校毕业生就业的其他渠道

政府拓宽大学毕业生就业的途径主要如下。其一，招录公务员和引才。根据中公教育的统计数据，2022 年河北省考一共提供 4639 个职位，招录 6560 人，相比上年减少了 1783 人，降幅 21%。[③] 其二，中国河北高层次人才引进交流工作已经进行了 13 届，2022 年首次面向高校进行引才，包括河北籍毕业生，为大学毕业生提供了就业的新途径。其三，引导高校毕业生服务基层，如到农村中小学任教、成为乡村医生、农村大学毕业生回村任职等。其四，增加各地临时公益性岗位、高校科研助理岗位、增加公办幼儿园等。

---

① 《河北一次性扩岗补助政策"红包"密集派发》，河北人社网，2022 年 9 月 7 日，https://rst.hebei.gov.cn/a/news/shengting/2022/0907/12266.html。

② 《河北扩岗政策再发力，免申即享真情助企》，河北人社网，2022 年 12 月 5 日，https://rst.hebei.gov.cn/a/news/shengting/2022/1205/12604.html。

③ 《2022 河北省考招录 6560 人 半数以上职位仅限应届毕业生报考》，"山西中公教育说"百家号，2022 年 2 月 23 日，https://baijiahao.baidu.com/s?id=1725521426335123036&wfr=spider&for=pc。

三 河北省大学毕业生就业存在的问题和困难

（一）就业率低，失业率高

一个地区的经济发展水平与当地产业以及教育发展水平有比较直接的相互影响关系，河北省产业结构偏重，就业吸纳能力有限，教育发展水平和质量都相对落后，没有一所"211"和"985"高等学校，大学毕业生就业竞争力也受到相应影响。2022年上半年，河北省城镇调查失业率为6.1%，全国为5.7%，[①] 河北省高出全国平均水平0.4个百分点。2022年上半年，河北省城镇调查失业率在全国31个省区市中排名第6（与黑龙江并列），河北省失业问题亟待解决。高校毕业生是就业重点群体之一，据统计，截至2022年5月底，河北省高校毕业生已落实毕业去向28.9万人，毕业去向落实率为55.2%。[②] 广东2022届高校毕业生毕业去向落实率为57.9%。[③] 河北省高校毕业生毕业去向落实率比广东低2.7个百分点，高校毕业生就业形势依然严峻复杂。

（二）就业规模大，就业压力大

河北省是人口大省和教育大省，人口规模和高校毕业生数量在全国排名都比较靠前。2021年河北省总人口数为74610235人，排在全国第6位，2018年河北省普通高校毕业生约为36.9万人，巨大的人口基数从根本上决定了河北省就业规模大，就业压力大，特别是大学毕业生的就业压力大。2022年，河北省高校毕业生规模达到52.4万人，比上年增加8.2万人，总

---

① 河北省统计局网站，2022年7月20日，http：//www.hetj.gov.cn/cms/preview/hetj/xwfb/101655889832032.html。

② 《惠企利民出实招丨千方百计援企稳岗 河北落实落细促进大学生就业举措》，长城网，2022年7月15日，http：//report.hebei.com.cn/system/2022/07/15/100987320.shtml。

③ 《广东省人社厅：广东2022届高校毕业生去向落实率57.9%》，"广州日报"百家号，2022年6月17日，https：//baijiahao.baidu.com/s？id=1735869735109816414&wfr=spider&for=pc。

量和增量均创历史新高。① 2022 年北京高校毕业生达 26.8 万人，较上年增加 1.6 万人，上海市高校毕业生共 22.7 万人，较上年增加 2 万人。② 河北省毕业生总量与增量均高于北京与上海，高校毕业生就业压力加大。

（三）就业需求减少，就业岗位紧张

河北省 GDP 排全国第 12 名，人均 GDP 排第 17 名，与人口规模和就业规模特别不匹配。三年疫情给河北省经济带来了困难，河北市场萎缩，大量中小微企业倒闭或者半营业，裁员减薪，中小微企业创造就业机会的可能性空前压缩，而中小微企业在以往经济形势好的时候承载了 70% 以上的就业岗位，如今出现了大学毕业生就业难、就业即失业以及考公热、考研热的现象。据河北省统计局的统计数据，2021 年第一季度，大、中、小型企业均实现两位数增长，之后增速均降为一位数。其中，大型企业增加值增速先降后升，而中、小型企业增加值增速均呈下降趋势，中型企业增加值增速从 2021 年第一季度的 19.3% 下滑至 2022 年上半年的 6.9%，下降 12.4 个百分点，小型企业增加值增速从 2021 年第一季度的 23.4% 下滑至 2022 年上半年的 1.6%，下降近 22 个百分点，中小企业发展乏力，中小企业被迫缩招减招。

（四）社会保障制度仍然不完善，难以保障就业需求

社会保障制度尚未全国统筹，制约劳动力流动，地区分割状况、不同保障水平影响大学毕业生就业选择。另外，大学生失业保险和失业救助制度缺失。有失业保险，个人失业以后可以领取保障基本生活的失业救济金，可以免费接受就业培训和再就业介绍。大学毕业生因为没有就业经历，尚且没有

---

① 《河北召开 2018 届普通高校毕业生就业创业工作会议》，国际在线，2017 年 12 月 20 日，https://hebei. cri. cn/20171220/9669e26d - 312a - fbda - a565 - f71a48c366f6. html？ from = singlemessage；《河北：改善民生再加力　提升百姓获得感》，河北公共招聘网，2022 年 8 月 9 日，https://rst. hebei. gov. cn/ggzp/ww/z/a/mobile_ news_ detail. html？ categoryID = 402 881855cfbea00015cf e1c9e6a0003&articleId = ff808081827ee9f001827faba7aa0064&selected = 0。
② 《中国发布丨高校毕业生规模破千万！各地打出促进就业"组合拳"，这些政策别错过》，中国网，2022 年 7 月 7 日，http://news. china. com. cn/2022-07-07/content_ 78308489. html。

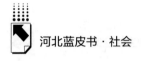

失业保险，无法获取失业救助制度保障，只能依赖父母生活，就业的心理和经济压力都比较大。毕业即失业的大学生应该成为失业救助的对象，但是失业保险只为自愿购买了保险的大学生提供保障。

四　社会保障视角下河北省促进大学生就业的对策研究

（一）进一步改善营商环境，促进民营经济发展

从制度政策层面为民营经济健康发展扫清障碍。坚持"两个毫不动摇"，始终把发展民营经济作为社会主义经济高质量发展的重要内容，构建亲清的政商关系，进一步优化营商环境；在市场准入、金融、产权保护和政策支持方面进行创新，解决民营企业融资难和融资贵的问题，从制度层面为民营经济发展壮大铺平道路；主要领导班子要深入基层调研，为民营企业发展解决具体难题。从舆论和媒体层面加强宣传，支持民营经济健康发展，定调子，通思想，凝共识。从党建引领上，进一步团结民营经济创始人以及管理人，共同维护经济发展和经济稳定，共同促进就业，为大学毕业生创造更大的就业创业平台，为实现经济强省、美丽河北做出贡献。另外，要构建平台和机制，鼓励民营企业家与各级党政部门多沟通，支持地方经济发展；鼓励民营企业完善股份制改革，完善人才管理办法，为大学毕业生的晋升发展提供科学有序的管理办法。

（二）打破社会保障制度分割，营造公平的就业环境

我国社会保障制度取得了重大的成绩，城乡社会保障覆盖面扩大，城镇居民医保以及新型农村合作医疗保险都从制度层面进行了破冰。今后需要进一步加强养老保障方面的制度安排，加快补齐制度短板，社会保障覆盖应重点考虑灵活就业人群、自主创业人群、农村外出打工者和失业大学生群体。加快城乡社会保障制度衔接，加强和完善社会福利制度，以及二次分配和三次分配，为人才特别是大学毕业生的自由流动提供基础。从长

远来说，要建立完善城乡一致的社会保障制度，尽快使城乡社会保障制度并轨，消除由城乡差别带来的社会保障待遇的差异。积极探索不同的制度安排并轨的问题。机关事业单位工作人员与企业职员所实行的养老保险制度不同，带来了较大的福利差距。这种人为的福利差距问题完全可以通过制度的安排解决。推进机关事业单位养老保险制度改革，缩小机关事业单位与企业养老保障水平的差距，发挥社会保障体系的作用，为大学毕业生就业问题的逐步解决创造良好条件。打破地区用人的限制高墙，促使高校毕业生就业竞争良性发展。

（三）建立大学生失业保险制度，为失业大学生再就业创造机会

建立大学生失业保险制度，由大学生根据自身情况自愿选择，并且坚持非自愿失业的原则。以高校作为缴费主体，由大学生、高校和政府共同承担大学生失业保险费用。这样有助于保障大学生基本生活，也可以将领取失业保险金的人数作为衡量标准，激励高校提高办学质量。三方出资比例，在调研的基础上实行试点。当然，社会公益性捐赠、校友捐赠等也可成为一部分基金来源。基金由专业的社会保障基金财政专户进行管理，确保依法和保值增值。失业保险金的使用，要把保障大学生的基本生活和解决再就业问题放到优先位置上来，确保失业保险金的规范、安全使用。

（四）建立大学生失业救助制度，作为大学生失业保险制度的有效补充

应建立相应的失业救助制度，作为大学生失业保险制度的有效补充，以促进大学生就业。建立大学生救助制度，可以很好地解决每年大量大学毕业生就业的后顾之忧，确保社会平稳运行。可以成立全省范围内的大学毕业生失业救助专项基金，保障大学毕业生失业救助。社保部门应该联合高校进行就业指导和就业培训。大学毕业生也可以参照城镇居民最低生活保障申领救助。失业救助金为特殊大学毕业生群体提供保障，能促进有经济困难的大学毕业生群体就业，对维护社会稳定也能起到一定作用。

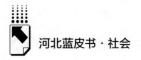
参考文献

代娅丽:《社会保障视角下促进大学生就业的对策研究》,《中国成人教育》2013 年第 20 期。

郑秉文、和春雷主编《社会保障分析导论》,法律出版社,2001。

B.15
新时代社会主义核心价值观
引领家风建设*

张国珍**

摘　要： 进入新时代，进行家风建设，是社会和谐发展的题中应有之义。本报告从家风内涵特征入手，分析家风建设的时代意义，以问题为导向，从社会结构变迁、制度性支持等方面分析家风建设中存在的问题，提出通过传承中华民族优秀传统家风、科学弘扬家风、发挥领导干部的引领示范作用、完善制度、开展多种形式实践活动等家风培育传承新路径。

关键词： 社会主义核心价值观　家风文化　家风建设

　　进入新时代，习近平总书记多次强调家风建设，将人民对家风的认识提到了一个新的高度，"不论时代发生多大变化，不论生活格局发生多大变化，我们都要重视家庭建设，注重家庭、注重家教、注重家风，紧密结合培育和弘扬社会主义核心价值观，发扬光大中华民族传统家庭美德"①。优秀家风的传承是政治稳定、经济发展和社会和谐的重要精神基础，需要重新审视家风蕴含的时代价值，以社会主义核心价值观引领家风建设，将河北地域文化和人文精神融入家风建设当中，丰富家风建设的内涵，赋予家风建设时

---

　*　本报告系 2021 年度河北省社会科学发展研究课题"社会主义核心价值观引领当代家风培育研究"（20210201027）的研究成果。
　**　张国珍，石家庄装备制造学校纪委书记，主要研究方向为思想政治教育。
　①　习近平：《在 2015 年春节团拜会上的讲话》，《人民日报》2015 年 2 月 18 日。

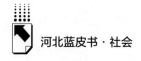

代特征和时代使命，强化人们对传统优秀家庭文化的认同感，提升人们建设与继承家风的观念和意识，促进家风文化与文明的繁荣与发展。

一 家风的内涵及家风建设的必要性和时代价值

进入新时代，进行家风建设，是社会和谐发展的题中应有之义，是弘扬社会主义核心价值观的具体体现。

（一）家风的内涵

我国学界对"家风"这一话题的研究很早就存在，名人家风家训方面的研究，如孔子、曾国藩、毛泽东家风家训等；关于家风文化经典著作的研究，如对《曾国藩家书》《朱子家训》《温公家范》《颜氏家训》等的分析研究。进入新时代，党中央将家风建设提升到国家治理的高度，弘扬社会主义核心价值观，将中国传统优秀家庭文化发扬光大。

家风有丰富的内涵，《辞海》对家风的定义为家庭或家族的传统风尚或作风。伦理学家罗国杰教授认为家风是指父母或祖辈提倡并能身体力行和言传身教，用于约束和规范家庭成员的风尚和作风。① 从文化的角度而言，家风是一个家族或家庭的精神风貌与风气，体现为家族祖辈传承而来或家庭在生活实践中形成的用以约束家庭成员的行为规范、道德准则，是一个家族或家庭的文化。家风是中国文化的重要元素，家风内涵丰富，形式多样，既可以体现为口头训诫、生活中的教化，又体现为有文字记录的家训、家规等形式。

（二）家风建设的必要性和时代价值

家风是中华民族传统的优秀历史文化，在我国社会发展过程中发挥着重要作用。随着时代和社会的变迁，传统优秀家风的文化价值在社会中的作用

---

① 罗国杰：《论家风》，《中国火炬》2000 年第 3 期。

逐渐弱化。进入新时代，家风问题重新引发全社会的高度关注，培育新时代的家风势在必行。

一是小家庭结构的现实需要。计划生育政策实施 40 多年来，我国的家庭结构发生了巨大变化。虽然二孩、三孩政策已经放开，但由于经济压力大、工作节奏快、社会负担重等各种因素，年轻人不愿意生二胎或者三胎的现象非常普遍，家庭结构依然以"4、2、1"的小家庭结构为主，这种简单的家庭结构共生支持能力不足，需要家风提供强有力的精神支撑和情感支持。二是社会转型及社会伦理道德的现实需要。中国传统社会以儒家思想为核心，以道德滋养家庭及社会文明。随着社会的发展变化与转型，传统家风受到了冲击，一些个人主义、享乐主义等不良社会思潮也对我国的社会道德环境造成了不良影响，一些家庭出现重利轻义、功利主义、人伦颠倒、不讲孝道、婚外恋、价值观扭曲等问题。家庭作为社会的细胞，需要以良好的家庭风尚带动良好的社会风气。家风建设能够激发个人的积极性和责任心，对社会主义现代化转型具有重要的现实意义。三是社会主义现代化强国建设的现实需要。"家国同构"是中国传统社会根深蒂固的思想意识，良好的家风建设为国家稳定、政治安全、经济发展、社会和谐奠定了文明的基础，是实现现代化强国的重要支撑力量。以社会主义核心价值观为家风培育提供价值导向，促进家风传承和发展，能够促进社会的现代化发展。总之，必须用社会主义核心价值观引导家风培育，激发新时代的家风新活力，使其为和谐家庭的建构以及现代化国家的实现贡献应有的时代价值。

二　新时代家风建设面临的问题分析

中国传统社会的家族制度，建立在小农经济及宗法血缘基础之上，由此形成的传统家风具有很强的社会稳定性，维系着几千年来中国社会的稳定与发展。但随着我国经济社会结构的转型与变迁，传统家族共同体不复存在，传统家风日渐式微。当前不良的家风现象和问题依然存在，表现为有些家庭

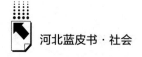
家风意识淡薄，长辈无法很好地引导子女成长；有些领导干部出现作风问题；有些家庭仍然存在重男轻女、愚孝等落后思想。

（一）社会结构变迁导致家风功能弱化

在我国从传统社会向现代社会的转变过程中，建立在宗法血缘关系基础上的家族制度逐渐解体，受人口流动迁徙、城镇化等影响，家庭结构逐渐变化，现代家庭规模缩小，主要由三代、两代、一代的家庭成员构成。2020年第七次全国人口普查显示，河北省平均每个家庭的人口为2.75人，比2010年人口普查减少0.61人，比1953年第一次全国人口普查减少1.64人，一代家庭越来越多。家庭教育、家风培育主要通过父母的言传身教进行，家庭教育方式相对单一，家风的传承意识淡化，教化作用淡化。

（二）不同区域的家庭培育家风的资源不同

从不同区域、城乡差别来看，当前区域发展、城乡发展不平衡不充分的问题明显，成长在城市和成长在农村的孩子，在能够享受到的教育资源和教育平台以及家长的教育理念等各个方面都有较大的差别。成长在大中城市的孩子拥有较好的教育平台，能够享受到相对充足和优质的教育资源和更多更好的发展机会，而经济发展水平较低的山区、坝上等地区教育资源与发达地区仍有差距，家庭对物质富裕的要求更高。区域、城乡教育资源的不平衡致使家庭教育对中国传统家庭文化的传承情况不一致，传统文化对家风培育的影响力下降。

（三）制度性政策性支持的不足阻碍家风建设

传统社会家风的兴盛与统治阶级的制度性支持和全社会的共同倡导息息相关，但现代社会对家风重要性的认识还存在不足，家风建设缺少一定的制度性政策性支持，一些部门围绕家风建设开展了一些工作，但还没有很好地形成全社会重视家风、培育家风的合力，需要全社会对家风建设，对社会主义核心价值观引领现代家风建设高度重视。

（四）多元价值观对家风传承带来消极影响

进入新时代，随着经济社会改革的不断深入，我国社会发生了根本性的变化，人们的思想越来越多元、开放，各类思想文化和价值观念交锋冲突，增加了对各类文化和价值进行认同的难度，不同的利益追求和价值诉求使人们的观念不再一致，使人们放弃了对一些优秀传统文化的传承，家风传承发生了一些断裂。

三 社会主义核心价值观引领家风建设的路径选择

用社会主义核心价值观引领家风建设是新时代的选择，也是社会发展的必然。通过传承中华民族优秀传统家风、科学弘扬家风、发挥领导干部的引领示范作用、完善制度等多种实践形式推进家风培育，把社会主义核心价值观融入家风建设。

（一）传承中华民族优秀传统家风，增强人们对中国传统家风的正确认知

好家风是对中华民族几千年来传承的价值取向和精神追求的浓缩，是世代传承的瑰宝。中国历史上拥有很丰富的关于家风建设的经典著作，如《颜氏家训》《温公家范》《家诫要言》《治家格言》《曾国藩家书》《傅雷家书》等，在历史文化的传承中，充分彰显着家庭、家族、宗族良好的家风，对于后人家风意识及家国情怀的培育都具有很强的借鉴意义和现实价值。清代王士禛学者祖传家训为"继祖宗一脉真传，克勤克俭；教子孙两行正路，惟读惟耕"，通过家训教育子孙牢记王家"耕读传家、克勤克俭"的优良传统。中国近代伟大的思想家和政治家梁启超的9位子女成为不同领域的专家，他的孙辈同样人才济济，梁启超之所以能为国家培养出这么多的栋梁之材，与优秀的家风是分不开的。中国传统家风讲究亲情、重视人伦，蕴含着丰富的道德观、人伦观、自然观、生命观，这是创新新时代家风的宝

贵思想资源。同时，要重视河北省内优秀家风文化的挖掘、传承与宣传，梳理省内家风、家族对当地文化的影响，如古为"九州之首"的冀州冯氏家族和赵氏家庭、范阳（涿州）卢氏家族、井陉于家、顺平王家等，梳理家风家史，形成河北本土家风典范。在迈向社会主义现代化强国的新征程上，家风建设面临新的机遇和挑战，要立足新时代发展要求，从传统家风中传承、吸收有价值的精神内涵，以社会主义核心价值观为导向，赋予中国传统家风新的时代内涵，做好传统家风的传承、创新和发展。

（二）科学弘扬家风，加强宣传引导，弘扬新时代社会主义家风

新媒体时代，科学弘扬家风，利用多媒体进行宣传引导，传播中国优秀的家风文化，不仅要宣传推广优秀的传统家规家训，还要讲好李大钊、狼牙山五壮士、董存瑞等革命前辈和李保国等新时代楷模的家风故事，弘扬新时代社会主义家风。充分发挥理论工作、新闻媒体、互联网、公益广告的功能与作用，对当代优秀家风文化的价值理念进行传播展示和宣传教育，对人民群众进行潜移默化的影响。在实践层面，开展科学家教、心理健康、现代技能培训等方面的提升活动，提高人民群众的家庭素养和处理家庭事务等方面的能力。建好用活各类展馆，运用现代展示技术，对中华传统优秀家风文化进行动态呈现，充分展示家教家风的优良典范。开展警示教育活动，教育后人懂感恩、存敬畏、树榜样、正风气，同时领导干部要带头廉洁奉公，教育家属子女清白做人、干净做事、廉洁从政，弘扬新时代社会主义家庭文明新风尚。充分有效发挥基层文化站的作用，在人民群众的生活中"晒家风、亮家训"。在基层做好"线上+线下"读书学习等各类文化活动，从中国传统历史文化、红色家风故事中汲取精神养分，厚植家国情怀，在全社会弘扬新时代的社会主义家风。

（三）以家庭为起点，培育家风，筑牢社会治理共同体

家庭是构成社会的细胞和基本单元，家庭更是连接个人与社会、国家的桥梁。从世代传承的家风中，我们可以发现一个家庭的文化层次与文化认

同，家风决定了一个家庭作为共同体的凝聚力和向心力，以及这个共同体的未来。具有良好家风的家庭和谐并且兴旺，而且从发展的角度看，家庭会绵延长久。家庭作为社会的单元，是社会治理的一个基本主体，也是构建社会治理共同体的重要组成部分，因此以家庭为起点筑牢社会治理共同体，对于整个社会治理共同体的构建具有基础性作用。高度重视家庭文明培育，努力使家庭成为国家建设、社会和谐的支点。家风具有一定的稳定性，家风是家庭在日常生活中慢慢积累并形成的稳定的生活习惯、生活作风以及为人处世之道等。家风体现整个家庭的文化层次和价值取向，是教化家庭成员的文化和道德资源，体现着对家庭伦理的思考与认知，因此应在尊重每个家庭成员的复杂性和多样性的基础上，通过家风培育、习俗传承等形式培育"和而不同"的家风治理理念，创新丰富多样的文明形式，倡导健康乐活、和谐向善的社会生活方式。构筑社会治理共同体，必须形成人人负责、人人尽责、人人享有的社会习惯和全社会的共同偏好，将其寓于个人和家庭生活之中。

（四）传承中国传统优良家风，发挥领导干部的引领示范作用

进入新时代，党中央高度重视领导干部的家风建设。家风建设的阵地是廉政建设的重要阵地，党员干部要充分认识到家风建设的重要性，自觉重视家风建设，家风正、党风清。要发挥领导干部的引领示范作用，用廉洁奉公教育家属子女清白做人、干净做事。领导干部要用自己高尚的品格和实际行动诠释对党对国家的忠诚，要用严格的家教培育后代的价值信念和良好品格。"积善之家，必有余庆；积不善之家，必有余殃"，古人也用智慧之言时刻提醒后人，家风培育是留给子孙后代最宝贵的财富。党员干部的家风状况是人民群众对党的形象进行评价和考核的重要维度，是政风、民风甚至是社会风气的关键影响因素。要进一步加强党员干部家风建设，结合河北省各地的具体情况，开展丰富多彩、形式多样的宣传引领活动，引导人民群众牢牢把握住社会主义核心价值观的目标导向，深刻理解并悟深悟透作为整个社会价值准则的自由、平等、公正、法治。"修身、齐家、治国、平天下"，

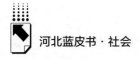

党员干部要从加强家庭管理、教育好子女等方面加强家风建设，为社会发展贡献力量。

（五）推进制度完善，开展广泛的群众性家风创建活动

推进家风建设，要采取多种方式方法，广泛开展各种群众性实践活动，引导人民群众自觉传承家风美德，使社会主义核心价值观真正融入日常生活，内化于心。加强政府主导作用，进一步推动将家庭教育指导服务纳入各级政府经济社会发展规划、纳入城乡公共服务，作为民生实事项目推进落实。健全家庭教育工作机制，形成政府主导、协同配合、资源共享、齐抓共管的家庭教育支持体系。强化家庭教育公共资源的均衡配置，开发丰富多元的家庭教育公共服务产品，针对不同的群体开展支持服务。将家庭教育纳入对口帮扶内容，为特殊困难家庭提供家庭教育指导服务。健全党政主导、多方参与工作机制，推动家风建设，并将其纳入文明建设、社会治理考核考评。引导社会组织在家风建设中发挥作用，鼓励退休干部、老党员、退伍军人等群体，组建各类有益的文化社会组织。支持农村红白理事会、道德评议会等群众自治组织发展，在调处矛盾纠纷等各方面培育文明新风，推动形成民风淳朴、和谐向善的新风尚。建设"道德银行""美丽银行"，引导人民群众积极向善，激发基层善治的活力。开展群众性家风创建活动，探索家风创建的评价体制机制，对拥有良好家风的家庭给予表彰和奖励，对于家风不好的家庭，要通过社会舆论、道德评议以及开办家长学校等综合措施进行教育引导。总之，当前进行家风建设，需要政府、社会以及民间各方协同发力，共同营造积极向上的社会风气，为新时代家风建设提供必要的社会保障。

B.16
河北省城市青年民生发展状况研究

——以石家庄为例

单清华*

摘　要： 青年是社会主义现代化建设的生力军。同时，在经济社会不断转型发展的当下，河北省石家庄市青年民生发展面临一定的压力和困难，其中学习、工作、健康、经济压力四个方面尤为突出。生活负担不仅降低了青年群体投身社会主义建设的积极性和创造性，也影响整个城市的发展活力。青年群体面临的民生问题值得社会各方力量的关注，在鼓励青年群体努力奋斗的同时，政府、社会、高校、家庭等应采取积极措施减轻青年群体压力，切实解决青年民生问题。

关键词： 青年　民生改革　石家庄市

　　党和国家历来高度重视青年、关怀青年、信任青年，始终坚持把青年作为党和人民事业发展的生力军，为青年在革命、建设、改革中施展才华创造条件、提供舞台。党的二十大报告对青年提出了殷切希望："青年强，则国家强。当代中国青年生逢其时，施展才干的舞台无比广阔，实现梦想的前景无比光明。"青年作为未来社会主义现代化建设的主力军和生力军，要想在实践中绽放绚丽之花，就必须实现自身的全面发展，而与青年发展切身相关的问题就是民生。只有解决好青年民生问题，才能减少当代青年的后顾之

---

* 单清华，河北省社会科学院社会发展研究所研究实习员，主要研究方向人口与城镇化。

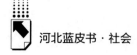

忧，让青年全身心投入全面建设社会主义现代化国家的新征程。

为深入了解河北省城市青年民生的基本状况，本报告以河北省会城市石家庄为例，节选了河北省青年民生发展课题组对 14~35 周岁的青年问卷调查数据。本次调查共获得 850 份有效问卷，调查的内容主要围绕学习、工作、消费、健康等方面展开。

一 基本调查情况

（一）调查对象性别结构

本次调查对象为目前在河北省石家庄市区学习、工作、生活的 14~35 周岁青年群体，受访青年中男性 412 人，占比 48.47%；女性 438 人，占比 51.53%。

（二）年龄段分布

在受访青年中，各年龄段群体分布较为均衡，其中 14~17 周岁的青年占比 20.35%，18~24 周岁的青年占比 31.41%，25~29 周岁的青年占比 24.24%，30~35 周岁的青年占比 24.00%（见图 1）。

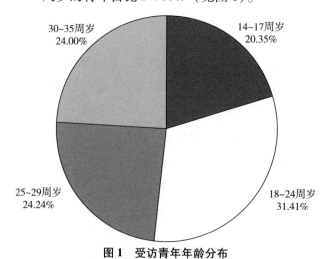

图1 受访青年年龄分布

（三）受教育程度

从受访青年的学历来看，半数以上拥有大学本科及以上学历，整体受教育程度较高。调查结果显示，占比最高的是大学本科学历，为43.65%，其次为高职/大专，占比17.41%，高中/职高/中专文化程度的占比17.18%，硕士/博士研究生占比12.24%，小学及以下占比0.35%（见图2）。

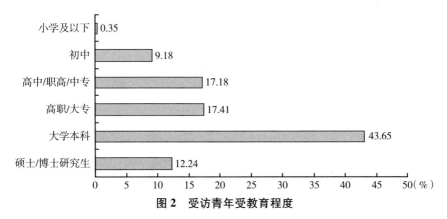

图2　受访青年受教育程度

（四）政治面貌

从受访对象的政治面貌来看，占比最高的为共青团员（40.12%），群众（35.53%）和中共党员（23.18%）占比略低，民主党派（0.59%）和无党派人士（0.59%）占比相同，均低于1%（见图3）。

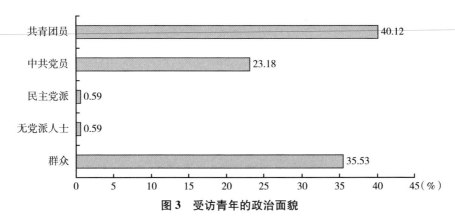

图3　受访青年的政治面貌

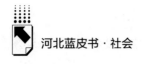

（五）目前所处状态

受访青年目前所处的状态以工作（48.71%）和学习（46.59%）为主，创业（3.06%）和待业（1.65%）状态均占较低比例（见图4）。

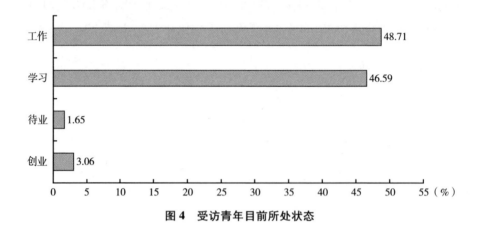

图4　受访青年目前所处状态

（六）身份类型

从受访青年的身份类型分布来看，占比最高的为学生，共计 46.42%（其中初中学生占 8.89%，大学学生占 23.33%，高中、职业高中或中专学生占 14.20%）。其次为企业普通职员（28.27%）、管理人员（8.64%），另外还包括公务员、社区工作者、公立学校教师和民办学校教师、医院医护人员等传统专业技术行业，以及新媒体从业青年、网约车司机等新行业从业人员，但占比均低于5%（见图5）。

二　城市青年群体民生状况分析

青年民生问题因年龄、性别和人生阶段的不同而有所侧重。调查数据显示，当前石家庄市青年群体面临的民生问题，集中体现在学业压力（44.59%）、工作压力（34.71%）、心理健康（32.35%）和经济压力

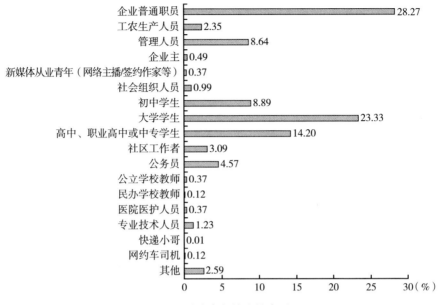

图 5　受访青年的身份类型

（29.53%）这四个方面，另外人际交往（18.82%）、婚恋家庭（15.29%）、就业压力（14.47%）等问题也不同程度地困扰着城市青年的日常生活。

（一）学业压力沉重，心理负担较大，"内卷"与"躺平"并存，渴望优秀成绩

学习压力对于未毕业进入社会的青年群体而言是首要的民生问题，中学生面临着升学和择校压力，在校大学生的压力主要集中在毕业后的选择，一方面是日益激烈的考研竞争，另一方面是严峻的就业形势。学业压力不仅来自青年个人和家庭，也是整个社会经济发展和竞争的结果。

受访青年偶尔感觉学业令人特别累的占 64.53%，超过一半时间这么认为的占 11.88%，每天都会这么想的占 5.06%，从中可以看出，学业的压力困扰着绝大多数青年。在回答最近半年出现过哪些心理压力时，占比较高的是焦虑不安、烦躁（52.94%），缺乏自信（31.88%），对时间无规划（29.53%），感觉精神空虚或孤独（28.35%），还有部分学生表示出现了难以适应学校或工作（9.06%）、莫名恐惧（14.47%）、与友人关系紧

张（7.06%）、颓废不振（7.88%）等一些心理、精神方面的问题，也有少量青年出现过打架、酗酒等（4.59%），沉迷网络（6.94%）等消极行为（见图6）。这些现象的产生与青年群体的心理压力有很大关系，较大的心理压力导致行为扭曲，无处发泄、疏导的心理负担会导致过激行为的产生。

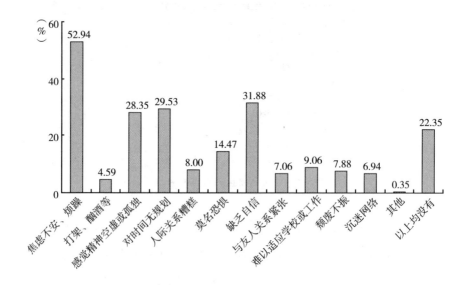

图6 受访青年近半年出现的问题或心理压力

因此，面对生活中出现的困境，74.47%的受访青年表示会主动想办法自己解决，有12.47%的青年表示会求助于亲友，有5.18%的青年表示备受煎熬等待时间冲淡，3.88%的青年会上网聊天或娱乐，2.59%的青年选择体育运动或购物，另有1.41%的青年表示悲观消极难以忍受。由此可见，超过90%的青年会选择某种方式解决学习生活中的各种困难，疏解心理压力，小部分青年会消极等待或者用不当方式去发泄。

近年来，"内卷""躺平"等新标签出现在青年群体中，这种现象反映了青年群体当下的社会心态。"社会心态是一段时间内弥散在整个社会或社会群体/类别中的宏观社会心境状态，是整个社会的情绪基调、社会共识和社会价值观的总和。"① 有学者认为，"内卷"现象的产生来源于既有社会容量下社会密度不断增大导致的个体间职业竞争的"白热化"。② 简而言之，"内卷"指群体间主动参与行业竞争。但凡竞争必定存在两面性，在对受访群体进行调查时，"内卷"带来的获得感高于内耗。调查数据显示，55.76%的青年认为"内卷"锻炼和提升了自己交流沟通、实践等能力，48.47%的青年认为"内卷"增强了个人的竞争力，39.88%的青年认为从中接触到更多的人脉。当然，盲目、无效的竞争带来的消极作用也很明显，有30.35%的青年认为"内卷"不利于营造良好的工作、学习、生活氛围，29.65%的青年认为个人支配时间减少，还有22.00%的青年感觉增加了不必要的人际交流，18.82%的青年认为"内卷"现象不利于社会发展（见图7）。

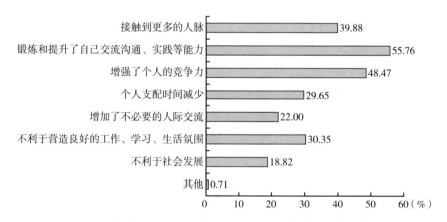

图7 受访青年认为"内卷"对个人工作、学习、生活的影响

"躺平"意指低欲望、疲于竞争、被动接受现实。有学者将"躺平"分为三类，"一是逃避式躺平，二是无奈式躺平，三是自嘲式躺平"。③ 调查结果显示，青年群体主要为逃避和无奈"躺平"，从原因分析，部分青年反映

① 杨宜音：《个体与宏观社会的心理关系：社会心态概念的界定》，《社会学研究》2006年第4期。
② 田牧野：《被玩坏的"内卷"与教育革命》，《社会科学报》2021年1月7日。
③ 覃鑫渊、代玉启：《"内卷""佛系"到"躺平"——从社会心态变迁看青年奋斗精神培育》，《中国青年研究》2022年第2期。

主要是生活压力和竞争压力大，选择自我逃避（76.12%），以及缺乏目标，找不到生存的意义和价值（68.82%）。另有青年表示，"躺平"也是暂停竞争、思考未来人生规划的有利时机（38.94%），或者没有机会参与激烈竞争，被动安于现状（36.24%），也有19.65%的受访青年认为当前现状符合自己的人生规划，可按部就班地享受生活。

青年渴望实现自我价值，对在校学生而言主要表现为追求优秀成绩，对更高层次教育的期待。调查显示，未来三年最想实现的目标中，与读书、学习相关的均排名靠前，47.88%的青年希望考个好成绩，24.82%的青年希望安静读书，18.47%的青年期待成功考研或考博（见图8）。总体分析，石家庄城市青年具有较高的文化素质，学习、工作积极努力，有较高的追求。

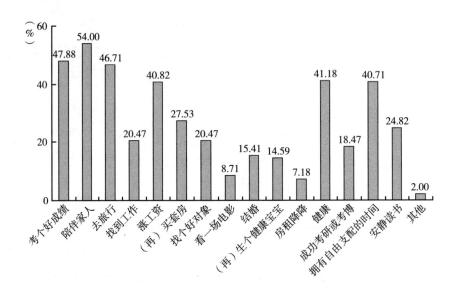

图8 受访青年未来三年想实现的目标

（二）工作状况不满意，有较高的职业选择预期，缺乏科学的职业规划

就业是民生之本，是保障和改善民生的头等大事，就业是青年走出校门

的首要问题，解决就业问题是改善青年民生的关键。数据显示，石家庄市青年群体对于目前工作状况的满意度不高，仅有 10% 的青年表示非常满意，53.64% 的青年表示比较满意，19.77% 的青年表示说不清楚，13.64% 的青年表示不太满意，还有 2.95% 的青年表示很不满意。工作满意度不高与诸多因素相关，包括预期收入与实际收入的差距、所学专业与工作的相关性、工作时长、工作环境、人际关系、升职空间等。

从每周平均工作时长分析，石家庄市仅有 7.95% 的青年低于 37 小时，37~44 小时的占 26.59%，45~51 小时的占 33.41%，52~58 小时的占 14.09%，58 小时以上的占 17.95%（见图 9）。按照 5 天 8 小时、每周 40 小时的标准工作时长分析，符合条件的不超过 35%；按"996"每周工作 72 小时，符合条件的低于 17.95%。总体来说，石家庄市青年的工作时长超过正常标准，但没有到超负荷的程度，工作时间较长，休息时间较少。

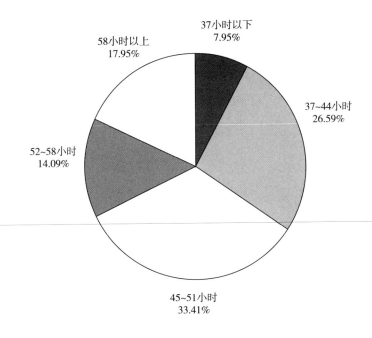

图 9　受访青年每周平均工作时长

从所学专业与工作的相关性分析，受访青年表示关系密切的占
30.00%，有关系，但关系不大的占 36.36%，基本没关系的占 22.95%，
没关系的占 10.68%（见图 10）。有 70% 的受访青年从事的职业与专业不
完全相关，其中的原因有多方面，诸如个人职业规划、薪酬、地域、职业
需求、行业需求等主客观原因，专业不对口会在一定程度上降低工作的满
意度，适应新行业新领域需要耗费青年更多的时间、金钱和机会成本，给
就业带来难度。

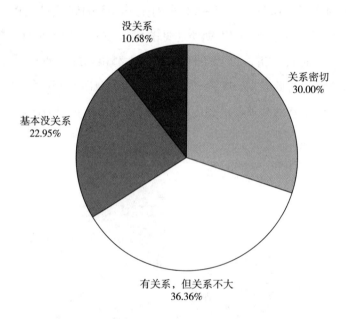

图 10　受访青年所学专业与目前工作的关系

分析受访青年的预期工作岗位发现，石家庄青年对工作岗位有较高的预
期，多为专业技能要求高且对学历有一定门槛的岗位，排名前三位的分别为
行政事业单位人员（41.29%）、高级专业技术人员（21.53%）、企业管理
人员（21.06%）。对从业门槛比较低的职业，如非专业技术类工人和农林
牧渔劳动者持有预期的青年占比较低（见图 11）。主要是因为专业技术类岗
位和事业单位有较高的稳定性和相对可观的收入，这一结果与石家庄城市青

年的受教育程度相呼应，超过 50% 的受访青年拥有大学本科及以上教育经历，超过 70% 的受访青年拥有大专及以上教育经历，因此青年在选择职业时偏向于符合自身学历需求的工作岗位。

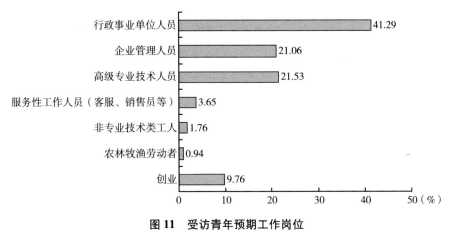

图 11　受访青年预期工作岗位

在对预期工作地点进行调查时发现，省会城市是石家庄青年群体的首选，占比高达 77.53%，其次为非省会其他地级市，占比 11.76%，县/乡一级地区占比 9.88%，村镇占比 0.82%（见图 12）。这是由于青年在选择就业地点时存在向上空间流动与社会流动的意愿与动机，会倾向于选择发展更好

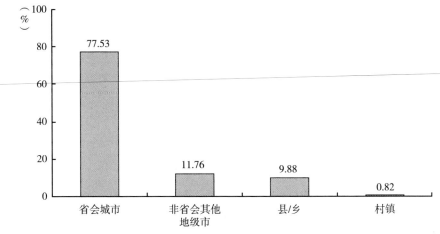

图 12　受访青年预期工作地点

的地区。省会城市是全省的资源集聚高地，汇集了全省优质的教育、医疗、经济、文化各方优势力量，有丰富的就业机会、舒适的人居环境、先进的城市发展理念，且相对于地级市，省会城市有优惠的人才引进政策和住房补贴政策等，因而青年会更愿意将省会城市作为预期工作地点。

大学生就业指导是就业服务的重要内容，科学的职业规划和就业指导能够帮助大学生顺利过渡到工作岗位，其中高校和政府承担着主要责任。调查结果显示，49.34%的受访青年没有接受过职业规划方面的指导培训，39.87%的受访青年参加的是学校组织的专业课程学习，参加过政府组织的公益培训班和社会培训班的占比较低，均为13%左右（见图13）。

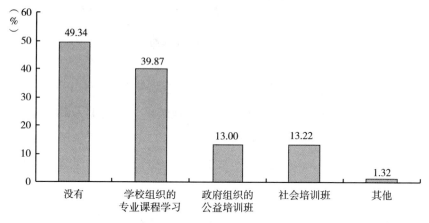

图13 受访青年是否接受过职业规划方面的指导培训

（三）身体状况总体良好，部分健康问题不容忽视，对医疗保障有迫切需求

身体健康问题虽然没有成为年轻人的主要障碍，但是保持身体健康、养成良好的生活习惯、全面提高自己健康水平和身体素质是民生之需。

在对身体健康状况进行调查时发现，石家庄青年群体总体上具有良好的身体状态，80.12%的受访青年表示健康（其中回答非常健康的占比32.00%，比较健康的占比 48.12%），另有健康状况一般的占比 16.12%，表示比较差的占比 3.41%，特别差的占比 0.35%（见图 14）。

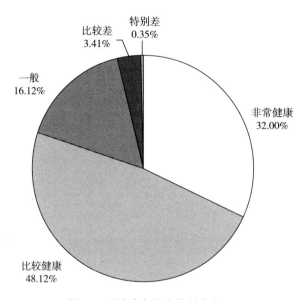

图 14　受访青年的身体健康状况

进一步分析受访青年当前面临的主要健康问题，发现当前青年群体受到诸多疾病的困扰，排名前五位的分别为睡眠质量不高（35.18%），肥胖（24.24%），颈椎、腰椎问题（23.06%），脱发、掉发（20.35%）和脾胃疾病（17.18%）。其中一些衰老性健康问题如血压高、血脂高、血糖高，脱发、掉发，心肺疾病及关节型疾病等逐渐波及青年群体，出现了中老年疾病"年轻化"的趋势（见图 15），反映出青年群体的工作压力人，而肥胖、营养不良等健康问题与青年群体的不良生活、作息习惯有密切关系。

心理健康是身体健康的重要组成部分。部分青年群体心智尚未成熟、心理承受能力较弱，不科学的解决方式不仅不能解决问题，还会加重心理负担，因此定期、有针对性地接受心理健康教育很有必要。在调查中发现，所在学校或单位能定期举行心理健康教育活动的占 27.06%，经常开展的占17.53%，偶尔开展的占 36.24%，从不开展的占 19.18%（见图 16）。过半

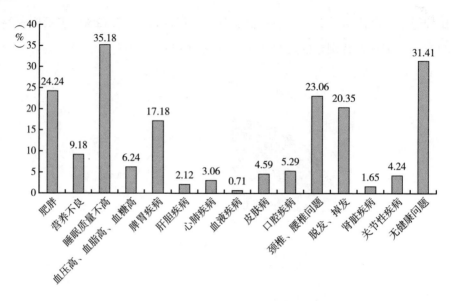

图 15　受访青年的主要健康问题

数学校或单位偶尔或从不开展心理健康教育活动，对心理健康问题的重视程度有待提高。

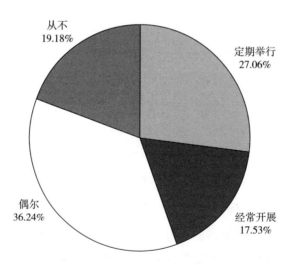

图 16　受访青年所在学校或单位是否经常开展心理健康教育活动

　　当今城市青年群体生活压力大、竞争激烈，诸多青年处于亚健康状态，另外"看病难、看病贵"也会不同程度地加重生活负担，因此保持身体健康也是青年群体的一项重要任务。调查发现，青年群体对健康服务存在迫切的需求，这些需求包括软件和硬件设施，其中排名最高的是便捷的医疗设施（72.35%），其次为体育运动设施（58.12%），需求较高的还有健康教育、运动指导与心理健康咨询（见图17）。心理健康问题是当今城市青年面临的比较突出的问题。青年群体对自身的健康状况比较重视，期望有便捷、充足的医疗运动设施满足自身健身需求，也需要科学、理性的健康教育与指导，青年群体的医疗保障制度亟待得到完善。

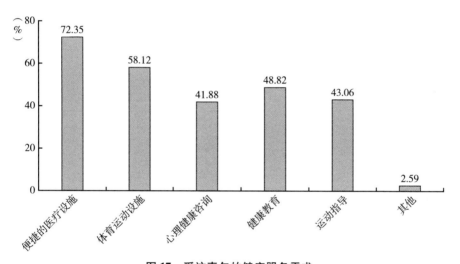

图17　受访青年的健康服务需求

（四）经济压力较大，收支基本均衡，购房难度大

　　经济压力几乎是每个大城市青年群体面临的主要问题。收入变化不大，房价一路飙升、居高不下，物价稳步提升，伴随着医疗、教育、养老、家庭开支增加，收支不平衡让广大青年群体承担着一定的经济压力。

　　从收入水平来看，石家庄青年收入总体不高，对收入状况满意度略低，高收入群体数量少，月收入主要在5000元左右。按照有无固定收入可分为两类，其中无固定收入者占比 44.35%；在有固定收入群体中，人数分布呈现"少—多—少"的纺锤形结构，其中 2001~8000 元收入者占比较高，共计 41.89%，2000 元及以下和 10001 元及以上的占比较低（见图 18）。经调查分析，受访青年群体的实际收入低于收入预期，68.12% 的青年预期月薪6001 元及以上，20.59% 的青年预期收入为 4001~6000 元，预期收入为 4000元及以下的占 11% 左右（见图 19）。

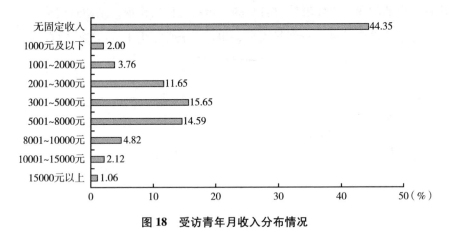

图 18　受访青年月收入分布情况

图 19　受访青年预期月收入

从消费水平来看，石家庄青年总体消费较为保守，超过 40% 的受访青年月消费在 2000 元以下，其中无固定消费支出的占 21.29%，固定支出按照所占比例高低，依次为 1001~2000 元消费群体占 26.82%，2001~3000 元消费群体占 14.94%，501~1000 元消费群体占 12.59%，3001~5000 元消费群体占 11.06%，500 元及以下和 10001 元以上的消费群体占比均低于 5%（见图 20）。

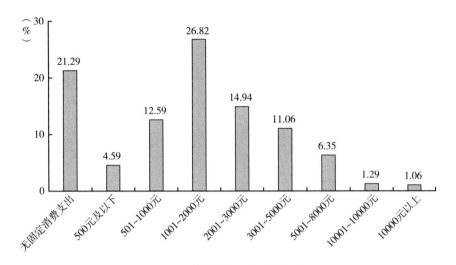

图 20　受访青年月均消费支出

综合收入与消费数据分析，受访青年的消费略低于或者与收入相当，在收支是否平衡方面，37.29% 的受访青年表示收入大于支出、有节余和存钱，46.71% 的受访青年表示收支基本持平，16% 的受访青年表示收入低于支出、存在透支消费或借贷消费。

青年群体的经济负担重主要体现在安居问题上，高房价加剧了个人和家庭的整体经济负担，也对青年群体的婚恋、生育问题产生间接影响，住房问题解决不好会降低青年群体的生活质量，甚至导致贫富分化加剧。青年群体的住房选择主要为租房、自购房和与父母同住三类，随着外来青年的不断增加及其对居住质量要求的提升，租房和自购房的比例会越来越高。

调查显示，受访青年对租房的满意度整体不高，对自购房有很大的需求，有 56.83% 的受访青年在租房过程中遇到过烦恼，部分受访青年在租房过程中遭遇过经济纠纷。对于购房者来说，仅依靠自身工作收入在石家庄市购房具有一定的难度。据调查，在住房资金的筹集上，70.93%的受访青年表示依靠自己的收入，58.59%的受访青年会依靠父母资助，44.71%的受访青年选择银行按揭贷款、公积金贷款等，11.45%的群体向亲戚朋友借钱，还有5.29%的青年选择信用卡、花呗等金融产品，2.86%的青年选择福利房，其他方式占3.74%。

三 推动城市青年群体高质量发展的对策思考

解决青年民生问题，就要真正走近青年，理解青年当前最迫切最紧要的需求，做到想青年群众之所想、急青年群众之所急、解青年群众之所困，重点关注困难青年、弱势青年、问题青年、边缘青年等群体的利益诉求，以务实的具体举措解决青年的现实问题，以人性化的政策回应青年的社会需求，切实推进中长期青年发展规划，增强全省广大青年的获得感、幸福感、安全感、满足感。

（一）坚持推进社会高质量发展，切实保障民生

不断推进经济社会的高质量发展，是解决青年民生问题的根本。发展是硬道理，只有发展才能切实保障民生。应尽快转变经济发展方式，不断深化改革开放，不断完善收入分配机制，满足青年群体日益多样的民生需求，为青年群体提供开阔的舞台，从而共享改革发展成果。因此，解决当下河北省城市青年所面临的民生问题，必须不断推进河北省经济社会的高质量发展，要全面落实党的二十大关于全面建设社会主义现代化国家的战略部署，充分解放和发展生产力，深入谋划和推进中国式现代化的河北场景。

（二）完善就业创业体系，加强就业保障

一是推动建立完善的青年就业创业政策体系。加强就业政策与财政、金融、市场等政策的协调，发挥公共财政的基础性作用，扶持发展现代服务

业、战略性新兴产业、劳动密集型企业和小微企业，支持新兴业态的发展，吸纳青年就业，鼓励青年自主创业，多渠道、多形式择业。二是加强青年就业服务。实施青年就业见习计划，健全城乡均等的公共就业创业服务体系，全面落实免费公共就业服务，积极提供职业技能培训和指导，对困难青年提供就业援助，帮助长期失业青年就业。三是加强青年职业培训。积极开展高校毕业生就业促进计划，为毕业生提供完善的职业指导、就业信息、就业见习、就业帮扶等服务。推动青年创业第三方综合服务体系建设，搭建各类青年创业孵化平台，完善政策咨询、融资服务、跟踪扶持、公益场地等孵化功能。四是优化就业环境。加大劳动保障监察执法、劳动人事争议调解仲裁诉讼、安全生产监管监察对青年群体的保护力度，营造公平就业环境，规范人力资源市场的选人、用人制度，加强失业保险、社会救助与就业的互联互通，保障青年群体的基本工作权益。

（三）坚持以政府为主导，发挥青年主体作用

青年民生问题的解决，离不开各级政府的积极作为。政府要大力拓宽就业渠道，注重通过稳市场主体来稳就业，财税、金融等政策都要围绕就业优先实施，加大对企业稳岗扩岗的支持力度，切实解决青年就业问题。政府要继续保障好群众住房需求，坚持"房子是用来住的、不是用来炒的"定位，探索新的发展模式，坚持租购并举，加快发展长租房市场，推进保障性住房建设，支持商品房市场更好满足购房者的合理住房需求，稳地价、稳房价、稳预期，因城施策促进房地产业良性循环和健康发展，全力保障青年群众的安居问题。进一步完善养老、生育等政策配套，加大对社会保障的投入力度，让青年群众更安心地投入现代化国家建设。

与此同时，要发挥青年的主体作用。青年群体有良好的受教育经历和高尚的人生追求，要提高明辨是非的能力，丰富精神动力，增强实践能力，激发创造力。不断提升青年群体的社会责任感和认同感，自觉将个人理想与社会发展结合在实践之中，个人的艰苦奋斗与国家兴衰息息相关，强化自身的使命和担当。

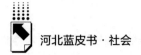

（四）加强文化引导，营造良好的社会氛围

文化引领和青年榜样示范是引导青年对人生价值、社会价值重识和重塑的有效路径。[①] 借助文化和榜样的力量建构青年群体价值观念，从而激发内生动力。

辩证看待"内卷"与"躺平"，鼓励青年以积极的心态看待社会矛盾，正确理解公平与正义，面对纷繁的社会思潮冲击，能够坚定理想信念，脚踏实地提高自身本领。优化教育导向和评价机制，革新教育理念，从人性根本出发，注重人的全面发展，培养德智体美劳全面发展的青年。

推动建立包容、友爱、安全的社会发展环境，各基层各行业要加大对青年群体的帮扶力度，积极打造公共文化空间，完善公共服务内容，持续改善和保障青年群体的基本权利，提升青年对工作生活的满意度。

[①] 沈东：《"内卷与躺平"冲击下中国青年奋斗精神的熔铸》，《中国青年研究》2022 年第 2 期。

B.17
数据要素赋能河北省乡村
数字治理现代化*

张春玲　徐　嘉　吴红霞**

摘　要： 乡村治理现代化是国家治理体系和治理能力的重要组成部分，乡村数字治理现代化水平影响着我国乡村振兴战略目标的实现。河北省在实现乡村数字治理现代化的过程中已经取得了初步成效，但仍面临乡村治理主体发展不健全、乡村治理体系不完善、乡村治理能力与现代化目标要求还有一定的差距等困境。随着数字经济时代的到来，数据已经成为重要的投入要素，在实现乡村数字治理的过程中具有独特的价值，深刻影响和改变着乡村治理结构和方式。因此，从理论层面梳理数据要素赋能乡村数字治理现代化内在逻辑，从实践层面揭示河北省乡村数字治理现代化的现实困境，进而探索数据要素赋能河北省乡村数字治理现代化实现路径，对补齐河北省乡村数字治理现代化短板、提升乡村数字治理效能具有重要意义。

关键词： 数据要素　乡村治理　数字治理

* 本文系 2022 年度河北省社会科学发展研究课题（项目编号：202207024）、2022 年度河北省科技厅软科学研究专项（项目编号：22557658D）、2022 年度河北省社会科学发展研究课题（项目编号：20220202362）的阶段性成果。
** 张春玲，燕山大学经济管理学院教授，博士生导师，主要研究方向为信息技术与管理创新、乡村治理；徐嘉，燕山大学经济管理学院博士研究生，主要研究方向为数字化转型；吴红霞，华北理工大学教授，硕士研究生导师，主要研究方向为城镇化管理与创新、区域经济。

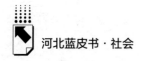
一　引言

2019 年 6 月，中共中央办公厅、国务院办公厅印发《关于加强和改进乡村治理的指导意见》，明确指出要推进乡村治理体系与治理能力现代化，并提出总体乡村治理体系和治理能力现代总体目标：到 2035 年，乡村公共服务、公共管理、公共安全保障水平显著提高，党组织领导的自治、法治、德治相结合的乡村治理体系更加完善，乡村社会治理有效、充满活力、和谐有序，乡村治理体系和治理能力基本实现现代化。党的十九届四中全会提出，要健全数据、知识等生产要素的评价机制，并将数据作为新型生产要素。党的二十大报告指出："全面建设社会主义现代化国家，最艰巨最繁重的任务仍然在农村。"

新一代数字技术及其衍生的"数据"要素，对乡村治理结构、乡村数字治理体系和治理能力现代化水平有着深刻影响。乡村数字治理在治理过程中主要表现为多元治理主体的协同性、政务数据的开放性以及治理决策的有效性。针对乡村数字治理问题，学界进行了广泛的研究，并提出了有针对性的解决途径，研究重点主要集中在以下三个方面。一是数字经济催生乡村数字治理新模式，推动乡村数字治理新进程。张蕴萍等探析了数字经济通过赋能农业生产方式、保障农民生活、完善农村政务服务等方面来提升乡村治理效能。[①] 邱泽奇等指出人口大流动带来了乡村治理结构新变化，数字经济时代产生的数字化是数字乡村治理的重要组成部分，数字化实践带来了乡村治理结构的"数治"新模式。[②] 二是通过构建乡村治理数据统一平台实现乡村治理系统化。王海稳等认为乡村数字治理能力提升的前提是保证信息能够在治理主体间实现充分而均衡的流通，而只有建立标准统一、开放完善和互联互通的乡村数字治理平台才能实现信息充分而均

---

① 张蕴萍、栾菁：《数字经济赋能乡村振兴：理论机制、制约因素与推进路径》，《改革》2022 年第 5 期。

② 邱泽奇、李由君、徐婉婷：《数字化与乡村治理结构变迁》，《西安交通大学学报》（社会科学版）2022 年第 2 期。

衡的流通。① 张兆曙对湖州市"数字乡村一张图"数据治理平台进行了案例研究，发现乡村数据管理平台全面感知村庄事务并进行智能化处理，形成了"一图感知、一屏管理"的乡村全景数字治理新模式。② 三是运用新一代数字技术丰富乡村治理手段，实现乡村的精准治理与高效治理。江维国等指出通过数字化技术构建乡村治理体系及加强现代化建设主要体现在数字技术促成乡村治理多主体共治、促进治理决策智能化、夯实乡村治理物质基础等方面。③ 王冠群等基于"技术—制度—价值"三维视角，剖析了数字技术通过数字理念嵌入、平台孵化与布局、系统性制度设计等路径赋能乡村治理体系构建，从而创新基层社会治理。④

现有研究大多关注数字经济、数字技术对乡村治理及乡村振兴的推动作用，较少有研究将数据作为单独的生产要素，探讨数据在乡村数字治理现代化中发挥的作用，如何通过数据要素赋能乡村数字治理现代化也缺少相关分析。因此，本文在分析数据要素特征及功能的基础上，全面分析数据要素在促进河北省乡村数字治理现代化过程中的内在机理，并就其实现路径提出相关对策建议。

二　数据要素赋能乡村数字治理现代化的理论内涵及内在逻辑

（一）数据要素赋能

数据是各种主体在进行各种社会活动的过程中产生的，数据要素已然作

---

① 王海稳、吴波：《乡村数字治理的现实困境与路径优化研究》，《杭州电子科技大学学报》（社会科学版）2021 年第 6 期。

② 张兆曙：《参与困境、场景升级与数字乡村的全景治理——对湖州市"数字乡村一张图"治理平台的案例研究》，《浙江学刊》2022 年第 5 期。

③ 江维国、胡敏、李立清：《数字化技术促进乡村治理体系现代化建设研究》，《电子政务》2021 年第 7 期。

④ 王冠群、杜永康：《技术赋能下"三治融合"乡村治理体系构建——基于苏北 F 县的个案研究》，《社会科学研究》2021 年第 5 期。

为一种新型生产要素参与生产作业。生产要素在不同的经济形态下具有不同的表现形式，在农业经济形态下表现为土地、劳动等，在工业经济形态下表现为土地、劳动、技术、管理等，而在数字经济形态下除了传统的生产要素，最特别的是表现为数据。数据要素和其他生产要素一样，同样具有价值转化的能力，将数据投入生产环节后，数据要素的价值可以随着生产过程转移到产品或服务中。相较于其他生产要素，数据要素最明显的特征是易复制性、非竞争性、融合性和高流通性，更重要的是数据要素对其他生产要素具有赋能作用。

赋能来自赋权理论的延伸，赋权是赋予行动主体资格，赋能是为行动主体实现既定目标提供新的渠道、途径和方法，提升行动主体的能力。数据要素赋能可以理解为以先进的信息技术衍生出的数据平台为基础，通过数据平台对数据进行收集、整理、分析、利用等以实现行动主体的权利回归和能力提升。数据要素赋能乡村数字治理体系构建和治理能力现代化旨在"用数据说话、用数据决策、用数据管理、用数据创新"，补齐乡村治理短板，创新乡村治理模式，提升乡村治理能力现代化。

（二）乡村数字治理体系、乡村治理能力现代化及二者的关系

乡村数字治理是指政府、企业、社会组织和民众等多元治理主体依托数字技术共同开展公共事务的治理。数字治理的作用不仅在于减少治理主体与治理客体之间的信息不对称，还能够进一步明确和划分治理主体的责任。

乡村治理能力现代化是依托物联网、大数据、区块链等新技术，集乡村治理主体、治理客体、治理方式和社会各领域于一体的过程，目的是通过乡村治理技术、手段和方式等的现代化，提高共建、共治、共享的乡村治理能力。治理主体是指有资格从事治理活动的组织和个人，当前，我国乡村治理需要党、政府部门、村民、社会团体等主体共同参与。治理客体是指影响乡村治理现代化进程的各种力量和各种因素，也就是客观存在的各种矛盾，乡村治理的首要任务就是利用大数据、区块链等新一代信息技

术深度挖掘这些矛盾。①

乡村数字治理体系和治理能力现代化是一个有机不可分割的整体，相辅相成。拥有科学的乡村数字治理体系能提高治理能力，提升治理能力能更大程度地发挥乡村数字治理体系的作用。乡村治理体系现代化离不开治理能力和治理工具的支撑，治理能力的提高少不了乡村治理体系的带动，二者相互依存。

（三）数据要素赋能乡村数字治理现代化的必要性

数据要素作为新型生产要素，在乡村治理中可以发挥独特的价值和作用。乡村各要素发展不均衡、主体治理能力相对较弱，从而缺乏必要的资金与人才支持，城市与乡村的数字鸿沟阻碍了乡村产业数字化转型，数据要素的赋能作用可以让资本、技术、劳动、管理等生产要素资源迸发新的活力，从而构建乡村数字治理新体系。数据要素赋能其他的生产要素并服务于其他的生产要素，使乡村数字治理体系更好地发挥治理功能，将其治理机制转化为一种能力，提高乡村治理能力，从而实现乡村治理能力现代化。②

（四）数据要素赋能乡村数字治理现代化的内在逻辑

数据作为新的生产要素具有赋能作用。数据通过驱动信息流动和信息共享，利用数据要素赋能乡村数字治理现代化，制定数据标准体系及建设方案、推进乡村数字治理建设标准、编制数据资源共享目录清单、健全数据信息安全法律法规。乡村数字治理体系包含自治、法治、德治三个方面。数据要素通过赋能数字乡村管理平台，实现地方政府、乡村居民、社会组织等多主体协同，构造乡村数字治理新模式，实现乡村自治。数据要素通过打造"互联网+"网格数据管理平台，实现乡村治理数据共享和政务公开，同时激发村民内能，加强村民对治理政务的监督，实现乡村法治。数据要素通过

---

① 马娇娇：《新时代推进乡村治理能力现代化的路径研究》，《山西农经》2022年第5期。

② 刘畅、付磊：《信息技术、数据要素与乡村治理体系和治理能力现代化研究》，《江南大学学报》（人文社会科学版）2020年第4期。

构建多样化乡村数据服务平台，加强村民公共价值引导和党建引领，促进乡风文明建设和中华民族传统文化建设，实现乡村德治。数据要素以大数据、区块链等新一代信息技术为载体，提升乡村数字治理手段现代化水平，进而实现乡村数字治理能力现代化。运用大数据技术将乡村治理决策过程从基于经验转向基于数据，借助数据挖掘手段把相互游离的乡村治理难题结合起来，使其关联化，挖掘出乡村治理的深层次核心问题，提升治理决策科学性；利用区块链技术完善乡村数字治理机制，优化治理结构，增强乡村治理能力。数据赋能乡村数字治理现代化内在逻辑见图1。

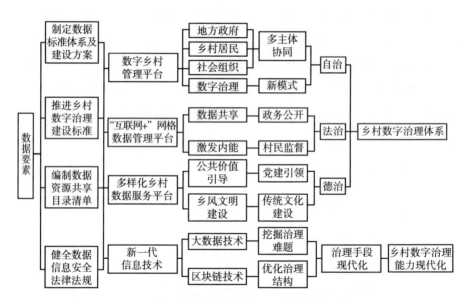

图1 数据赋能乡村数字治理现代化内在逻辑

三 数据要素赋能河北省乡村数字治理现代化面临的困境

随着我国数字乡村发展战略的实施，河北省一直在尝试进行乡村数字治理改革，数字乡村治理逐渐进入大众视野，但从全省来看，大多数农村地区还面临数字化基础设施薄弱、多元共治格局尚未形成、数据开放水平较低、乡村数字人才不足等诸多困境，实现河北省乡村数字治理现代化还需要各方面更多的努力。

（一）部分乡村地区数字化基础设施仍然薄弱

目前，河北省部分地区乡村数字化基础设施仍然很薄弱，特别表现为网络建设不平衡、不充分。河北省一部分乡村地区尤其是一些偏远山区人口密度小、居住地分散，基础网络建设存在困难，这些问题制约了乡村治理过程中数字化技术的使用。《2021 年度河北省互联网发展报告》显示，全省网民规模达到 5468.9 万人，全年新增 186.5 万人，较 2020 年增长 3.5%。其中，城镇网民占全省网民的 62.6%，农村网民只占 37.4%。乡村数字治理需要配套的基础设施作为支撑，但河北省现有的乡村数字化基础设施规模还不足以实现乡村数字治理的数字应用，难以实现有效的数据采集、整理和分析，一部分涉农信息的传播与发布存在滞后性。一些乡村为了节省建设成本，只能实现对现有数据的存储，缺少对数据的挖掘和利用，对提升乡村治理精准化收效甚微。

（二）多元共治格局尚未完全形成、基层治理主体能力不足

坚持共建共治共享，是加强基层治理体系和治理能力现代化建设的重要原则。在这一原则的指导下，河北各地也在进行积极的探索。乡村多元治理主体包括政府、村镇委员会组织、乡村居民、服务机构等多个组织和个人，长期以来，群众参与基层治理积极性不高是困扰基层治理的一个难题。同时，随着城镇化的持续推进，大量农村人口到城市发展，不少村庄出现"空心化"现象。《河北省第七次全国人口普查公报》显示，全省常住人口中，居住在城镇的人口为 44816486 人，占 60.07%；居住在乡村的人口为 29793749 人，占 39.93%。与 2010 年第六次全国人口普查相比，城镇人口增加 13241158 人，乡村人口减少 10485133 人，城镇人口比重提高 16.13 个百分点。由于各治理主体之间没有建立统一的数据采集标准，各自的数据信

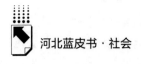

息系统无法兼容，数据整合利用存在困难，形成各数据治理主体之间的"数据壁垒"。

（三）数据开放水平较低，限制了乡村治理信息的传输与共享

河北省在数字乡村建设和乡村数字治理领域取得了一定的成效，但总体来看，仍未充分发挥数据在治理过程中的乡村社会态势感知、公共事务辅助科学决策等方面的作用，各治理主体的数字资源整合、数字治理意识仍不高。由于各类信息交流平台建设滞后，数据的传输往往是单向地向地方党委和政府集中，尚未在各个治理主体和部门间实现多向传输与共享，限制了其他乡村治理主体作用的发挥。加之河北省乡村社会数据庞杂，数字化人才欠缺导致信息管理和数据整合与操作能力不足，大量数据被简单堆砌，处理不及时、不规范，降低了乡村治理效果。

（四）乡村数字人才不足，制约乡村数字治理现代化实现

乡村数字治理现代化的推进，需要数字化素养高的人才。2021年中国社会科学院信息化研究中心发布的《乡村振兴战略背景下中国乡村数字素养调查分析报告》显示，城乡居民数字素养差距达37.5%，乡村居民数字素养得分显著低于其他职业类型群体；乡村居民在数字安全意识、电脑使用等多项具体能力上与城市居民差距较大。河北省大部分农村青壮年进城务工，留下的大多是老人和孩子。在这种大环境下，乡村数字治理现代化人才不足的问题就凸显出来。

四　数据要素赋能河北省乡村数字治理现代化实现路径

（一）搭建数字化基础设施网络，为数据要素赋能提供基础

重点支持乡村基础设施与服务终端数字化改造，补齐数字化基础设施短板，强化共建共享。加快推进4G网络在农村和边远、贫困地区深度覆盖，

探索 5G 在农村的应用，加快构建高速畅通、覆盖城乡、服务便捷的通信网络。建立偏远地区农村数字化服务普惠机制，支持电信运营商在偏远地区进行宽带网络维护，建立村民移动终端与专属网络资费优惠补贴机制。

（二）数据要素赋能乡村治理"三治"融合，完善乡村数字治理体系

自治、法治、德治是现代化乡村治理的三大基本要素，数字信息化网络平台催生的数据要素为"三治"融合的实施创造了条件。首先，乡村治理是针对乡村社会所存在的现实问题，通过发挥多元主体的作用化解矛盾、改善民生、促进公平的过程。治理的效率和效果既取决于多元主体共同协商和决策的能力，更取决于村民的参与程度以及参与行动的有效性。信任是其中关键的因素。与普通村民利益攸关的信息能否公开透明，影响着村民作为乡村治理主体的参与积极性，通过数据要素赋能乡村治理"三治"融合有助于乡村治理公共政务信息的公开透明。其次，有助于地方政府和社会组织等治理主体更精准和快速地了解村民的实际诉求，更好更快地解决村民关心的问题，提高村民满意度，激发其参与乡村自治的积极性和主动性。再次，数据赋能"三治"融合有助于提高立法者和治理者的信息收集、整合和分析能力，将充足的信息作为立法和决策的依据，提升治理效果。最后，数据赋能"三治"融合通过多样化的文化服务平台和党建引领为乡村善治提供政治保障，以弘扬中华优秀传统文化为载体，实现以"产业兴旺、生态宜居、乡风文明、治理有效、生活富裕"为总要求的现代化乡村治理体系。

（三）构建统一的乡村治理数字化平台，加强乡村治理数据要素整合

数据赋能乡村数字治理体系及治理能力现代化的关键在于提高数据资源在乡村治理过程中的利用率，打破治理多元主体间信息孤岛，促成多主体共治，实现资源共享、互助协商。数字技术在乡村治理中的应用可以突破时空

区隔，通过空间再造实现跨域治理，为有主观参与意愿但受客观条件限制的村民参与乡村治理提供了可能。建立统一的一站式"互联网+政务服务"平台。以省级政府门户网站为基础，整合本地各层级面向乡村居民的政务服务资源，建立覆盖市、县、乡（镇）、村的统一的"融媒体+政务服务"综合门户，为农户提供一站式便民服务与政务服务，做到"单点登录、全网通办"。

建设"冀农通"平台，能够打通相关厅局的数据孤岛，整合数据资源，形成数据共享中心，为政府、银行、保险、第三方平台提供标准统一、数据统一、监管统一的金融精准服务。建设"冀农通"平台，能够聚焦农业、农村、农民差异化需求，统筹兼顾新型农业经营主体和小农户，发挥政府引导作用，从城乡融合共生的视角，搭建城乡对接、多方共赢的科技平台，为乡村振兴主体提供精准服务。

（四）应用数字技术丰富乡村治理手段和方式，促进数据要素赋能乡村治理能力现代化

农村治理是一个非常复杂的体系，目前的农村治理还没有形成一个协调有效的治理系统，乡村基层单元的治理，离不开现代化的治理工具：信息技术和数据资源。一方面，数据要素为乡村数字治理提供了专业化、智能化、便捷化、即时性、开放性的治理平台与技术。另一方面，数据要素可以整合政府、市场与社会主体力量，推动农村居民广泛参与乡村治理，形成共建共治共享的乡村社会治理格局。数据要素是实现乡村治理现代化的重要推动力。数字技术赋能乡村治理，推动乡村治理的数字转向。数字乡村治理以技术赋能乡村治理手段，增强乡村治理能力，重塑乡村治理结构，改变乡村治理关系，提高乡村数字化治理效能。

（五）加强数字化教育培训，提升村民的数字化素养

乡村数字治理现代化的前提是村民对数字化的认可。首先要对村民进行数字化知识的科普，政府要充分利用现有渠道，加强对数字化知识的宣

传，采用多种形式引导村民正确认识数字化。其次，要充分发挥职业教育的作用，加大对农村职业教育的投入力度，针对农业生产经营的需求，开发适合农民的数字化课程体系和培养模式，培养数字化素养高的新型职业农民。

B.18
河北省科技创新与乡村振兴
融合发展研究*

吴红霞　崔博宇**

摘　要： 科技创新与乡村振兴在新时代的耦合协调发展，对实现乡村全面振兴具有重要意义。本文结合已有文献及河北省科技创新与乡村振兴发展现状，分别构建科技创新与乡村振兴两个子系统的评价指标体系，采用熵值法确定评价指标权重，并运用耦合协调模型对 2010~2019 年河北省科技创新与乡村振兴耦合协调水平进行测量。研究结果表明，河北省科技创新与乡村振兴两个系统的耦合协调程度达到优质协调，但仍需采取有效的措施来协调乡村振兴与科技创新的融合发展。

关键词： 科技创新　乡村振兴　融合发展

一　引言

农业是国家发展的根基和命脉，为实现农业强起来、农村美起来和农民富起来的目标，习近平总书记多次在中央会议中指出，要坚持把解决好"三农"问题作为全党工作的重中之重，坚定不移实施乡村振兴战

* 本文系 2022 年度河北省社会科学发展研究课题（20220202362）和 2022 年度河北省教育厅人文社会科学研究重大课题（ZD202207）阶段性成果。
** 吴红霞，华北理工大学教授，硕士研究生导师，主要研究方向为城镇化管理与创新、区域经济；崔博宇，华北理工大学管理学院硕士研究生。

略。《中共中央国务院关于实施乡村振兴战略的意见》部署了乡村振兴全面实现的时间节点，到 2035 年，乡村振兴取得决定性进展，农业农村现代化基本实现；到 2050 年，乡村全面振兴，农业强、农村美、农民富全面实现。

乡村振兴是实现农业农村现代化发展之路，是巩固脱贫攻坚成果之路，是实现全民共同富裕之路。乡村振兴要实现高质量发展，仅依赖现有农业农村的自然资源已无法实现，需要借助科技的力量。科技兴农，创新固本，将科技创新作为引领乡村振兴的第一动力。借助科技创新，实现乡村振兴的美丽画卷。现有文献倾向于研究科技创新与经济高质量发展、科技创新与新型城镇化协调发展、农业科技创新与乡村发展及区域科技创新与数字经济耦合协调发展等方面，但是较少关注科技创新与乡村振兴的融合发展问题。在此形势下，深入探讨科技创新能力与乡村振兴战略的融合发展水平，对推动乡村振兴战略的全面实现有一定的借鉴意义。

梳理已有文献发现，学术界对于科技创新与乡村振兴开展的相关研究主要集中在三个方面。一是区域科技创新与数字经济协调发展。赖一飞等运用耦合理论，基于我国 30 个省（区、市）的面板数据，分析了区域科技创新能力、数字经济发展水平以及两者之间的耦合协调度，并针对当前耦合现状，从资源要素配置优化、调整政策侧重点以及加强区域协作等方面提出建议。[1] 二是科技创新水平与经济发展的关系。谢泗薪等运用京津冀经济圈科技及经济发展质量的数据实证分析了科技创新水平影响经济发展质量，两者之间耦合协调经历了初级、中级、良好及优质等几个阶段，各地区发展在时序上也不同步。[2] 三是科技创新助力乡村振兴发展。严宇珺等从新发展格局的视角，从乡村农业、乡村产业等方面优化升级探讨助力乡村振兴发展，从科技、治理、规划、理念、制度等

---

① 赖一飞、叶丽婷、谢潘佳等：《区域科技创新与数字经济耦合协调研究》，《科技进步与对策》2022 年第 4 期。

② 谢泗薪、胡伟：《区域科技创新水平与经济发展质量协调性评价研究——基于京津冀经济圈科技及经济发展质量数据的实证分析》，《价格理论与实践》2020 年第 4 期。

五个层面研究了乡村振兴实现的路径。[①] 付广青等针对江苏省基层农业科技发展的现实状况，剖析江苏基层农业科技发展存在的问题，从加强组织领导、投入资金保障、深化科技合作等方面提出了农业科技创新支撑乡村振兴发展的建议。[②]

通过以上研究成果可以看出，学界针对科技创新、乡村振兴的研究成果已比较丰富，但是关于科技创新与乡村振兴两者间关系的研究较少，部分关于两者联系的研究主要是从定性角度单向分析两者关系，鲜有研究将科技创新与乡村振兴放入同一框架，从双向角度对两者之间的协调关系进行定量评价。鉴于此，本文基于耦合协调的理论视角，以河北省为例，以相关统计数据为基础，分别建立了科技创新和乡村振兴两个评价指标体系，随后对河北省科技创新发展水平与乡村振兴发展水平进行实证分析，并运用耦合协调模型定量评价子系统之间的融合水平，为河北省科技创新与乡村振兴的协调发展提供数据支撑和决策依据。

二　研究设计

（一）指标体系构建

1.科技创新发展水平测算指标体系

结合已有的文献研究，基于科学性、系统性、时效性及数据可得性等原则，科技创新发展水平评价主要包括科技创新投入、科技创新产出、科技创新环境等 3 个一级指标，并通过对一级指标的深度解构，选取了教育经费、研究与开发机构 R&D 课题数、国内专利申请数、技术市场成交额、研究与开发机构数、公共图书馆总藏量等 12 个二级指标，

---

① 严宇珺、龚晓莺：《新发展格局助推乡村振兴：内涵、依据与路径》，《当代经济管理》2022 年第 7 期。

② 付广青、裘实：《农业科技创新支撑乡村振兴战略实施的主要任务与对策建议》，《江苏农业科学》2022 年第 6 期。

构建了一个能全面反映河北省科技创新发展水平的测算指标体系（见表 1）。

表 1　河北省科技创新发展水平测算指标体系

一级指标	二级指标	指标性质
科技创新投入	教育经费(万元)	正向
	研究与开发机构 R&D 课题数(项)	正向
	研究与试验发展(R&D)人员当时全量(人年)	正向
	研究与试验发展(R&D)经费内部支出(万元)	正向
科技创新产出	国内专利申请数(件)	正向
	技术市场成交额(万元)	正向
	高等学校出版科技著作(件)	正向
	研究与开发机构发表科技论文数(篇)	正向
科技创新环境	研究与开发机构数(个)	正向
	公共图书馆总藏量(万册)	正向
	互联网宽带接入用户(万户)	正向
	每十万人口高等学校平均在校生数(人)	正向

2. 乡村振兴发展水平测算指标体系

对乡村振兴发展水平进行测算有利于了解乡村振兴的发展水平与差距，可以总结乡村振兴的实践经验。乡村振兴发展包含产业、生态、人才、文化、组织治理等多方面的内容。本文借鉴现有文献资料，并且依据国家发布的首个乡村振兴发展指数的评价指标体系，结合河北省乡村振兴发展的现实情况，构建了乡村社会进步、乡村经济发展、乡村生活水平、乡村生态环境等 4 个一级指标。通过对一级指标的深层次解构，选取了农业机械总动力、农村居民人均可支配收入、农村居民平均每百户年末计算机拥有量、造林总面积等 16 个二级指标，构建乡村振兴发展水平测算指标体系（见表 2）。

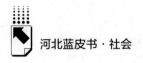

表2 河北省乡村振兴发展水平测算指标体系

一级指标	二级指标	指标性质
乡村社会进步	农业机械总动力（万千瓦）	正向
	乡村办水电站个数（个）	正向
	农村居民最低生活保障人数（万人）	反向
	每万人拥有农村卫生技术人员数（个）	正向
乡村经济发展	农村人均消费支出（元）	正向
	农林牧渔业增加值（亿元）	正向
	乡村个体就业人数（万人）	正向
	农村居民人均可支配收入（元）	正向
乡村生活水平	农村恩格尔系数（%）	反向
	农村居民人均肉类消费量（千克）	正向
	农村居民平均每百户年末计算机拥有量（台）	正向
	农村居民人均文教娱乐用品及服务总支出（元）	正向
乡村生态环境	造林总面积（千公顷）	正向
	生态用水总量（亿立方米）	正向
	农业化肥施用量（万吨）	反向
	水土流失治理面积（千公顷）	正向

（二）研究方法

1. 熵值法

熵值法是一种客观赋权法，主要是依据所选取的评价指标与总目标的离散程度来确定各评价指标权重。

（1）数据标准化

为消除各指标的单位差异，先运用熵值法对指标数据进行标准化处理。结合本文的数据特点，采用离差标准化方法进行数据处理，处理后的数据均为无量纲值，其中正指标和负指标进行标准化处理的具体公式为：

$$正向: x'_{ij} = \frac{x_{ij} - \min\{x_{1j}, \cdots, x_{nj}\}}{\max\{x_{1j}, \cdots, x_{nj}\} - \min\{x_{1j}, \cdots, x_{nj}\}}$$

$$负向：x'_{ij} = \frac{\max\{x_{1j},\cdots,x_{nj}\} - x_{ij}}{\max\{x_{1j},\cdots,x_{nj}\} - \min\{x_{1j},\cdots,x_{nj}\}}$$

由于在进行无量纲化处理中会出现 0 值，为消除其对结果的影响需进行平移处理：

$$x''_{ij} = H + x'_{ij}(i = 1,2,3,\cdots,m;j = 1,2,3,\cdots,n)$$

其中，令 H = 1。

（2）确定第 j 个指标在第 i 年占该指标的比重，计算公式为：

$$P_{ij} = \frac{x_{ij}}{\sum\limits_{i=1}^{n} x_{ij}}$$

（3）确定第 j 个指标的熵值，计算公式为：

$$e_j = -\frac{1}{\ln(n)} \sum\limits_{i=1}^{n} P_{ij}\ln(P_{ij})$$

（4）确定第 j 个指标的差异系数，计算公式为：

$$d_j = 1 - e_j$$

（5）确定第 j 个指标的权重，计算公式为：

$$W_j = \frac{d_j}{\sum\limits_{j=1}^{m} d_j}$$

2. 耦合协调度模型

（1）协调度评价指数 T

基于熵值法确定权重以及标准化后的数值，可以计算出科技创新与乡村振兴两个系统的协调发展指数，具体公式为：

$$U_i = \sum\limits_{j=1}^{n} (W_{ij} \times x_i)$$

在上式中，U_i 是指各个系统的发展指数，其取值范围为 0~1，其值越大，

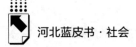

表明该子系统发展水平越高；W_{ij}是指各个评价指标的权重，由熵值法计算得出；x_i为运用极差方法标准化后的数值，将科技创新综合评价指数和乡村振兴综合评价指数分别记为 U_1 和 U_2。

在此基础上，计算科技创新与乡村振兴两个系统整体的协调度评价指数 T。

$$T = a \times U_1 + b \times U_2$$

T 为科技创新与乡村振兴的协调度评价指数，a、b 为待定系数，假设两个系统在协调发展中起着同样的作用，则系数 a、b 均取为 0.5。

（2）耦合度 C

耦合度指的是两个或两个以上子系统间相互作用的程度，不分利弊；而耦合协调度指的是两个或两个以上子系统间相互作用程度及其相互协调程度的大小，体现了协调发展的好坏。本文在已有文献研究的基础上，运用耦合度模型分析科技创新与乡村振兴系统间的耦合程度，具体公式为：

$$C = \left[\frac{U_1 \times U_2}{(U_1 + U_2)^2} \right]^{\frac{1}{2}}$$

其中，C 为科技创新与乡村振兴两个子系统的耦合度，且 C 处于 0~1 区间，C 越大表明两个系统间的耦合性越好，整个系统朝着有序方向发展，而 C 越小则表明两个系统间的耦合性越差，整个系统朝着无序方向发展。

（3）耦合协调度指数 D

耦合度模型只反映了各个系统之间相互作用关系，而没有很好地度量系统间的协调水平，因此还需要构建科技创新与乡村振兴协调指数模型，具体公式为：

$$D = (C \times T)^{\frac{1}{2}}$$

其中，D 为科技创新与乡村振兴的耦合协调度，其取值范围在 0~1 区间，D 值越大，代表两个系统耦合协调发展程度越好，反之则越差。

为了更科学准确地反映两个子系统之间耦合协调发展的程度，基于已有的文献研究，将科技创新与乡村振兴的耦合度值划分为 10 个等级（见表3）。

表3 耦合协调度等级及类型

耦合协调度	耦合协调等级	区间	分类
[0,0.1)	极度失调		
[0.1,0.2)	严重失调	$0 \leq D < 0.4$	失调衰退类型
[0.2,0.3)	中度失调		
[0.3,0.4)	轻度失调		
[0.4,0.5)	濒临失调	$0.4 \leq D < 0.6$	中间过渡类型
[0.5,0.6)	勉强协调		
[0.6,0.7)	初级协调		
[0.7,0.8)	中级协调	$0.6 \leq D \leq 1$	协调提升类型
[0.8,0.9)	良好协调		
[0.9,1.0]	优质协调		

三 实证分析

（一）数据来源

本文选取了2010~2019年河北省科技创新与乡村振兴的相关数据指标进行实证分析，研究中用到的数据主要来源于《河北省统计年鉴》《河北农村统计年鉴》《中国科技统计年鉴》等相关统计资料。

（二）河北省科技创新与乡村振兴子系统指标权重

根据熵值法确定河北省科技创新与乡村振兴两个子系统耦合协调评价指标体系的权重分别见表4和表5。

表4 科技创新评价指标体系权重

一级指标	二级指标	权重
科技创新投入 （0.242）	教育经费（万元）	0.0667
	研究与开发机构R&D课题数（项）	0.0667
	研究与试验发展（R&D）人员当时全量（人年）	0.0464
	研究与试验发展（R&D）经费内部支出（万元）	0.0624

续表

一级指标	二级指标	权重
科技创新产出 (0.442)	国内专利申请数(件)	0.0901
	技术市场成交额(万元)	0.2102
	高等学校出版科技著作(件)	0.0944
	研究与开发机构发表科技论文数(篇)	0.0473
科技创新环境 (0.316)	研究与开发机构数(个)	0.0783
	公共图书馆总藏量(万册)	0.0824
	互联网宽带接入用户(万户)	0.0758
	每十万人口高等学校平均在校生数(人)	0.0793

表5　乡村振兴评价指标体系权重

一级指标	二级指标	权重
乡村社会进步 (0.248)	农业机械总动力(万千瓦)	0.0601
	乡村办水电站个数(个)	0.0538
	农村居民最低生活保障人数(万人)	0.0603
	每万人拥有农村卫生技术人员数(个)	0.0738
乡村经济发展 (0.153)	农村人均消费支出(元)	0.0445
	农林牧渔业增加值(亿元)	0.0283
	乡村个体就业人数(万人)	0.0402
	农村居民人均可支配收入(元)	0.0401
乡村生活水平 (0.233)	农村恩格尔系数(%)	0.0381
	农村居民人均肉类消费量(千克)	0.0526
	农村居民平均每百户年末计算机拥有量(台)	0.0750
	农村居民人均文教娱乐用品及服务总支出(元)	0.0675
乡村生态环境 (0.336)	造林总面积(千公顷)	0.0806
	生态用水总量(亿立方米)	0.1065
	农业化肥施用量(万吨)	0.1490
	水土流失治理面积(千公顷)	0.0296

根据表5可知,在乡村振兴发展评价的指标体系中,乡村生态环境(0.366)权重高于乡村社会进步(0.248)、乡村经济发展(0.153)及乡村生活水平(0.233),表明乡村生态环境对乡村振兴发展的影响最显著。河

北省作为农业大省，在碳达峰碳中和目标背景下，更要注重乡村生态环境问题，要以良好生态为支撑。

（三）河北省科技创新与乡村振兴综合评价指数

熵值法确定两个子系统的评价指标权重后，运用综合指数评价模型计算出 2010~2019 年河北省科技创新与乡村振兴综合评价指数（见表6）。

表 6 2010~2019 年河北省科技创新与乡村振兴综合评价指数

年份	科技创新综合评价指数（U_1）	乡村振兴综合评价指数（U_2）	关系类型
2010	0.0248	0.2182	$U_1 < U_2$，科技创新滞后型
2011	0.1105	0.2583	$U_1 < U_2$，科技创新滞后型
2012	0.1604	0.1821	$U_1 < U_2$，科技创新滞后型
2013	0.2256	0.2413	$U_1 < U_2$，科技创新滞后型
2014	0.2900	0.3613	$U_1 < U_2$，科技创新滞后型
2015	0.4040	0.4080	$U_1 < U_2$，科技创新滞后型
2016	0.5447	0.4706	$U_1 > U_2$，乡村振兴滞后型
2017	0.6492	0.5186	$U_1 > U_2$，乡村振兴滞后型
2018	0.7475	0.6457	$U_1 > U_2$，乡村振兴滞后型
2019	0.8904	0.7399	$U_1 > U_2$，乡村振兴滞后型

2010~2019 年，河北省科技创新与乡村振兴综合评价指数整体呈上升趋势，科技创新综合评价指数增长幅度大于乡村振兴综合评价指数增长幅度。2010~2015 年，乡村振兴综合评价指数大于科技创新综合评价指数，两者之间属于科技创新滞后型；2016~2019 年科技创新综合评价指数大于乡村振兴综合评价指数，两者之间属于乡村振兴滞后型。出现这种情况主要原因是，2010 年以来，河北省始终把"三农"工作摆在重中之重的位置，大力推动农业农村改革，全省在农业生产、农民生活及农村面貌等方面发生了翻天覆地的变化，乡村振兴综合评价指数略高于科技创新综合评价指数。2016 年以来，河北省进一步加快实施创新驱动发展战略，加大科技创新力度，依靠科技创新打造现代化经济强省，所以科技创新综合评价指数高于乡村振兴综合评价指数。

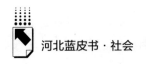
（四）河北省乡村振兴与科技创新融合发展评价

根据耦合协调度模型计算出河北省乡村振兴与科技创新耦合协调指数如表 7 所示。

表 7　2010~2019 年河北省乡村振兴与科技创新耦合协调度指数

年份	耦合度（C）	协调度（T）	耦合协调度（D）	耦合协调程度
2010	0.6052	0.1215	0.2712	失调衰退类中度失调
2011	0.9163	0.1844	0.4110	中间过渡类濒临失调
2012	0.9980	0.1713	0.4134	中间过渡类濒临失调
2013	0.9994	0.2334	0.4830	中间过渡类濒临失调
2014	0.9940	0.3257	0.5689	中间过渡类勉强协调
2015	1.0000	0.4060	0.6372	协调提升类初级协调
2016	0.9973	0.5077	0.7116	协调提升类中级协调
2017	0.9937	0.5839	0.7617	协调提升类中级协调
2018	0.9973	0.6966	0.8335	协调提升类良好协调
2019	0.9957	0.8152	0.9009	协调提升类优质协调

从表 7 中的耦合协调度（D）可以看出，河北省科技创新与乡村振兴耦合协调度指数一直处于快速上涨趋势，从 2010 年的 0.2712 上升到 2019 年 0.9009，处于明显上升状态，乡村振兴与科技创新耦合协调程度由中度失调上升为优质协调。这说明当前河北省科技创新系统与乡村振兴系统之间的相互作用越来越强，乡村振兴战略的全面实现需要科技创新，以科技创新引领乡村振兴，驱动乡村高质量发展，乡村发展才会生机勃勃。

四　结论和建议

（一）研究结论

通过对河北省科技创新与乡村振兴耦合协调度的分析，可以得出以下结论。

（1）从综合评价指数看，2010～2019 年，河北省科技创新与乡村振兴总体发展良好，但河北省科技创新综合评价指数大于乡村振兴综合评价指数，说明乡村振兴发展还有一定的提升空间，还需向科技创新不断地靠近和转变。

（2）从耦合协调度指数看，2010～2019 年，河北省科技创新与乡村振兴耦合度一直处于高耦合的阶段，耦合协调程度从中度失调变为优质协调，科技创新与乡村振兴两个系统的整体发展较好，但仍需采取有效的手段来协调乡村振兴与科技创新的融合发展。2010～2015 年河北省科技创新与乡村振兴二者处于科技创新滞后型，反映出 2015 年前河北省科技发展跟不上乡村振兴的发展趋势，不能很好地协调发展；2016～2019 年河北省科技创新与乡村振兴二者处于乡村振兴滞后型，体现出河北省经济已经进入一个很好的发展阶段，而科技又是第一生产力，可以看出经济发展带动了科技创新的进步，加大了对人才的资金投入，河北省对于"三农"的扶持也较好促进了乡村发展。

（二）建议

通过对河北省科技创新与乡村振兴两个系统的实证分析结果可以看出，要促进河北科技创新与乡村振兴的持续协调发展，可以从以下几个方面来做。

（1）加大对科技创新支持力度，畅通科技成果转化渠道

借助科技创新推动经济社会高质量发展，科技创新总体发展趋势良好。科技创新的纵深发展需要国家的政策支持以及财政方面的大力扶持，河北一方面要不断提高科技创新投入占地方财政收入的比重，另一方面要鼓励当地企业、政府、公众加入科技创新，形成多元主体协同发展的新局面。同时要增加对教育经费的投入，创造浓厚的文化学术氛围，培育新型科技人才，为科技创新提供人才支撑。继续完善科技创新成果制度，积极引进河北省科技创新成果，引导企业、高校、科研机构开展学术交流和宣传，鼓励将现有科研成果转化，促进经济协调发展。

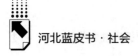

（2）丰富乡村文化产品种类，提升农民文化生活质量

乡村振兴战略旨在优化农业产品结构，促进农村经济发展，不断提高农民经济收入，保障农民生活质量，实现共同富裕的目标。如今我国农村的衣食住行有了基本保障，而农村民众也在热切地期盼着丰富的农村文化生活，所以要创造出更多体现民众日常生活、乡村氛围浓厚的艺术作品，多举办一些亲民活动，让村民积极参加。结合"深化社会生活、扎根民众社区"实践教育活动，利用优秀传统文化教化村民。充分调动各种资源，以政府购买、社会捐助等形式，吸引社会力量投资，进一步提高城乡社会文化资源的共享数量，有效提升文化服务质量和效益。加强农村基层单位的工作积极性，扶持民间文艺社团和业余文化团体，提高农民的文化素养。

（3）创新协调发展机制，解决地区发展失衡问题

当前河北省部分地区现有科技创新的供给与乡村振兴需求匹配度不高，二者的矛盾凸显，部分地区发展不平衡不充分的问题也暴露出来，使得乡村振兴战略实施受阻。因此，创建科技创新与乡村振兴协调发展机制是有必要的，各地区要结合乡村振兴的实际需求，制定科学合理的科技创新规划，统筹协调现有科技创新资源，从多角度完善科技创新环境，实现创新技术有效供需的对接，形成农村新技术、新模式，最终实现科技创新与乡村振兴融合发展，促进不同地区均衡发展。

参考文献

唐任伍、许传通：《乡村振兴推动共同富裕实现的理论逻辑、内在机理和实施路径》，《中国流通经济》2022年第6期。

秦健、付小颖：《以科技创新助力乡村振兴》，《经济日报》2020年7月30日。

孔令芹、张冬玲、陈景帅：《农业科技创新与乡村发展的耦合协调分析——基于环渤海五省市的经验数据》，《青岛农业大学学报》（社会科学版）2019年第4期。

俞云峰、张鹰：《浙江新型城镇化与乡村振兴的协同发展——基于耦合理论的实证分析》，《治理研究》2020年第4期。

王珂、郭晓曦、李梅香：《网络购物与物流发展耦合协调测算及趋势预测》，《统计与决策》2022年第11期。

社会科学文献出版社

皮 书

智库成果出版与传播平台

❖ 皮书定义 ❖

皮书是对中国与世界发展状况和热点问题进行年度监测，以专业的角度、专家的视野和实证研究方法，针对某一领域或区域现状与发展态势展开分析和预测，具备前沿性、原创性、实证性、连续性、时效性等特点的公开出版物，由一系列权威研究报告组成。

❖ 皮书作者 ❖

皮书系列报告作者以国内外一流研究机构、知名高校等重点智库的研究人员为主，多为相关领域一流专家学者，他们的观点代表了当下学界对中国与世界的现实和未来最高水平的解读与分析。截至 2022 年底，皮书研创机构逾千家，报告作者累计超过 10 万人。

❖ 皮书荣誉 ❖

皮书作为中国社会科学院基础理论研究与应用对策研究融合发展的代表性成果，不仅是哲学社会科学工作者服务中国特色社会主义现代化建设的重要成果，更是助力中国特色新型智库建设、构建中国特色哲学社会科学"三大体系"的重要平台。皮书系列先后被列入"十二五""十三五""十四五"时期国家重点出版物出版专项规划项目；2013~2023 年，重点皮书列入中国社会科学院国家哲学社会科学创新工程项目。

皮书网

（网址：www.pishu.cn）

发布皮书研创资讯，传播皮书精彩内容
引领皮书出版潮流，打造皮书服务平台

栏目设置

◆ **关于皮书**
何谓皮书、皮书分类、皮书大事记、
皮书荣誉、皮书出版第一人、皮书编辑部

◆ **最新资讯**
通知公告、新闻动态、媒体聚焦、
网站专题、视频直播、下载专区

◆ **皮书研创**
皮书规范、皮书选题、皮书出版、
皮书研究、研创团队

◆ **皮书评奖评价**
指标体系、皮书评价、皮书评奖

◆ **皮书研究院理事会**
理事会章程、理事单位、个人理事、高级
研究员、理事会秘书处、入会指南

所获荣誉

◆ 2008 年、2011 年、2014 年，皮书网均
在全国新闻出版业网站荣誉评选中获得
"最具商业价值网站"称号；
◆ 2012 年，获得"出版业网站百强"称号。

网库合一

2014年，皮书网与皮书数据库端口合
一，实现资源共享，搭建智库成果融合创
新平台。

皮书网

"皮书说"
微信公众号

皮书微博

权威报告·连续出版·独家资源

皮书数据库
ANNUAL REPORT(YEARBOOK)
DATABASE

分析解读当下中国发展变迁的高端智库平台

所获荣誉

- 2020年，入选全国新闻出版深度融合发展创新案例
- 2019年，入选国家新闻出版署数字出版精品遴选推荐计划
- 2016年，入选"十三五"国家重点电子出版物出版规划骨干工程
- 2013年，荣获"中国出版政府奖·网络出版物奖"提名奖
- 连续多年荣获中国数字出版博览会"数字出版·优秀品牌"奖

皮书数据库

"社科数托邦"
微信公众号

成为用户

　　登录网址www.pishu.com.cn访问皮书数据库网站或下载皮书数据库APP，通过手机号码验证或邮箱验证即可成为皮书数据库用户。

用户福利

- 已注册用户购书后可免费获赠100元皮书数据库充值卡。刮开充值卡涂层获取充值密码，登录并进入"会员中心"—"在线充值"—"充值卡充值"，充值成功即可购买和查看数据库内容。
- 用户福利最终解释权归社会科学文献出版社所有。

社会科学文献出版社 皮书系列
SOCIAL SCIENCES ACADEMIC PRESS (CHINA)
卡号：718348836398
密码：

数据库服务热线：400-008-6695
数据库服务QQ：2475522410
数据库服务邮箱：database@ssap.cn
图书销售热线：010-59367070/7028
图书服务QQ：1265056568
图书服务邮箱：duzhe@ssap.cn

S 基本子库
SUB DATABASE

中国社会发展数据库（下设 12 个专题子库）

紧扣人口、政治、外交、法律、教育、医疗卫生、资源环境等 12 个社会发展领域的前沿和热点，全面整合专业著作、智库报告、学术资讯、调研数据等类型资源，帮助用户追踪中国社会发展动态、研究社会发展战略与政策、了解社会热点问题、分析社会发展趋势。

中国经济发展数据库（下设 12 专题子库）

内容涵盖宏观经济、产业经济、工业经济、农业经济、财政金融、房地产经济、城市经济、商业贸易等 12 个重点经济领域，为把握经济运行态势、洞察经济发展规律、研判经济发展趋势、进行经济调控决策提供参考和依据。

中国行业发展数据库（下设 17 个专题子库）

以中国国民经济行业分类为依据，覆盖金融业、旅游业、交通运输业、能源矿产业、制造业等 100 多个行业，跟踪分析国民经济相关行业市场运行状况和政策导向，汇集行业发展前沿资讯，为投资、从业及各种经济决策提供理论支撑和实践指导。

中国区域发展数据库（下设 4 个专题子库）

对中国特定区域内的经济、社会、文化等领域现状与发展情况进行深度分析和预测，涉及省级行政区、城市群、城市、农村等不同维度，研究层级至县及县以下行政区，为学者研究地方经济社会宏观态势、经验模式、发展案例提供支撑，为地方政府决策提供参考。

中国文化传媒数据库（下设 18 个专题子库）

内容覆盖文化产业、新闻传播、电影娱乐、文学艺术、群众文化、图书情报等 18 个重点研究领域，聚焦文化传媒领域发展前沿、热点话题、行业实践，服务用户的教学科研、文化投资、企业规划等需要。

世界经济与国际关系数据库（下设 6 个专题子库）

整合世界经济、国际政治、世界文化与科技、全球性问题、国际组织与国际法、区域研究 6 大领域研究成果，对世界经济形势、国际形势进行连续性深度分析，对年度热点问题进行专题解读，为研判全球发展趋势提供事实和数据支持。

法律声明